Das Buch

Nicht alles, was der Allgemeinheit recht und billig erscheint, stimmt mit der juristischen Wirklichkeit überein. In vielen Fällen kann ein gesundes Halbwissen in Sachen Recht und Gesetz sogar teuer zu Buche schlagen. Ob in Mietangelegenheiten, im Verkehr, im Strafrecht oder auch beim Verbraucherschutz: Eine Menge Leute kennen selbst in alltäglichen, mitunter folgenschweren juristischen Fragen ihre wahren Rechte und Pflichten nicht und gehen stattdessen von Halb- und Unwahrheiten aus. In diesem Band klärt Ralf Höcker auf über die populärsten juristischen Fehlannahmen und stellt anhand anschaulicher Beispiele die tatsächliche Rechtslage dar.

Der Autor

Prof. Dr. Ralf Höcker, Jahrgang 1971, LL.M. (London), arbeitete als Rechtsanwalt in internationalen Großkanzleien in London und Köln und betreibt heute eine eigene Anwaltskanzlei in Köln. Er berät Prominente und Unternehmer in Fragen des Marken- und Medienrechts und ist Professor an der Cologne Business School (CBS) sowie Wissenschaftlicher Direktor des deutschen Instituts für Kommunikation und Recht im Internet (DIKR) an der CBS. Alle seine Bücher wurden zu Bestsellern. Zwischen 2009 und 2011 moderierte er die RTL-Sendung »Einspruch! Die Show der Rechtsirrtümer«. Weitere Informationen: www.hoecker.eu; www.dikri.de.

In unserem Hause sind von Ralf Höcker bereits erschienen:

Einspruch!
Lexikon der Internetfallen
Lexikon der kuriosen Rechtsfälle
Lexikon der Rechtsirrtümer
Neues Lexikon der Rechtsirrtümer
Das dritte Lexikon der Rechtsirrtümer

Ralf Höcker

DAS GROSSE LEXIKON DER RECHTSIRRTÜMER

Populäre Mythen
aus dem Reich der Paragraphen

Ullstein

Besuchen Sie uns im Internet:
www.ullstein-taschenbuch.de

Aktualisierte Neuausgabe im Ullstein Taschenbuch
1. Auflage Oktober 2016
© Ullstein Buchverlage GmbH, Berlin 2016
Basierend auf dem 2010 erschienenen Sammelband *Einspruch!*,
zusammengestellt aus Teilen der Bände *Lexikon der Rechtsirrtümer*,
Neues Lexikon der Rechtsirrtümer und
Das dritte Lexikon der Rechtsirrtümer von Ralf Höcker.
Die Angaben und Ratschläge in diesem Buch sind von Autor und Verlag sorgfältig
erwogen und geprüft. Dennoch kann eine Garantie nicht übernommen werden.
Eine Haftung des Autors bzw. des Verlages und seiner Beauftragten für Personen-,
Sach- und Vermögensschäden ist ausgeschlossen.
Umschlaggestaltung: ZERO Media GmbH, München
Titelabbildung: © FinePic®, München
Satz: KompetenzCenter, Mönchengladbach
Gesetzt aus der Berkeley book
Druck- und Bindearbeiten: CPI books GmbH, Leck
Printed in Germany
ISBN 978-3-548-37642-4

Inhalt

Vorbemerkung 13

Einleitung 15

Arbeitswelt

Anspruch auf Abfindung 18
Aushilfen und Festangestellte 19
Hitzefrei für Arbeitnehmer 22
Krankheit als Kündigungsgrund 25
Nebentätigkeitsverbote 26
Vertraulichkeit der Bewerbung 28
Zustimmung zur Kündigung 29

Familie

Beischlafpflicht in der Ehe 34
Ehe und Eigentum 36
Eheliche Treue 39
Elterliches Züchtigungsrecht 40
Eltern haften für ihre Kinder 42
Erbende Geschwister 45
Kredite für Kinder 47
Namenswahl 49
Nächtliches Ausgehverbot für Jugendliche? 51

Scheidung mit einem gemeinsamen Anwalt 55
Sterbehilfe 56
Testament auf Video 57
Testament aus dem PC 59
Trauung durch den Kapitän 61

Gastronomie

Eichstrich beim Bierglas 64
Schmeckt nicht gibt's nicht 65
Sippenhaft im Restaurant 66
Tischreservierungen 68
Toilettenbenutzung nur gegen Entgelt? 69
Zu schwache Cocktails 71

Gericht und Polizei

Anrede des Richters 74
Anruf frei bei Festnahme 76
Berufung und Revision 78
Durchsuchungsbefehl nötig? 79
Einspruch! 81
Festnahmerecht bei Straftaten 82
Miranda-Warnung 83
Pflichtverteidiger 85
Präzedenzfälle 87
Vorladung zur Polizei 88
Sammelklagen 90
Zeugnisverweigerungsrecht 92

Medien und geistiges Eigentum

Gewährleistungsausschluss bei eBay	96
Ideenschutz	98
Impressumspflicht bei privaten Internetseiten	100
Internet und geistiges Eigentum	101
Meinungsfreiheit	103
Schleichwerbung	105

Öffentliches Recht

Ausweispflicht	110
Befehl ist Befehl	111
EU-Verordnung zum Krümmungsgrad von Gurken und Bananen	112
Notfälle im Ausland	115

Privatrecht

Arzttermin verpassen	120
Beschädigung geliehener Sachen	121
Dirnenlohn einklagbar?	123
Doktortitel Namensbestandteil?	124
Einschreiben	126
Finderlohn	130
Geschenkt ist geschenkt	132
Gewinnversprechen	134
Handtücher auf Liegestühlen, Jacken auf Barhockern	136
Kreuze als Unterschrift	138
Mahnung vor Zahlung	140
Münzannahmepflicht	141

Privatinsolvenz	143
Rücktritt vom Vertrag	145
Schriftform von Verträgen	147
Sperrmüllfledderei	149
Spielschulden und Wettschulden	151
Unverlangt zugesandt	152
Zutrittsrecht für Notdurftgeplagte?	154

Strafrecht

Abschließen des Autos	158
Anzeigepflicht bei Straftaten	159
Beamtenbeleidigung	160
Bierdeckel als Urkunde?	162
Drogenkonsum strafbar?	164
Duz-Verbot	166
Cannabis	168
Erste Hilfe am Unfallort	170
Fahrerflucht I	171
Fahrerflucht II	173
Kuppelei	174
Heimliche Tonbandaufnahmen	177
Kampfsportarten	178
Mord und Totschlag	180
Mundraub	182
Schwarzfahren strafbar?	184
Schwarzhandel mit Eintrittskarten	186
Spannen verboten?	188
Üble Nachrede	190
Unwissenheit schützt vor Strafe nicht	193
Zechprellerei strafbar?	195

Straßenverkehr

Alkohol am Steuer verboten?	200
Alkoholtest	201
Ampeln »umgehen«	202
Angst vorm Blaulicht	204
Anhänger und Wohnwagen parken	206
Auffahrunfälle	207
Benutzungspflicht für Radwege?	209
Haltverbot, eingeschränktes	211
Handy am Steuer I	212
Handy am Steuer II	213
Handynummer als »Abschleppschutz«	215
Kinder als Fahrradfahrer	218
Lichthupe	219
Motor warmlaufen lassen	220
Nebelscheinwerfer und Nebelschlussleuchte	221
Parklücken blockieren	223
Rechts überholen bei Stau	225
Reißverschlussverfahren	227
Trunkenheit im Straßenverkehr	228
Unfall: Immer die Polizei rufen?	230
Unnützes Hin-und-her-Fahren	231
Verkehrserziehung mit der Hupe	232

Verbraucherfragen

Anfassen von Lebensmitteln verpflichtet zum Kauf?	236
Angemessener Vorrat an Sonderangeboten	238
Aufreißen von Verpackungen	240
Aufschrauben defekter Geräte	242
Bankgeheimnis	245

Beschädigte Pfandflaschen 248
Bezahlen mit 500-Euro-Schein? 249
Falsche Preisauszeichnung 251
300 Meter mit dem Taxi 252
Durchblättern verpflichtet zum Kauf? 253
Getränkeverbot im Fitnessstudio 255
Gewährleistung und Garantie 256
Haftung für die Garderobe 259
Gutscheine I: Einlöseberechtigung 261
Gutscheine II: Gültigkeitsfristen 262
Gutscheine III: Gutschrift statt Gewährleistung? 264
Kühlschrankkauf im Kleingedruckten 265
Nicht passende Kleidung als Reklamationsgrund? 268
Rechtsweg ausgeschlossen? 269
Reklamieren von selbstaufgebauten Möbeln 270
Reklamationen nur gegen Kassenbon? 271
Reparaturen und kein Ende? 273
Schäden in Supermärkten 275
Taschenkontrollen im Supermarkt 277
Taxischlange 278
Umtausch I: Reduzierte Ware 280
Umtausch II: Originalverpackung erforderlich? 282
Umtausch III: Keine Reklamation von CDs, DVDs, Computerspielen und benutzten Waren? 284
Umtausch IV: Wochenfrist bei Reklamationen? 286

Wohnen & Mieten

Fußbälle in Nachbars Garten 290
Grillen auf dem Balkon 291
Kaution »abwohnen« 293
Miet-Nebenkosten 294

Nachmieter	297
Nächtliches Baden und Duschen	299
Partylärm	300
Preise von Schlüsseldiensten	302
Untervermietung verboten?	304
Vorsicht! Bissiger Hund!	306
Zweitschlüssel für den Vermieter	308

Anmerkungen 311

Vorbemerkung

Dieses Buch berücksichtigt Rechtsprechung und Schrifttum bis Juli 2016. Sollten Sie Hinweise, Änderungsvorschläge oder sonstige Anregungen zum Buch haben, ist Ihnen der Autor für eine Mitteilung dankbar.

RA Prof. Dr. Ralf Höcker, LL. M.
contact@hoecker.eu
www.hoecker.eu

Einleitung

Dieses Buch soll aufräumen mit den häufigsten Rechtsirrtümern, denen wir täglich selbst oder bei anderen begegnen. Es enthält die wichtigsten Kapitel meiner drei ebenfalls bei Ullstein erschienenen Bücher *Lexikon der Rechtirrtümer, Neues Lexikon der Rechtsirrtümer* und *Das dritte Lexikon der Rechtsirrtümer*.

Ich gestehe, dass selbst ich als Rechtsanwalt bei weitem nicht frei von Irrtümern wie denen bin, die in diesem Buch behandelt werden. Ich habe zum Beispiel erst bei den Recherchen zu meinem ersten *Lexikon der Rechtsirrtümer* gelernt, dass es keine Pflicht gibt, ab 16 Jahren immer einen Personalausweis bei sich zu tragen. Als ich 16 wurde, erzählte man mir, dass ab jetzt für mich die »Ausweispflicht« gelte, und da sich auch jeder andere an diese »Pflicht« hielt, hatte ich keinen Grund, an ihrem Bestand zu zweifeln. Deshalb trug ich seither immer brav einen Personalausweis bei mir und tue es aus alter Gewohnheit bis heute – obwohl ich inzwischen weiß, dass ich noch nicht einmal verpflichtet bin, einen zu besitzen, geschweige denn, ihn immer dabei zu haben.

Das Beispiel zeigt, welche suggestive Kraft verbreitete juristische Fehlannahmen haben. Sie beeinflussen sogar Leute wie mich, die es eigentlich besser wissen (müssten). Ziel dieses Buches ist es, auch Sie zu einem solchen »Besserwisser« zu machen – wohlgemerkt: zu einem Besserwisser im positiven Sinne! Denn es geht mir keineswegs darum, paragraphenreitende Nörgler in ihrem Querulantentum zu unterstützen. Meine Botschaft ist eine andere: Nehmen Sie vermeintliche juristische Wahrheiten nicht als gegeben hin. Stellen Sie sie in

Frage und auf die Probe. Nur weil Ihnen beispielsweise jedermann erzählt, dass Sie aus einem Mietvertrag herauskommen, wenn Sie nur drei Nachmieter stellen, muss das noch lange nicht stimmen.

In diesem Sinne: Bewahren Sie sich einen kritischen Geist!

Mit den besten Grüßen

Ihr

Arbeitswelt

Anspruch auf Abfindung

Irrtum:
Wer als Arbeitnehmer gekündigt wird, hat einen gesetzlichen Anspruch auf Abfindung.

Richtig ist:
Einen allgemeinen gesetzlichen Abfindungsanspruch gibt es nicht.

»Mir wurde gekündigt. Wie viel Abfindung steht mir jetzt zu, Herr Rechtsanwalt?«

Seit Jahrzehnten werden Anwälte für Arbeitsrecht mit diesem klassischen Mandanten-Missverständnis konfrontiert. Immer wieder müssen Anwälte gekündigten Arbeitnehmern erklären, dass sie grundsätzlich gar kein Geld verlangen können, wenn sie entlassen werden. Denn bis 2003 gab es in Deutschland überhaupt keinen gesetzlichen Abfindungsanspruch. Wer unberechtigt gekündigt wurde, hatte nur die Wahl, entweder die Kündigung zu akzeptieren oder Kündigungsschutzklage zu erheben. Vor Gericht einigte man sich dann in der Praxis tatsächlich häufig auf eine Abfindung. Im Gegenzug nahm der Arbeitnehmer seine Klage zurück. Der Arbeitgeber kaufte sich also sozusagen von dem Arbeitnehmer frei.

2004 wurde das Kündigungsschutzrecht reformiert. Der Gesetzgeber mag sich dabei ursprünglich einmal gedacht haben: »Wenn sowieso alle glauben, dass es einen gesetzlichen Abfindungsanspruch gibt, dann können wir ihn auch einführen.«

Es wurde also ein erster Gesetzesentwurf erarbeitet, nach dem alle Arbeitnehmer, die aus betrieblichen Gründen gekündigt werden, künftig tatsächlich einen einklagbaren Anspruch auf Abfindung bekommen sollten. Beschlossen wurde letztlich jedoch etwas ganz anderes.

Heute gibt es zwar einen Abfindungsanspruch. Er gilt jedoch erstens nur bei betriebsbedingten Kündigungen und zweitens nur, wenn der Arbeitgeber in der Kündigung ausdrücklich darauf hinweist, dass der Arbeitnehmer eine Abfindung beanspruchen kann, wenn er die Frist für die Einreichung einer Kündigungsschutzklage verstreichen lässt. Diese Frist endet drei Wochen, nachdem die Kündigung dem Arbeitnehmer zugegangen ist. Weist der Arbeitgeber nicht auf dieses Recht hin, dann besteht es auch nicht.

Wenn der Arbeitnehmer nach alledem doch einmal Anspruch auf eine Abfindung hat, dann beträgt sie übrigens einen halben Monatsverdienst für jedes Jahr des Bestehens des Arbeitsverhältnisses. »Angebrochene« Jahre sind ab sechs Monaten Dauer auf ein volles Jahr aufzurunden.

Bei Interesse siehe hierzu:
§ 1a KSchG (Kündigungsschutzgesetz), »Abfindungsanspruch bei betriebsbedingter Kündigung«

Aushilfen und Festangestellte

Irrtum:
Aushilfen haben, anders als Festangestellte, keine Rechte.

Richtig ist:
Aushilfen haben im Wesentlichen die gleichen Rechte und Ansprüche wie Festangestellte.

Der Volksmund unterscheidet zwischen Aushilfen und Festangestellten. Unter »Aushilfen« werden vor allem Teilzeitkräfte verstanden, die einem Arbeitgeber regelmäßig (zum Beispiel jeden Montag) oder auf Abruf zur Verfügung stehen, aber oft keinen schriftlichen Arbeitsvertrag haben. Mit »Festangestellten« sind dagegen vor allem Arbeitnehmer gemeint, die zumeist Vollzeit arbeiten und typischerweise einen unbefristeten schriftlichen Arbeitsvertrag haben.

Allgemein wird davon ausgegangen, dass Aushilfen kaum Rechte besitzen. Sie werden von heute auf morgen entlassen, erhalten keinen bezahlten Urlaub und bekommen natürlich auch kein Weihnachtsgeld. Doch die Unterscheidung zwischen den sogenannten Festangestellten und den vermeintlich rechtlosen Aushilfen gibt es im Arbeitsrecht gar nicht. Unterschieden wird dort nur zwischen – möglicherweise scheinselbständigen – Arbeitnehmern und tatsächlich selbständigen freien Mitarbeitern. Wer Arbeitnehmer ist, hat die vollen Arbeitnehmerrechte, egal, ob er über einen schriftlichen Arbeitsvertrag verfügt oder nicht (→*Schriftform von Verträgen*) und egal, ob er vom Arbeitgeber als »Aushilfe« bezeichnet wird oder als »Festangestellter«.

Ob jemand ein Arbeitnehmer ist oder ein selbständiger freier Mitarbeiter, hängt davon ab, wie sehr er vom Arbeitgeber abhängig ist. Für die Arbeitnehmereigenschaft, auch einer sogenannten »Aushilfe«, spricht vieles, wenn einige der folgenden, typischen Indizien erfüllt sind:

– zeitliche, fachliche und örtliche Weisungsgebundenheit;
– Eingliederung in den Betrieb;
– regelmäßige Tätigkeit;
– Tätigkeit im Wesentlichen nur für *einen* Auftraggeber/Arbeitgeber;
– ähnliche Tätigkeiten werden in diesem oder anderen Betrieben in der Regel von angestellten Arbeitnehmern verrichtet;
– keine Unternehmerinitiative und kein Unternehmerrisiko;
– festes Entgelt;

– keine Möglichkeit, die eigene Arbeit an andere Personen zu delegieren, die man als selbständiger Unternehmer einstellen könnte.

Wenn Aushilfen nach diesen Kriterien als Arbeitnehmer zu gelten haben – und das ist viel öfter der Fall, als die meisten glauben –, sind sie genauso »fest« angestellt wie alle anderen Arbeitnehmer auch. Das gilt auch dann, wenn sie nur befristet eingestellt oder teilzeitbeschäftigt sind.[1] Auch befristete und teilzeitbeschäftigte Aushilfen genießen also Kündigungsschutz und haben Anspruch auf bezahlten Urlaub und auf Weihnachtsgeld, wenn sie als Arbeitnehmer anzusehen sind.

Voraussetzung für einen Anspruch auf Weihnachtsgeld ist allerdings, dass es auch an die sogenannten »Festangestellten« gezahlt wird. Im Krankheitsfall gilt ebenfalls der Grundsatz der Gleichbehandlung. Der Arbeitgeber muss deshalb auch Aushilfen den Lohn fortzahlen, wenn sie krank werden. Das gilt jedoch nur dann, wenn sie an Tagen krank werden, an denen sie normalerweise gearbeitet hätten. Wer immer nur montags und dienstags kommt, kann von seinem Arbeitgeber natürlich keine Entgeltfortzahlung verlangen, wenn er von Donnerstag bis Sonntag mit Grippe im Bett liegt.

Es ist erstaunlich, wie wenige Jobber sich über den Umfang ihrer Rechte im Klaren sind. Der Student mit dem klassischen Kellnerjob käme im Allgemeinen überhaupt nicht auf den Gedanken, von seinem Arbeitgeber bezahlten Urlaub oder Lohnfortzahlung im Krankheitsfall zu verlangen. Auch der Chef würde wohl nur verständnislos mit dem Kopf schütteln und die aufsässige Aushilfskraft wegen dieser vermeintlich unverschämten Forderungen sofort entlassen. Damit könnte er sich allerdings schnell eine Kündigungsschutzklage einhandeln. Denn wie erwähnt gelten auch für Aushilfen die gesetzlichen Kündigungsschutzvorschriften.

Da die Meinung von der rechtlosen Aushilfskraft sehr weit verbreitet ist, werden sich Arbeitnehmer und Arbeitgeber jedoch wohl auch in Zukunft gleichermaßen an eine Rechtslage halten, die nur in der Vorstellung der Bevölkerung existiert.

Bei Interesse siehe hierzu:
§ 4 TzBfG (Teilzeit- und Befristungsgesetz), »Verbot der Diskriminierung«
Im Juli 2016 noch im Gesetzgebungsverfahren: Neuer § 611a BGB, der definieren soll, was ein Arbeitnehmer ist.

Hitzefrei für Arbeitnehmer

Irrtum:
Hitzefrei gibt es nur in der Schule.

Richtig ist:
Auch Arbeitnehmer können hitzefrei verlangen.

Hitzefrei hatten die meisten zum letzten Mal in der Schule. Dass man auch am Arbeitsplatz die Arbeit niederlegt, wenn es zu heiß wird, und ganz einfach nach Hause geht – auf diese Idee kommt fast niemand. Es gibt auch nur sehr wenige arbeitsgerichtliche Auseinandersetzungen, die zu diesem Thema geführt werden. Entweder wissen die Arbeitnehmer also nicht um ihre Rechte, oder sie trauen sich nicht, sie auszuüben. Denn einen Anspruch auf »hitzefrei« gibt es tatsächlich!

Das Gesetz schreibt vor, dass in Arbeitsräumen eine »gesundheitlich zuträgliche Arbeitstemperatur« zu herrschen hat. Gemessen wird direkt am Arbeitsplatz, und es gilt eine gestaffelte Temperaturregelung:

Zwischen 26 °C und 30 °C soll der Arbeitgeber Maßnahmen gegen die Hitze ergreifen, vor allem wenn schwere körperliche Arbeit zu verrichten ist oder wenn Jugendliche, Ältere, Schwangere oder stillende Mütter im Raum arbeiten. Kostenlose Getränke, Lüften am frühen Morgen, eine Lockerung der Kleidervorschriften oder die Verlagerung der Arbeitszeit in den Abend sind geeignete Schutzmaßnahmen. Entscheidend dafür, ob diese Sollvorschrift greift, ist eine sogenannte »angepasste Gefährdungsbeurteilung«. Es kommt also auf den Einzelfall an, ob der Arbeitgeber aktiv werden muss.

Zwischen 30 °C und 35 °C hat der Arbeitgeber dagegen keine Wahl mehr: Er muss in jedem Fall Schutzmaßnahmen ergreifen. Bei Temperaturen über 35 Grad gilt sogar: Hitzefrei! Nur wenn der Arbeitgeber Hitzeschutzkleidung, Luftduschen, Wasserschleier oder regelmäßige Abkühlungspausen anbietet, sind Arbeitsräume bei solchen Temperaturen ausnahmsweise noch nutzbar.

Sollte der Arbeitgeber die Büros gemietet haben, kann er übrigens von seinem Vermieter verlangen, dass der die erforderlichen Baumaßnahmen trifft. Denn Büromieträume, die sich nicht ausreichend abkühlen lassen, sind mangelhaft.[2] Vielleicht lässt sich der Arbeitgeber mit diesem Argument davon überzeugen, freiwillig eine Klimaanlage einzubauen. Immerhin kann er die Kosten dafür auf den Vermieter abwälzen.

Eine Lösung ist das jedoch nicht immer. Denn sensibilisiert durch Medienberichte, die jedes Jahr im Sommerloch wieder aus der Schublade geholt werden (»Ärzte warnen vor Klimaanlagen!«), schwört ein erheblicher Teil der deutschen Bevölkerung Stein und Bein, dass er Klimaanlagen »nicht verträgt«, weil sie zu schwerwiegenden Erkrankungen wie steifem Nacken, Halsweh und Augenbrennen führen. Lieber sitzen die Klimaanlagenmuffel freiwillig in brütend heißen Büros und arbeiten durchgeschwitzt dem Hitzschlag entgegen. (Dabei haben die

Menschen in Ländern wie den USA, in denen fast jedes Gebäude klimatisiert ist, erstaunlich bewegliche Nacken, auch hört man dort kein Lamento über Halsschmerzen und Augenbrennen. Es wäre einmal interessant, zu untersuchen, ob das Phänomen der Klimaanlagenüberempfindlichkeit nicht weitgehend auf Einbildung und Panikmache beruht bzw. ob Klimaanlagen nicht bloß reine Gewohnheitssache sind.)

Jedenfalls haben Arbeitnehmer Anspruch darauf, nicht in einem Backofen zu arbeiten. Wenn der Arbeitgeber es versäumt, die Arbeitsräume vernünftig zu temperieren, muss der Arbeitnehmer dort nicht arbeiten. Er kann sich »hitzefrei« nehmen und hat dennoch weiterhin Anspruch auf ungekürztes Gehalt.[3] Auch nacharbeiten muss er die ausgefallene Zeit nicht. Wenn ein Betriebsrat vorhanden ist, hat dieser im Falle gesundheitsgefährdender Raumtemperaturen ein Mitbestimmungsrecht. Auch hier kann der Arbeitnehmer sich also Hilfe holen.

Bei Interesse siehe hierzu:
§ 4 Nr. 1 ArbSchG (Arbeitsschutzgesetz), »Allgemeine Grundsätze«
§ 3 ArbStättV (Arbeitsstättenverordnung), »Einrichten und Betreiben von Arbeitsstätten« (Anhang 3.5: Raumtemperaturen)
ASR (Arbeitsstättenregel) 3.5, Ziffer 4
§ 87 Nr. 7 BetrVG (Betriebsverfassungsgesetz), »Mitbestimmungsrechte«
§ 536 Abs. 1 BGB (Bürgerliches Gesetzbuch), »Mietminderung bei Sach- und Rechtsmängeln«
§ 618 Abs. 1 BGB, »Pflicht zu Schutzmaßnahmen«

Krankheit als Kündigungsgrund

Irrtum:
Wegen Krankheit kann niemand von seinem Arbeitgeber gekündigt werden.

Richtig ist:
Auch Krankheit kann ein Kündigungsgrund sein.

Wer krank ist und deshalb nicht zur Arbeit gehen kann, hat einen Anspruch darauf, dass der Arbeitgeber ihm das Arbeitsentgelt sechs Wochen lang weiterzahlt. Erst dann tritt die Krankenversicherung ein und übernimmt die Zahlungen des Arbeitgebers. Diese Rechte kranker *Arbeitnehmer* sind wohl jedem geläufig.

Weit weniger bekannt sind jedoch die Rechte, die der *Arbeitgeber* in einem solchen Fall hat. Vielen Arbeitnehmern ist gar nicht klar, dass Krankheit durchaus ein Kündigungsgrund sein kann. Zwar muss niemand, den einmal die Grippe erwischt, befürchten, deswegen gleich seine Papiere in die Hand gedrückt zu bekommen. Wenn Erkrankungen jedoch so lange andauern, den Arbeitnehmer in seiner Leistungsfähigkeit so stark einschränken oder so häufig auftreten, dass mit einer Besserung in der Zukunft nicht zu rechnen ist, kann diese negative Gesundheitsprognose zum Verlust des Arbeitsplatzes führen.

Voraussetzung für die Kündigung ist eine »erhebliche Beeinträchtigung der betrieblichen Interessen des Arbeitgebers«. Wenn durch die Erkrankung des Arbeitnehmers der Betriebsablauf stark gestört wird oder sehr hohe Lohnfortzahlungskosten zusammenkommen, dann gelten die betrieblichen Interessen des Arbeitgebers als erheblich beeinträchtigt. Ob er diese Beeinträchtigung hinnehmen muss, hängt vom Einzelfall ab. Als Faustregel gilt: Wenn der Arbeitgeber über einen Zeitraum von mindestens zwei Jahren in jedem Jahr Entgeltfortzahlung für mehr als sechs Wochen gewähren musste, kann er kündigen.[4] Nach zweieinhalbjähriger Erkrankung durfte daher selbst ein vierfacher Familienvater trotz 16-jähriger Betriebszugehörigkeit entlassen werden.[5] Nicht anders sieht es bei häufigen, kurzen Einzelerkrankungen aus. Ein Arbeitnehmer hatte aufgrund unterschiedlicher Krankheiten innerhalb eines einzigen Jahres an 125 Tagen gefehlt. Auch in den ersten fünf Monaten des Folgejahres fehlte er insgesamt 64 Mal. Der Arbeitgeber musste davon ausgehen, dass der Arbeitnehmer immer wieder krank werden würde, und durfte ihn daher entlassen.[6]

Arbeitnehmer sollten sich also darüber im Klaren sein, dass nicht nur ihre eigenen Interessen Berücksichtigung finden, wenn sie krank werden. Auch der Arbeitgeber hat schutzwürdige Interessen. Wenn ein Arbeitnehmer zu lange, zu stark oder zu oft erkrankt, kann ihm unter Umständen gekündigt werden.

Bei Interesse siehe hierzu:
§ 1 KSchG (Kündigungsschutzgesetz), »Sozial ungerechtfertigte Kündigungen«

Nebentätigkeitsverbote

Irrtum:
Arbeitgeber dürfen ihren Arbeitnehmern verbieten, Nebenjobs anzunehmen.

Richtig ist:
Nebenjobs können nur verboten werden, wenn sie berechtigte Belange des Arbeitgebers beeinträchtigen oder gesetzlich untersagt sind.

In Arbeitsverträgen finden sich oft Formulierungen, wonach Nebentätigkeiten generell verboten sind oder vom Arbeitgeber genehmigt werden müssen. Die Vorstellung, der Arbeitgeber könne seinen Angestellten immer untersagen, einen zweiten Job anzunehmen, ist weit verbreitet.

Tatsächlich können Arbeitgeber ihren Arbeitnehmern jedoch nicht ohne weiteres verbieten, nebenbei anderen Beschäftigungen nachzugehen. Denn der Arbeitnehmer stellt dem Arbeitgeber nicht seine gesamte Arbeitskraft zur Verfügung. Er bindet sich nur für eine bestimmte Zeitspanne pro Arbeitstag an seinen Hauptarbeitgeber.[7] Danach darf jeder Arbeitnehmer grundsätzlich machen, was er will. Wer also in seiner Freizeit einem Nebenjob nachgehen will oder muss, hat diese Möglichkeit durchaus. Vor allem Teilzeitbeschäftigten bleibt oft nichts anderes übrig, wenn sie ihren Lebensunterhalt bestreiten wollen.

Der Wunsch nach einem Zweitjob ist sogar vom Grundrecht auf freie Berufswahl gedeckt.[8] Der Arbeitgeber muss ihn also respektieren. Nur in einigen Ausnahmefällen darf er seinen Arbeitnehmern eine Nebentätigkeit verbieten. Zum Beispiel kann der Arbeitgeber verbieten, dass ihm seine eigenen Angestellten in ihrer Freizeit Konkurrenz machen. Außerdem darf durch den Nebenjob nicht die gesetzliche Höchstarbeitszeit überschritten werden. Das Arbeitszeitgesetz verbietet eine tägliche Arbeitszeit von durchschnittlich mehr als acht Stunden zuzüglich Pausen. (In einigen Ausnahmefällen sind bis zu zehn Stunden erlaubt.) Wenn also bereits der Hauptjob an jedem Werktag (inklusive samstags!) acht Stunden oder länger dauert, ist nach dem Arbeitszeitgesetz keine Zeit mehr für einen zweiten Job. Interessant sind Nebenjobs daher vor allem für Teilzeitbeschäftigte. Nach dem Bundesurlaubsgesetz darf der Arbeitnehmer darüber hinaus auch im Urlaub »keine dem Urlaubszweck widersprechende Erwerbstätigkeit leisten«. Er soll sich vielmehr erholen.

Wenn keiner dieser Ausnahmefälle vorliegt, kann der Arbeitgeber den Nebenjob nur dann verbieten, wenn dieser die Arbeitskraft erheblich beeinträchtigen würde. Wenn also beispielsweise jemand auf die Idee kommt, direkt vom Hauptarbeitsplatz aus einer weiteren Beschäftigung nachzugehen, dann darf der Arbeitgeber natürlich einschreiten. In allen anderen Fällen sind Nebenjobs jedoch zulässig.

Bei Interesse siehe hierzu:
§ 3 ArbZG (Arbeitszeitgesetz), »Arbeitszeit der Arbeitnehmer«
§ 8 BUrlG (Bundesurlaubsgesetz), »Erwerbstätigkeit während des Urlaubs«

Vertraulichkeit der Bewerbung

Irrtum:
Sperrvermerke in Bewerbungen müssen beachtet werden.

Richtig ist:
Sperrvermerke sind in der Regel rechtlich unbeachtlich.

Wer sich aus einem ungekündigten Arbeitsverhältnis heraus bei einem anderen Arbeitgeber bewirbt, möchte in der Regel, dass der derzeitige Arbeitgeber nichts davon mitbekommt. Viele versehen ihre Bewerbung daher mit einem sogenannten Sperrvermerk, also einem Hinweis, dass die Bewerbung gegenüber dem bisherigen Arbeitgeber unbedingt vertraulich zu behandeln ist. Damit seien sie dann rechtlich abgesichert. So meinen sie jedenfalls.

Doch so einfach ist es leider nicht. Wenn der mögliche neue Arbeitgeber in seiner Stellenausschreibung nicht gerade Vertraulichkeit zugesagt hatte, ist er nicht verpflichtet, eingehende

Bewerbungen vertraulich zu behandeln. Der Personalchef darf also durchaus beim Vorgesetzten des Bewerbers anrufen und ihn zum Beispiel fragen, was dem Bewerber an seinem bisherigen Arbeitgeber nicht gefällt – oder umgekehrt.

Wer diese Gefahr so weit wie möglich ausschließen will, dem bleibt nichts anderes übrig, als den bisherigen Arbeitgeber ganz einfach nicht zu nennen, sondern ihn lediglich zu umschreiben (»Ich bin stellvertretender Vertriebsleiter in einem mittelständischen Wellpappenwerk«).

Nicht ungefährlich kann es natürlich auch sein, sich auf eine anonyme Chiffre-Anzeige zu bewerben, die neben der ausgeschriebenen Position nur die Branche des Inserenten nennt. Mit etwas Pech landet die Bewerbung als Assistent der Geschäftsleitung bei einem »führenden süddeutschen Damenoberbekleidungshersteller« dann drei Türen weiter auf dem Schreibtisch des eigenen Chefs. Da hilft es natürlich nur wenig, wenn man nur seinen Arbeitgeber geheim gehalten hat. In solchen Fällen bietet es sich daher an, die Zeitung, in der die Stellenanzeige erschienen ist, ausdrücklich darum zu bitten, die Bewerbung nicht an den eigenen, namentlich genannten Arbeitgeber weiterzuleiten.

Zustimmung zur Kündigung

Irrtum:
Der Betriebsrat muss jeder Kündigung zustimmen.

Richtig ist:
Die meisten Kündigungen sind auch ohne Zustimmung des Betriebsrats wirksam.

Mit verblüffender Hartnäckigkeit hält sich das Märchen, der Betriebsrat müsse Kündigungen von Arbeitnehmern zustimmen.

Zwar haben Arbeitnehmer in deutschen Unternehmen in der Tat viel weitergehende Einfluss- und Blockademöglichkeiten als ihre Kollegen in den meisten anderen Ländern. Dass die Unternehmen den Betriebsrat für *jede* Kündigung um Erlaubnis fragen müssten, ist jedoch nicht der Fall.

Der verbreitete Irrtum über die angeblichen Rechte des Betriebsrats beruht auf einem Missverständnis. Die Inhaber verschiedener Posten im Betrieb können, wenn überhaupt, tatsächlich nur mit Zustimmung des Betriebsrats gekündigt werden. Hierzu gehören – praktischerweise – die Mitglieder des Betriebsrats selbst, aber auch die Mitglieder der Jugend- und Auszubildendenvertretung und des Wahlvorstands. Sogar bloße Wahlbewerber, die überhaupt noch keinen Posten innehaben, genießen erhöhten Kündigungsschutz. Ordentliche Kündigungen all diesen Personen gegenüber sind von vornherein unwirksam. Und außerordentliche Kündigungen sind nur mit Zustimmung des Betriebsrats möglich. Auf diese Weise kann der Betriebsrat also zum Beispiel über die Zulässigkeit einer verhaltensbedingten Kündigung seiner eigenen Mitglieder bestimmen. Wenn der Betriebsrat die Zustimmung verweigert, kann der Arbeitgeber vor Gericht ziehen und beantragen, dass der Richter die Zustimmung ersetzt, weil sie unter Berücksichtigung aller Umstände gerechtfertigt war.

Nicht selten erlebt man es daher, dass bestimmte Arbeitnehmer, die akut von der Kündigung bedroht sind, noch schnell in den Betriebsrat gewählt werden. Von dem Moment an, zu dem sie auf dem Wahlzettel stehen, ist ihr Arbeitsplatz deutlich sicherer geworden.

Bei allen anderen Arbeitnehmern jedoch muss der Betriebsrat der Kündigung nicht zustimmen, damit sie wirksam ist. Er hat allerdings die Möglichkeit, einer ordentlichen Kündigung zu widersprechen, wenn er beispielsweise meint, dass sie nicht sozial gerechtfertigt sei oder der Gekündigte an anderer Stelle im Unternehmen weiter arbeiten könne. Wenn der Arbeitnehmer nun gegen die Kündigung klagt, darf er so lange im Betrieb bleiben, bis das Klageverfahren vor Gericht abgeschlossen ist. Und das kann natürlich dauern.

Der Arbeitgeber hat in einem solchen Fall nur noch die Möglichkeit, bei Gericht eine einstweilige Verfügung zu beantragen, die es ihm gestattet, den gekündigten Arbeitnehmer bis zum Abschluss des Klageverfahrens erst einmal nicht weiter zu beschäftigen. Die Hürden für eine solche einstweilige Verfügung sind jedoch recht hoch.

Unter dem Strich heißt das: Die Betriebsräte haben bei Kündigungen tatsächlich ein gewichtiges Wort mitzureden. Ganz so allmächtig, wie viele es glauben, sind sie jedoch nicht.

Bei Interesse siehe hierzu:
§ 15 KSchG (Kündigungsschutzgesetz), »Unzulässigkeit der Kündigung«
§ 102 Abs. 2, 3, 5 BetrVG (Betriebsverfassungsgesetz), »Mitbestimmung bei Kündigungen«
§ 103 BetrVG, »Außerordentliche Kündigung und Versetzung in besonderen Fällen«

Familie

Beischlafpflicht in der Ehe

Irrtum:
Sex in der Ehe ist eine freiwillige Angelegenheit.

Richtig ist:
Ehepartner haben die unabdingbare Pflicht zur »Geschlechtsgemeinschaft«. Rechtlich durchsetzbar ist diese »Sexpflicht« jedoch nicht.

Deutschland gehört zu den geburtenschwächsten Ländern der Erde. Ganz offensichtlich wissen die ansonsten durchaus pflichtbewussten Deutschen nicht um die Verpflichtungen, die ihnen die Ehe auferlegt. Viele wird es überraschen, dass Sex in der Ehe keineswegs eine gänzlich freiwillige Angelegenheit ist. Das Bürgerliche Gesetzbuch sieht vielmehr vor, dass die Ehepartner einander zur ehelichen Lebensgemeinschaft verpflichtet sind. Und hierzu gehört auch die sogenannte Geschlechtsgemeinschaft. Mit anderen Worten: Die Verweigerung der sexuellen Hingabe verstößt gegen ein Grundprinzip des Rechtsinstituts Ehe!

Die Geschlechtsgemeinschaft ist dabei von so fundamentaler Bedeutung, dass die »Sexpflicht« nach verbreiteter juristischer Auffassung nicht einmal per Ehevertrag ausgeschlossen werden kann. Nach katholischem Kirchenrecht kommt eine gültige Ehe gar nicht erst zustande, wenn das Recht auf den Vollzug des Beischlafs im Vorhinein ausgeschlossen wird. Und bis zu dessen erstmaligem Vollzug kann selbst eine gültig geschlossene Ehe nach katholischem Recht wieder aufgelöst werden, wenn sich einer der Ehepartner erst nach der Eheschließung zur Enthaltsamkeit entscheidet.

So viel zur Theorie. Was aber können Ehepartner in der Praxis tun, wenn sie schon allzu lange auf dem Trockenen sitzen und die allabendlich mit schöner Regelmäßigkeit wiederkehrenden »Kopfschmerzen« des Partners oder der Partnerin einfach nicht verschwinden wollen? Der drohende Hinweis auf die kirchenrechtliche Auflösbarkeit der Ehe wird sicher nicht immer helfen. Aber auch die Beschreitung des Rechtsweges ist kein Ausweg. Denn ein Rechtsanspruch bringt nur dann etwas, wenn er sich notfalls im Wege der Zwangsvollstreckung auch durchsetzen lässt. Ansprüche auf Herstellung der ehelichen Lebensgemeinschaft können jedoch naturgemäß nicht zwangsvollstreckt werden.

Interessant wäre es, sich einmal die Konsequenzen auszumalen, wenn dies anders wäre. Möglichkeiten der Zwangsvollstreckung gibt es grundsätzlich viele. Ein Zahlungsanspruch zum Beispiel kann vollstreckt werden, indem man Konten des Schuldners pfändet oder ihm den Gerichtsvollzieher ins Haus schickt. Ansprüche auf Vornahme einer Handlung dagegen können auch im Wege der sogenannten Ersatzvornahme vollstreckt werden. Die Handlung, die eigentlich der Schuldner vornehmen müsste, wird dann zum Beispiel durch den Gerichtsvollzieher oder das Gericht durchgeführt. Dass der Gerichtsvollzieher ersatzweise die erotischen Verpflichtungen des unwilligen Ehepartners übernimmt, wäre in den weitaus meisten Fällen jedoch wohl keine befriedigende Lösung. Juristen sprechen hier von einer »unvertretbaren Handlung«. Der Anspruch des vernachlässigten Ehepartners könnte dann nur noch vollstreckt werden, indem gegen den beischlafverpflichteten Partner ein Zwangsgeld oder gar Zwangshaft verhängt wird. Auch dies ist im Falle des Anspruchs auf Herstellung der ehelichen Geschlechtsgemeinschaft jedoch nicht möglich.

Fazit: Eheleute trifft zwar eine Beischlafpflicht, rechtlich durchsetzbar ist diese letztlich jedoch nicht. Kopfschmerztabletten helfen da schon eher.

Bei Interesse siehe hierzu:
§ 1353 BGB (Bürgerliches Gesetzbuch), »Eheliche Lebensgemeinschaft«
§ 887 Abs. 1 ZPO (Zivilprozessordnung), »Vertretbare Handlungen«
§ 888 ZPO, »Unvertretbare Handlungen«

Ehe und Eigentum

Irrtum:
Ehepartnern gehört alles gemeinsam, wenn sie keinen Ehevertrag haben.

Richtig ist:
Auch ohne Ehevertrag behält jeder Ehepartner sein Eigentum für sich.

»Ich brauche unbedingt einen Ehevertrag, sonst gehört mein ganzes Vermögen bald zur Hälfte meinem künftigen Ehepartner!«

Erstaunlich viele Menschen glauben fest an diese Legende. Das Missverständnis rührt wahrscheinlich daher, dass jeder schon einmal etwas von Eheverträgen gehört hat, mit denen man Gütertrennung vereinbaren kann. Und wenn man keinen Ehevertrag mit Gütertrennung hat – so glauben offenbar viele –, dann müssen im Umkehrschluss wohl sämtliche Güter beiden Ehepartnern gemeinsam gehören. Doch weit gefehlt!

Denn auch wer keinen Ehevertrag mit Gütertrennung schließt, behält nach der Heirat sein Eigentum für sich. Das gilt nicht nur für Eigentum, das mit in die Ehe gebracht wird, sondern auch für alles, was die Partner nach der Eheschließung anschaffen. Und es gilt auch, wenn sich das Paar scheiden lässt.

Ehe und Eigentum 37

Nach einer Scheidung gelten lediglich die Rechtsfolgen der sogenannten Zugewinngemeinschaft. Alles, was die Ehepartner während der Ehe an Vermögen *hinzugewonnen* haben (und nur das!), kommt in einen Topf und wird bewertet. Jedem Ehepartner steht exakt die Hälfte des ermittelten Zugewinn-Gesamtwertes zu. Das heißt jedoch nicht, dass die realen Gegenstände oder Grundstücke, die hinzugewonnen wurden, nun zwischen den Partnern aufgeteilt werden, denn wie gesagt: Das *Eigentum* an den einzelnen Zugewinnobjekten darf jeder für sich behalten. Aufgeteilt wird nur deren *Wert*. Derjenige Ehepartner, der mehr an hinzugewonnenem Eigentum behalten darf, als ihm wertmäßig zusteht, muss also eine Ausgleichszahlung leisten – den sogenannten Zugewinnausgleich.

Ein Beispiel: Der Mann geht mit einem Haus in die Ehe. Es ist schon bei der Heirat abbezahlt und 200 000 Euro wert. Bei der Scheidung hat es einen Wert von 400 000 Euro. Er hat also während der Ehe 200 000 Euro an Vermögen hinzugewonnen.

Die Ehefrau geht ohne Vermögen in die Ehe. Bei der Scheidung hat sie 100 000 Euro auf ihrem Konto. Sie hat also 100 000 Euro hinzugewonnen.

Die 200 000 Euro Zugewinn des Mannes und die 100 000 Euro Zugewinn der Frau kommen bei der Scheidung gedanklich in einen Topf und werden geteilt. Beiden stehen demnach 150 000 Euro Zugewinn zu. Der Mann darf zwar sein Haus behalten, muss der Frau aber 50 000 Euro in bar von seinem Zugewinn abgeben – den sogenannten Zugewinnausgleich. Er belastet sein Haus mit 50 000 Euro und behält im Ergebnis ein Vermögen von 350 000 Euro, seiner Frau bleiben 150 000 Euro. Von »halbe-halbe« also auch nach einer Scheidung keine Spur!

Die Zugewinngemeinschaft gilt, wie gesagt, nur, wenn die Ehepartner nichts anderes vereinbart haben. In einem Ehevertrag können sie sich aber auch auf Gütertrennung oder Gütergemeinschaft einigen.

Bei der Gütertrennung gilt während der Ehe das Gleiche wie bei der Zugewinngemeinschaft: Jeder Ehepartner behält sein Eigentum. Der Unterschied zeigt sich erst nach der Scheidung. Wer im Ehevertrag Gütertrennung vereinbart, der behält nach der Scheidung auch den Zugewinn komplett für sich. Keiner der Ehepartner muss dem anderen einen Zugewinnausgleich zahlen. In unserem Beispiel müsste der Mann seiner Exfrau daher keine 50 000 Euro überweisen. Er behält sein 400 000 Euro teures, unbelastetes Haus, die Frau ihre 100 000 Euro.

Das andere Extrem ist die Gütergemeinschaft. Sie entspricht dem Bild, das sich viele Menschen irrtümlich von einer Ehe ohne Ehevertrag machen. Denn bei der Gütergemeinschaft ist es tatsächlich so, dass das Vermögen beider Ehepartner in einen Topf kommt und anschließend beiden gemeinsam gehört. Dabei kann man allerdings einzelne Gegenstände oder zum Beispiel das gesamte voreheliche Vermögen im Ehevertrag von der Gütergemeinschaft ausnehmen. Geschieht das nicht, so wird in unserem Beispiel das Vermögen der beiden Ehepartner bei der Scheidung genau hälftig geteilt. Das Haus des Mannes und die 100 000 Euro der Frau gehören vor und nach der Scheidung beiden gemeinsam. Beiden bleibt nach der Scheidung damit ein Vermögen von jeweils 250 000 Euro.

Wer also keinen Ehevertrag hat und es aus Angst vor dem Verlust seines vorehelichen Vermögens bisher noch nicht gewagt hat, die Scheidung einzureichen, der sei beruhigt: Geteilt wird nur der Zugewinn *während* der Ehe, nicht aber das voreheliche Vermögen. Auch ohne Ehevertrag und Gütertrennung wird es also vielleicht gar nicht so schlimm.

Bei Interesse siehe hierzu:
§ 1363 BGB (Bürgerliches Gesetzbuch), »Zugewinngemeinschaft«
§ 1414 BGB, »Eintritt der Gütertrennung«
§ 1416 BGB, »Gesamtgut«

Eheliche Treue

Irrtum:
Eine Rechtspflicht zur Treue in der Ehe gibt es seit den siebziger Jahren nicht mehr.

Richtig ist:
Auch heute ist die eheliche Treue eine Rechtspflicht.

Müssen Ehepartner einander eigentlich treu sein? Oder besteht die eheliche Treuepflicht, wenn überhaupt, nur auf dem Papier und hat keine rechtliche Bedeutung?

Bis 1977 wusste jeder in Deutschland, dass Eheleute einander treu sein mussten. Es war allgemein bekannt, was Fremdgehern blühte: Im Scheidungsrecht galt das sogenannte Verschuldensprinzip. Ein Ehepartner konnte sich scheiden lassen, wenn der andere eine schwere Verfehlung begangen hatte. Dazu zählte vor allem das Fremdgehen. Es wurde also geprüft, welcher der beiden Ehepartner die Trennung verschuldet hatte.

Doch 1977 wurde das Verschuldensprinzip abgeschafft. Heute gilt nur noch das Zerrüttungsprinzip, wonach eine Ehe auch geschieden werden kann, ohne dass geprüft wird, auf wessen Seite die »Schuld« hierfür liegt. Die Zerrüttung der Ehe genügt als Scheidungsgrund.

Viele glauben seither, dass die eheliche Treuepflicht nur noch ein Papiertiger ist und Fremdgehen keine negativen rechtlichen Folgen mehr haben kann. Doch das ist ein Irrtum! Denn nach wie vor ist es eine Rechtspflicht, dass Ehepartner einander treu sind.

Wer diese Pflicht verletzt, riskiert im Extremfall, dass seine Unterhaltsansprüche gekürzt oder sogar ganz gestrichen werden. Das gilt noch nicht bei einem einmaligen oder gelegentlichen »Ausrutscher«. Aber wer ein längeres intimes Verhältnis aufnimmt – und zwar gleichgültig, ob dieses homo- oder heterosexuell ist –, riskiert seinen Unterhalt.[9] Das gilt erst recht, wenn die Umstände der Untreue besonders verwerflich sind, etwa dann, wenn der Ehepartner mit einem gemeinsamen Freund eine Beziehung eingeht.[10] Der untreue Partner muss gegebenenfalls sogar die Detektivkosten ersetzen, die nötig waren, um seine Seitensprünge aufzudecken.[11]

Bei Interesse siehe hierzu:
§ 1353 BGB (Bürgerliches Gesetzbuch), »Eheliche Lebensgemeinschaft«
§ 1579 Nr. 7 BGB, »Beschränkung oder Versagung des Unterhalts wegen grober Unbilligkeit«

Elterliches Züchtigungsrecht

Irrtum:
Eltern steht gegenüber ihren Kindern in einem gewissen Rahmen ein Züchtigungsrecht zu.

Richtig ist:
Das elterliche Züchtigungsrecht wurde 2000 abgeschafft.

»Schwarze Pädagogik« werden Erziehungsmethoden genannt, die auf Einschüchterung und Gewalt beruhen und häufig mit Sprüchen wie »Mir hat's damals auch nicht geschadet« gerechtfertigt werden. Häufig wird auch auf ein angebliches elterliches Züchtigungsrecht verwiesen. Danach sei es nicht strafbar, wenn Eltern gegenüber ihren Kindern »mal die Hand ausrutscht«.

Man kann es gar nicht deutlich genug sagen: Selbstverständlich haben Eltern *kein* Recht, ihre Kinder zu schlagen. Die Züchtigungsrechte des Dienstherrn gegenüber seinem Gesinde, des Ehemannes gegenüber der Ehefrau, des Meisters gegenüber dem Lehrling und des Lehrers gegenüber dem Schüler sind alle schon lange abgeschafft. Und auch das bisschen, was von dem früher tatsächlich existierenden elterlichen Züchtigungsrecht noch übrig war, ist seit dem Jahr 2000 endgültig Rechtsgeschichte. Wer sein Kind schlägt, hat nicht nur keine Ahnung von Erziehung, sondern macht sich auch strafbar, nämlich wegen Körperverletzung oder Misshandlung von Schutzbefohlenen. Wer das immer noch nicht begreifen will, für den lohnt es sich, den Gesetzeswortlaut in § 1631 Absatz 2 BGB einmal genau zu studieren:

»*Kinder haben ein Recht auf gewaltfreie Erziehung. Körperliche Bestrafungen, seelische Verletzungen und andere entwürdigende Maßnahmen sind unzulässig.*«

Verboten sind danach nicht nur Schläge, sondern auch Einsperren, unnötig festes schmerzhaftes Zupacken und Festhalten und auch mündliche Äußerungen der Verachtung. Wer gegen diese Verbote verstößt, kann sich nicht nur wegen Körperverletzung, Freiheitsberaubung, Nötigung oder Beleidigung strafbar machen, sondern riskiert auch zivilrechtliche Sanktionen, in Extremfällen bis hin zur Entziehung der elterlichen Sorge. Dem geschlagenen Kind können darüber hinaus Schadensersatz- und Schmerzensgeldansprüche gegen seine Eltern zustehen.

Das Gesetz stellt jedoch nicht nur Verbote auf, sondern hilft auch Eltern, die sich nicht anders zu helfen wissen als durch das Schlagen ihrer Kinder. Wer mit seinem Nachwuchs nicht mehr klarkommt oder lernen will, wie man Kinder gewaltfrei erziehen kann, der sollte sich vertrauensvoll und angstfrei an das zuständige Jugendamt wenden – und zwar so früh wie möglich. Dort gibt es praktische Hilfe, auch beim Erlernen des Einsatzes von positiven Erziehungsmaßnahmen wie Lob und Belohnung oder von zulässigen Sanktionen wie Taschengeldentzug, Ausgeh- oder Fernsehverbot.

Bei Interesse siehe hierzu:
§ 1631 BGB (Bürgerliches Gesetzbuch), »Inhalt und Grenzen der Personensorge«
§ 1666 Abs. 1 BGB, »Gerichtliche Maßnahmen bei Gefährdung des Kindeswohls«
§ 223 StGB (Strafgesetzbuch), »Körperverletzung«
§ 225 StGB, »Misshandlung von Schutzbefohlenen«

Eltern haften für ihre Kinder

Irrtum:
Eltern müssen haften, wenn ihre Kinder etwas beschädigen.

Richtig ist:
Eltern haften nicht für ihre Kinder, sondern nur für ihr eigenes Verhalten.

Auch wenn an fast jedem deutschen Baustellenzaun das Gegenteil zu lesen ist: Eltern haften *nicht* für ihre Kinder!
 Denn jeder ist nur für sein eigenes Verhalten verantwortlich. Das gilt auch für Eltern und ihre Kinder. Kinder ab sieben Jahren müssen Schäden, die sie verschuldet haben, grundsätzlich selbst bezahlen. Wenn das Kind noch keine sieben Jahre alt ist oder es kein Geld hat, hat der Geschädigte Pech. Er kann sei-

nen Schaden nicht ohne weiteres von den Eltern ersetzt verlangen. Auch wenn sich Eltern also moralisch für Schäden verantwortlich fühlen, die ihre Kinder anrichten: Rechtlich sind sie es nicht ohne weiteres. Es gibt keine generelle »Sippenhaft«!

Nur wenn nicht bloß das Kind, sondern auch die Eltern selbst einen Fehler gemacht haben, müssen sie haften. Eltern müssen ihre Kinder ausreichend beaufsichtigen. Tun sie das nicht, verletzen sie ihre Aufsichtspflicht und müssen wegen dieses eigenen Fehlverhaltens zahlen. Wie viel Aufsicht nötig ist, hängt von Alter und Charakter der Kinder ab. In extremen Fällen (beispielsweise bei verhaltensauffälligen Kindern mit hohem Aggressionspotential) kann eine ständige, unmittelbare Beobachtung erforderlich sein. Bei älteren und vernünftigeren Kindern genügt dagegen oft schon eine bloße Belehrung über mögliche Gefahren. Wenn ein solches, eigentlich vernünftiges Kind sich dann doch einmal zum Beispiel über das elterliche Verbot hinwegsetzt, auf Baustellen zu spielen, kann den Eltern kein Vorwurf gemacht werden. Sie haben ihre Aufsichtspflicht nicht verletzt und sind nicht für Schäden verantwortlich, die ihr Kind dort eventuell anrichtet. Wenn hingegen eine Mutter ihren dreijährigen Sohn völlig unbeaufsichtigt mit einem Hammer in der Hand in einem Porzellanladen spielen lässt, verletzt sie ihre Aufsichtspflicht und muss für den Schaden aufkommen, wenn der Junge etwas zerstört. Sie haftet dann jedoch nicht für das Verhalten des Kindes, sondern für ihre eigene Fahrlässigkeit. Schließlich hätte sie das Unglück verhindern können, wenn sie ihr Kind beaufsichtigt hätte. Falls die Mutter eine Haftpflichtversicherung abgeschlossen hat, übernimmt möglicherweise diese den Schaden.

Wenn die Eltern ihre Aufsichtspflicht jedoch nicht verletzt haben, müssen natürlich weder sie noch ihre Haftpflichtversicherung für den Schaden aufkommen. Viele übersehen dies und erleben in der Praxis deshalb zum Teil unliebsame Überraschungen.

Wenn zum Beispiel der kleine Maximilian Tante Erikas teure Vase zerstört hat, will die elterliche Haftpflichtversicherung möglicherweise wissen, ob Vater und Mutter auf ihr Kind aufgepasst haben. War dies der Fall, so müssen die Eltern der Tante den Schaden nicht ersetzen – und auch die Versicherung müsste dann natürlich nichts bezahlen, denn sie springt nur ein, wenn die Eltern eine Zahlungspflicht trifft. Viele Eltern verkennen dies. Um (vermeintlich) sicherzugehen, dass ihre Haftpflichtversicherung den Schaden ersetzt, wollen sie nicht den Anschein mangelnder Sorgfalt erwecken und behaupten fälschlicherweise, sie hätten ihr Kind ausreichend überwacht, weil sie befürchten, dass die Versicherung andernfalls nicht für den Schaden aufkommt. Dabei ist es genau andersherum: Tante Erika bleibt gerade dann auf ihrem Schaden sitzen, wenn die Eltern ihr Kind die ganze Zeit sorgfältig überwacht haben. In diesem Fall ist ihnen nämlich kein Vorwurf zu machen, denn sie konnten nicht verhindern, dass die Vase zerstört wird. Sie müssen den Schaden also nicht ersetzen – und ihre Haftpflichtversicherung demnach auch nicht. Zahlen muss allenfalls der kleine Maximilian selbst – wenn er mindestens sieben Jahre alt ist. Wenn er in diesem Alter noch kein eigenes Geld hat, kann der Geschädigte ihn verklagen und noch bis zu dreißig Jahre nach Erlass des rechtskräftigen Urteils eine Schadensersatzzahlung von ihm verlangen.

Haben die Eltern hingegen nicht auf ihr Kind aufgepasst, dann haben sie ihre Aufsichtspflicht verletzt und somit den Schadenseintritt verschuldet. Wenn sie ihr Fehlverhalten der Haftpflichtversicherung gegenüber zugeben, wird diese Tante Erikas Vase ersetzen. Weil kaum ein Mensch diese verwirrende Rechtslage durchblickt, stießen die Versicherer in der Vergangenheit immer wieder auf das Unverständnis ihrer Kunden.

Wenn z. B. ein erst Fünfjähriger beim Nachbarn einen Schaden anrichtete und den Eltern keine Aufsichtsverletzung vorgeworfen werden konnte, ging der Nachbar leer aus. Den Eltern, die sich dennoch moralisch zum Schadensersatz verpflichtet fühlen, wird in vielen Versicherungsverträgen nur geholfen, indem die Versicherung auch solche Schäden ausgleicht, die nach Recht und Gesetz weder von den Eltern noch von dem erst Fünfjährigen ersetzt werden müssen. Die Versicherer tun also einfach so, als sei der Rechtsirrtum gar keiner, sondern handeln so, als wäre die »moralisch gefühlte« Schadensersatzpflicht ihrer Kunden eine tatsächliche Rechtspflicht. Da werfe der deutschen Versicherungsbranche noch einmal jemand fehlende Servicementalität vor!

Bei Interesse siehe hierzu:
§ 832 BGB (Bürgerliches Gesetzbuch), »Haftung des Aufsichtspflichtigen«
§ 828 BGB, »Haftung Minderjähriger«

Erbende Geschwister

Irrtum:
Enterbte Geschwister haben gegenüber Geschwistern einen Pflichtteilsanspruch.

Richtig ist:
Enterbte Geschwister haben keinen Pflichtteilsanspruch.

Immer wieder erscheinen Menschen bei Rechtsanwälten für Erbrecht und schildern Situationen wie diese: Kürzlich ist der 93-jährige Bruder gestorben. Er hatte vor 25 Jahren das schöne große Elternhaus allein geerbt, weil er die gemeinsamen Eltern dort bis zu deren Tod betreut hatte. Die anderen Geschwister hatten zum Ausgleich damals nur ein wenig Geld bekommen. Nun war der Bruder bis ins hohe Alter durchaus lebenslustig gewesen und hatte sich noch kurz vor seinem Tod in die reizende 24-Jährige verguckt, die ihm immer das Essen auf Rädern brachte. Und wie das Leben so spielt: Die junge Dame erwiderte die Gefühle des wohlhabenden, kinderlosen Seniomen sogar! Ein halbes Jahr vor seinem Tod heirateten die beiden und alle waren glücklich. Na ja, fast alle. Die überlebenden Geschwister treibt nun nach dem Tod ihres Bruders nur eine Sorge um: Es würde sich wohl nicht verhindern lassen, dass zumindest ein Teil des Vermögens, bestehend aus dem Elternhaus und 500 000 Euro in bar, an die böse Erbschleicherin fallen würde, die der Verstorbene als Alleinerbin eingesetzt hatte, während er zugleich alle anderen Verwandten von der Erbfolge ausschloss. (Man muss dazu sagen, dass Personen, die andere kurz vor deren Ableben ehelichen, per se böse Erbschleicher sind, jedenfalls wenn man die übrigen Verwandten des Verstorbenen fragt.) Ganz leer würde die Dame also nicht ausgehen. Aber könnte man wenigstens verhindern, dass sie das Elternhaus bekommt, in dem immerhin auch die Geschwister aufgewachsen waren? Und wie hoch ist der Pflichtteilsanspruch der Geschwister in Bezug auf das Barvermögen? Nach sechs Monaten Ehe kann so eine Person doch allenfalls mit einem Bruchteil dieser Summe rechnen. Oder, Herr Anwalt?

Dem Rechtsanwalt kommt in dieser Situation die unangenehme Aufgabe zu, den Geschwistern zu erklären, wie viel sie bekommen – nämlich gar nichts.

Dass Geschwister pflichtteilsberechtigt sind, ist ein erstaunlich weitverbreiteter Rechtsirrtum. Natürlich rührt er daher, dass es kein engeres Verwandtschaftsverhältnis gibt als zwischen Geschwistern. Tatsächlich sind jedoch nur Ehegatten, eingetragene Lebenspartner, Eltern und Abkömmlinge (Kinder, Enkel) pflichtteilsberechtigt, Geschwister und sonstige Verwandte jedoch nicht. Elternhaus und Barvermögen gehen im vorliegenden Fall also vollständig an die trauernde Witwe.

Bei Interesse siehe hierzu:
§ 2303 BGB (Bürgerliches Gesetzbuch), »Pflichtteilsberechtigte; Höhe des Pflichtteils«

Kredite für Kinder

Irrtum:
Die Eltern müssen die überzogenen Girokonten und offenen Handyrechnungen ihrer Kinder ausgleichen.

Richtig ist:
Eltern müssen nicht für die Schulden ihrer Kinder aufkommen.

Das Problem der Verschuldung von Kindern und Jugendlichen ist bekannt. Vor allem hohe Handyrechnungen und Dispo-Kredite auf den Girokonten Jugendlicher führen dazu, dass immer mehr Minderjährige in die Schuldenfalle tappen. Wenn die gesetzlichen Vertreter, das heißt in der Regel die Eltern, den Handy- bzw. Kontoführungsverträgen ihrer Kinder zugestimmt hatten, können die Banken, Telefongesellschaften oder sonstigen Gläubiger von den Kindern Zahlung verlangen.

Allerdings muss bei Kreditverträgen – und dazu gehören auch Dispo-Kredite – zusätzlich das Familiengericht zustimmen. Die Zustimmung der Eltern genügt hier also nicht. Pech hat die Bank außerdem, wenn zum Beispiel im Kontoführungsvertrag ausdrücklich vorgesehen war, dass es nur auf

Guthabenbasis geführt wird, das heißt, dass es nicht überzogen werden darf. Lässt es die Bank in einem solchen Fall trotzdem zu, dass das Konto überzogen wird, kann sie von dem minderjährigen Kontoinhaber kein Geld verlangen. Genauso verhält es sich im Fall von Handyverträgen. Wenn die Eltern nur damit einverstanden waren, dass ihr minderjähriger Nachwuchs eine Prepaid-Karte bekommt, hat die Telefongesellschaft kein Recht, dem Jugendlichen die Kosten nicht im Voraus bezahlter Gespräche nachträglich in Rechnung zu stellen.

Wie sieht es aber aus, wenn die Eltern tatsächlich ausdrücklich ihre Zustimmung dazu erklärt haben, dass ihre Kinder Schulden machen? In einem solchen Fall fühlen sie sich häufig für die Schulden ihrer Kinder rechtlich mitverantwortlich und übernehmen diese. Das ist zwar hochanständig, eine automatische Verpflichtung der Eltern, für die Schulden ihrer Kinder aufzukommen, besteht jedoch nie.

Die elterliche Genehmigung der Handy- bzw. Kontoführungsverträge ihrer minderjährigen Kinder kann hieran nichts ändern. Nur wenn die Eltern außerdem noch eine Bürgschaftserklärung gegenüber der Bank oder Telefongesellschaft abgegeben haben, müssen sie zahlen. Sie müssen also ausdrücklich und schriftlich erklärt haben: »Ja, wir werden für die Schulden unserer Kinder aufkommen.« Wenn die Eltern keine solche Bürgschaft abgegeben, sondern nur ihre Zustimmung dazu erklärt haben, dass ihre Kinder Schulden machen dürfen, dann sind die Kinder allein für ihre Schulden verantwortlich. Wenn der Nachwuchs nicht in der Lage ist, die offenen Rechnungen und überzogenen Girokonten auszugleichen, können die Gläubiger nicht die Eltern, sondern nur die Kinder auf Zahlung verklagen. Den gerichtlichen Zahlungstitel können die Gläubiger anschließend zu den Akten nehmen und noch bis zu 30 Jahre später wieder aus der Schublade ziehen, um aus ihm die Zwangsvollstreckung gegen die dann erwachsenen Kinder zu betreiben – natürlich einschließlich der bis dahin aufgelaufenen Zinsen.

Wer seinen Kindern diese Perspektive ersparen möchte, wird ihre Schulden natürlich übernehmen, auch wenn er hierzu rechtlich nicht verpflichtet ist. Die Eltern befinden sich in einem solchen Fall allerdings in einer recht guten Verhandlungsposition. Die Gläubiger wissen genau, dass sie ihr Geld von den Kindern möglicherweise nie, jedenfalls aber erst sehr viel später erhalten werden. Wenn die Eltern in einer solchen Situation anbieten, freiwillig für die Schulden aufzukommen, ist der Gläubiger möglicherweise bereit, die Schuldsumme zu reduzieren. Denn ihm wird der Spatz in der Hand häufig lieber sein als die Taube auf dem Dach.

Bei Interesse siehe hierzu:
§ 107 BGB (Bürgerliches Gesetzbuch), »Einwilligung des gesetzlichen Vertreters«
§ 1643 Abs. 1 BGB, »Genehmigungspflichtige Rechtsgeschäfte«
§ 1822 Nr. 8 BGB, »Genehmigung für sonstige Geschäfte«

Namenswahl

Irrtum:
Man darf nicht mit falschem Namen unterschreiben.

Richtig ist:
Grundsätzlich darf man sich nennen, wie man will, und auch so unterschreiben.

Seit einigen Jahren ist es in Deutschland möglich, dass Eheleute nach der Hochzeit ihren jeweiligen Geburtsnamen behalten. Sie müssen sich also nicht mehr auf einen gemeinsamen Namen einigen. Das heißt jedoch nicht, dass sie sich nicht trotzdem im Rechtsverkehr auf einen gemeinsamen Namen einigen *dürfen*. Dies ist vielen nicht klar, denn die rechtliche Bedeutung des im Personalausweis angegebenen Namens wird allgemein überschätzt.

Wenn ein Ehepaar beispielsweise in einer sehr katholischen Gegend ein gemeinsames Zimmer nimmt, sich aber nicht mit einer stirnrunzelnden Pensionsbetreiberin auseinandersetzen möchte, zwingt sie niemand, sich als Herr Weigl und Frau Blosze anzumelden. Sie dürfen sich genauso gut zum Beispiel als Eheleute Sommer eintragen. Wenn damit keine Identitätstäuschung verbunden ist – also der Wirtin nicht vorgespiegelt wird, sie habe ein ganz bestimmtes und konkretisierbares anderes Ehepaar Sommer vor sich –, ist die Angabe des falschen Namens nicht strafbar. Es liegt keine Urkundenfälschung vor, sondern nur eine sogenannte »schriftliche Lüge«, die nicht verfolgt werden kann. Und auch ein vollendeter oder versuchter Betrug liegt nicht vor, wenn der Wirtin durch die Namenstäuschung kein Schaden entsteht oder entstehen soll.

Wer möchte, darf sich also im Rechtsverkehr grundsätzlich nennen, wie er will. Auch die Wirksamkeit von Verträgen hängt nicht davon ab, dass die Unterschriften der Vertragsparteien eins zu eins mit den Namen in ihren Personalausweisen übereinstimmen. Entscheidend ist allein, ob der Unterzeichner sich tatsächlich vertraglich binden und nicht etwa nur eine Scherzerklärung abgeben will. Wenn aus den übrigen Umständen der Situation klar ist, dass es ihm mit dem Vertragsschluss ernst ist, kann er ihn auch wirksam mit dem Namen des Ehepartners, mit einem Künstlernamen, ja selbst mit »Gonzo« oder »Miss Piggy« unterzeichnen.

Auf dem gesellschaftlichen Parkett schließlich spielt es ohnehin keine Rolle, mit welchem Namen man sich vorstellt.

Wenn Frau Rutkowski nach 20 Jahren Ehe mit Baron von Klotz nun doch dessen Namen führen möchte, dann mag sie dies tun. Niemand wird von ihr verlangen, dass sie bei jeder Vorstellung eine Heiratsurkunde oder einen Personalausweis vorlegt. Das Gleiche gilt natürlich auch im umgekehrten Fall. Wenn die Gattin vor 20 Jahren den Namen ihres Mannes angenommen hatte, sich nun jedoch wieder mit ihrem Mädchennamen ansprechen lassen will, dann wird sie niemand daran hindern.

Nur bei förmlichen Aufforderungen durch die Polizei, eine sonstige Behörde oder das Gericht muss natürlich in jedem Fall der amtlich beurkundete Name genannt werden. Hier kann man sich nicht mit Spitznamen oder sonstigen Scherzen aus der Affäre ziehen.

Bei Interesse siehe hierzu:
§ 263 StGB (Strafgesetzbuch), »Betrug«
§ 267 Abs. 1 StGB, »Urkundenfälschung«

Nächtliches Ausgehverbot für Jugendliche?

Irrtum:
Jugendliche unter 16 Jahren dürfen nachts nicht ohne Aufsichtsperson unterwegs sein.

Richtig ist:
Es gibt keine nächtliche Ausgehsperre für Jugendliche.

Es ist gut und richtig, dass 12-Jährige nachts zu Hause im Bett liegen und schlafen, anstatt sich auf der Straße herumzutreiben.

Es ist auch richtig, dass die Eltern als Erziehungsberechtigte hierauf achtgeben. Falsch ist allerdings die Begründung, die Kindern und Jugendlichen häufig für das nächtliche Ausgehverbot präsentiert wird: Nach 22 bzw. 24 Uhr sei es Kindern und Jugendlichen gesetzlich gar nicht mehr erlaubt, ohne Begleitung einer Aufsichtsperson aus dem Haus zu gehen. Tatsache ist jedoch: Kinder und Jugendliche dürfen viel mehr, als die meisten Eltern wissen (oder wissen wollen). So gibt es auch keine gesetzliche Ausgangssperre für Kinder und Jugendliche nach 22 oder 24 Uhr. Sie dürfen also auch nachts auf der Straße herumlaufen. Verboten ist lediglich der Aufenthalt an bestimmten jugendgefährdenden Orten wie Kneipen oder Clubs.

Was genau dürfen sie also?

Kinder und Jugendliche unter 16 Jahren dürfen sich zwischen 5 Uhr und 23 Uhr ohne Aufsicht in Gaststätten aufhalten, wenn sie dort etwas essen oder trinken wollen. Allerdings dürfen sie nur so lange bleiben, wie sie zu Hause für die Mahlzeit oder das Getränk gebraucht hätten. Nach etwa einer Stunde müssen sie also wieder gehen. 16- und 17-Jährige dürfen dagegen bis 24 Uhr bleiben und müssen nach einem Getränk oder einer Mahlzeit auch nicht schon wieder gehen. Von diesen Regelungen gibt es eine Ausnahme, die kaum jemand kennt: Für Kinder und Jugendliche, die sich auf Reisen befinden, gelten alle diese Beschränkungen nicht. Sie dürfen also auch mitten in der Nacht ohne Begleitung einer Aufsichtsperson in Kneipen herumlungern. Und was ist unter einer Reise zu verstehen? Die »Durchführungshinweise zum Jugendschutzgesetz in Nordrhein-Westfalen« wissen es ganz genau. Sie gelten sinngemäß auch in den anderen Bundesländern:

>*»Eine Reise im Sinne des § 4 Abs. 2 ist die nicht nur unerhebliche Fortbewegung von der Wohnung.«*

15-Jährige, die sich »nicht nur unerheblich« von der Wohnung fortbewegen, dürfen sich also die Nacht in Kneipen um die Ohren schlagen. Und es kommt noch »besser«: Unter einer Reise ist nicht nur die erste Mofa-Tour mit Rucksack und Zelt zu verstehen, sondern sogar der Schulweg! Den Gastwirten wird in den oben zitierten Durchführungshinweisen auch ein Tipp an die Hand gegeben, worauf sie achten müssen, wenn Jugendliche ihnen nachts um drei erzählen, sie seien gerade auf dem Weg zur Schule und hätten gerne ein Pils:

> »Bei Kontrollen muss es unter Betrachtung der Umstände und des persönlichen Verhaltens glaubhaft sein, dass sich die Person auf Reisen befindet (z. B. Mitführen von Reisegepäck oder Schultasche. Besitz einer Fahrkarte).«

Also, liebe Kinder: Wenn der Wirt Euch das nächste Mal nachts aus der Kneipe schmeißen will, dann zeigt ihm einfach Euren Schulranzen und eine Fahrkarte und erklärt ihm, dass Ihr auf dem Weg in die weit entfernte Schule seid. Oder Ihr habt einen Rucksack dabei und erzählt, dass Ihr das erste Mal ohne Eure Eltern Urlaub macht. Natürlich müssen diese Geschichten aber auch stimmen! Wenn der Wirt sie Euch abnimmt, bekommt er keine Probleme, falls seine Kneipe gerade in dieser Nacht kontrolliert wird. Wenn die »Reise-Ausnahme« nicht greift, muss ein Erziehungsbeauftragter her, der die Kinder und Jugendlichen begleitet. Aufsichtsperson kann prinzipiell jeder über 18 Jahren sein, dem die Eltern auferlegen, dass er sich in dieser Nacht um die Kinder und Jugendlichen kümmern und auf die Einhaltung der Jugendschutzbestimmungen achten soll. Wenn es in einer Gruppe 16- bis 19-jähriger Jugendlicher also einen Volljährigen gibt, der Lust hat, »Mama für eine Nacht« zu spielen, sollte sich dieser Folgendes von den Eltern der Minderjährigen schriftlich geben lassen:

> »Als die personensorgeberechtigten Eltern von Jessica Blaschke übertragen wir Herrn Kevin Kaczmarek als Erziehungsbeauftragtem für die Nacht vom 31.12.08 auf den 01.01.09 die Aufsicht über unsere Tochter und verpflichten ihn hiermit zur Überwachung der Jugendschutzbestimmungen.«

Eine mündliche Übertragung reicht zwar grundsätzlich aus. Ein schriftliches Dokument ist aber besser, weil ein Wirt sich damit eher überzeugen lässt. Selbstverständlich muss Kevin sich dann allerdings auch seinem Erziehungsauftrag entsprechend verhalten und sollte die Jugendschutzbestimmungen in Bezug auf Alkohol, Tabak usw. tatsächlich kennen. Denn wenn der Wirt den begründeten Eindruck gewinnt, dass Kevin sich als Autoritätsperson nicht durchsetzen will oder kann, darf Jessica nicht bleiben und muss die Kumpels alleine weiterfeiern lassen.

In Diskotheken gilt eine schärfere Regelung. Unter 16-Jährige dürfen sich hier ohne Aufsichtsperson gar nicht aufhalten. 16- bis 17-Jährige dürfen – so wie in Gaststätten – bis 24 Uhr bleiben. Die »Reise-Ausnahme« gilt in Diskotheken nicht. Denn auch auf Reisen gibt es keinen vernünftigen Grund, Kindern und Jugendlichen den Aufenthalt in Clubs zu gestatten. Sie müssen nachts in jedem Fall eine geeignete Aufsichtsperson dabeihaben.

Bei Interesse siehe hierzu:
§ 4 JuschG (Jugendschutzgesetz), »Gaststätten«
§ 5 JuschG, »Tanzveranstaltungen«

Scheidung mit einem gemeinsamen Anwalt

Irrtum:
Ehepaare können sich bei der Scheidung von einem gemeinsamen Rechtsanwalt vertreten lassen.

Richtig ist:
Anwälte dürfen in einem Verfahren immer nur eine der beiden Parteien vertreten.

Ehepartner, die »ganz bewusst als gute Freunde« auseinandergehen wollen, kündigen in der Regel an, sich einen gemeinsamen Scheidungsanwalt zu nehmen. Schließlich ist man ja vernünftig, und überhaupt: Weshalb sollen sich eigentlich gleich zwei Anwälte eine goldene Nase an der Trennung verdienen?

So erscheinen diese Ehepaare dann gemeinsam bei einem Rechtsanwalt – und müssen sich gleich zu Anfang darüber aufklären lassen, dass kein Anwalt in einer Scheidung beide Ehepartner gleichzeitig vertreten darf. Ein Anwalt darf keine entgegengesetzten Interessen vertreten. Und Paare in einem Scheidungsverfahren haben aus rechtlicher Sicht natürlich immer entgegengesetzte Interessen, egal, wie einig sie sich sind (oder sich vorher zu sein glauben).

Wenn sich die Noch-Eheleute also unbedingt einen der beiden Anwälte sparen wollen, dann bleibt nichts anderes übrig, als dass einer auf die eigene anwaltliche Vertretung verzichtet. Der Betroffene muss sich dann aber im Klaren darüber sein, dass der Rechtsanwalt seines Ehepartners verpflichtet ist, nur dessen Interessen zu vertreten. Verstößt der Rechtsanwalt gegen diese Pflicht, so verhält er sich standeswidrig und kann im Extremfall sogar wegen Parteiverrats bestraft werden.

Bei Interesse siehe hierzu:
§ 43a Abs. 4 BRAO (Bundesrechtsanwaltsordnung), »Grundpflichten des Rechtsanwalts«
§ 356 StGB (Strafgesetzbuch), »Parteiverrat«

Sterbehilfe

Irrtum:
Die Angehörigen dürfen über den Abbruch lebensverlängernder Maßnahmen bei Sterbenden und Koma-Patienten bestimmen.

Richtig ist:
Bis zum Schluss haben auch bewusstlose und geistig verwirrte Patienten das Recht auf Selbstbestimmung.

Die wenigsten Menschen verfassen eine Patientenverfügung, in der geregelt ist, was zu geschehen hat, wenn sie in ein Langzeitkoma fallen oder im Sterben liegen. Sie hoffen, dass ihre Angehörigen im Ernstfall schon die richtige Entscheidung treffen werden. Sie wissen nicht, dass dies den Angehörigen in der Praxis oft gar nicht möglich ist.

Dass die Angehörigen gesetzlich berechtigt seien, über das Schicksal ihrer bewusstlosen oder todkranken Verwandten zu bestimmen, ist ein weitverbreiteter Irrtum. Jeder Mensch hat bis zum Tod das Recht, *selbst* über sein Schicksal zu bestimmen. Wenn ein Patient im Koma liegt oder aufgrund einer Alzheimer-Erkrankung seinen Willen nicht mehr äußern kann, muss sein mutmaßlicher Wille erforscht werden. Ist das nicht möglich, so müssen die Ärzte ihm grundsätzlich jede lebensverlängernde medizinische Hilfe gewähren. Die Angehörigen können nicht verlangen, dass die lebenserhaltenden Maßnahmen eingestellt werden, um dem todkranken Verwandten ein würdevolles, möglichst schmerzfreies Sterben zu ermöglichen.

Wer bis zum Schluss selbst darüber bestimmen will, was am Lebensende mit ihm geschieht, der sollte rechtzeitig eine Patientenverfügung verfassen. Er sollte möglichst detailliert und konkret beschreiben, welche Behandlungsmaßnahmen gewünscht sind und welche nicht. Ärzte, Rechtsanwälte und Notare, aber auch die Kirchen und verschiedene unabhängige Organisationen können dabei helfen, eine solche, individuell angepasste Verfügung zu formulieren.

Ärzte und Angehörige müssen sich an den Inhalt einer Patientenverfügung halten. Sie erhalten dadurch klare Handlungsanweisungen, die ihnen eine Menge Druck und viele Zweifel ersparen. Patientenverfügungen sollten auch deshalb zu einer Selbstverständlichkeit für jeden werden.

Testament auf Video

Irrtum:
Testamente können per Video verfasst werden.

Richtig ist:
Nur handschriftliche Testamente sind wirksam.

Vor allem aus amerikanischen Filmen kennt man die Situation: Die gesamte Verwandtschaft des Verstorbenen sitzt vereint zur Testamentseröffnung beim Notar und sieht sich ein Video an, auf dem der Erblasser sich an die Hinterbliebenen wendet. In der Regel überzieht er sie mit allerlei bösen Sprüchen und verkündet ihnen, dass sie entweder gar nichts erben oder dass sie nur dann etwas erhalten, wenn sie irgendeine hinterhältig formulierte Aufgabe erfüllen.

Es soll bereits Erblasser gegeben haben, die sich durch solche Filme dazu haben inspirieren lassen, ihr Testament ebenfalls nur auf Video zu hinterlassen. Ein bloßes Videotestament ist jedoch null und nichtig. Das Gesetz schreibt eindeutig vor, dass Testamente grundsätzlich handschriftlich verfasst werden müssen. Nicht einmal auf der Schreibmaschine oder dem PC geschriebene Testamente sind gültig. Der komplette Text muss tatsächlich vom Erblasser selbst per Hand niedergeschrieben worden sein. Gewisse Ausnahmen von dieser Regel gibt es nur bei sogenannten Nottestamenten, die Sterbenskranke zum Beispiel vor dem Bürgermeister zur Niederschrift erklären können. Auch in Notsituationen ist jedoch ein reines Videotestament nicht wirksam.

Übrigens hat auch die in Filmen beliebte Testamentseröffnung vor dem Notar nichts mit der Realität zu tun. Mit der Testamentsvollstreckung wird in aller Regel das Nachlassgericht betraut und nicht der Notar. Und auch dort hat man Besseres zu tun, als lauter Hinterbliebene zusammenzutelefonieren, die sich dann alle in freudiger Erwartung zu einer dramatisch inszenierten Testamentseröffnung einfinden. Solche Termine finden in der Praxis schlichtweg nicht statt.

Bei Interesse siehe hierzu:
§ 2247 Abs. 1 BGB (Bürgerliches Gesetzbuch), »Eigenhändiges Testament«

Testament aus dem PC

Irrtum:
Ein auf dem PC geschriebenes, ausgedrucktes Testament ist gültig.

Richtig ist:
Testamente müssen handschriftlich verfasst sein.

Immer wieder kommt es vor, dass vermeintliche Erben nach einem Todesfall ein maschinengeschriebenes Testament des Verstorbenen präsentieren und ihr Erbe antreten wollen. Sie erwartet jedoch eine herbe Enttäuschung. Denn nur komplett eigenhändig, das heißt handschriftlich verfasste Testamente des Erblassers sind wirksam. Ein Testament aus dem PC ist nicht mehr wert als das Papier, auf dem es steht.

Auch das Gerücht, wonach ein getipptes Testament dennoch gültig sei, wenn es vor drei Zeugen verfasst wurde, ist falsch. Es beruht auf einem Missverständnis. Nur wer dem Tode so nahe ist, dass er nicht mehr rechtzeitig einen Notar aufsuchen kann, hat die Möglichkeit, ein sogenanntes Nottestament mündlich zur Niederschrift vor dem Bürgermeister der Gemeinde zu machen, in der er sich gerade aufhält. Der Bürgermeister muss zwei Zeugen hinzuziehen.

Wenn auch der Bürgermeister nicht mehr rechtzeitig erreicht werden kann, ist es ausnahmsweise auch möglich, ein Nottestament vor drei Zeugen zu machen. Diese Möglichkeit besteht auch ohne Notsituation dann, wenn der Erblasser sich auf See an Bord eines deutschen Schiffes, aber außerhalb eines deutschen Hafens befindet.

In all diesen Fällen muss der Erblasser sich anschließend jedoch mit dem Sterben ein wenig beeilen. Denn drei Monate nach Errichtung eines Nottestamentes wird es unwirksam, wenn der angeblich sterbenskranke Erblasser dann immer noch lebt und nun die Möglichkeit hätte, einen Notar aufzusuchen. Alternativ kann der Erblasser vor Fristablauf wieder eine Kreuzfahrt beginnen und so etwas Zeit gewinnen. Denn nach seiner Rückkehr beginnt die dreimonatige Ablebensfrist wieder von vorne.

Wer weder dem Tode nahe noch gerade auf Kreuzfahrt ist, kann so viele Zeugen aufbieten, wie er will. Sein getipptes Testament bleibt ungültig. Er muss es selbst handschriftlich verfassen.

So viel zur geltenden Rechtslage. Manch einer wird sich fragen, warum es im Zeitalter von E-Mails und SMS noch solch altertümlich anmutende Vorschriften gibt. Der Grund ist simpel: Nur bei einem handgeschriebenen Testament kann anhand eines schriftvergleichenden Sachverständigengutachtens mit einiger Sicherheit festgestellt werden, ob das Testament tatsächlich vom Verstorbenen stammt. Eine bloße Unterschrift unter einem ansonsten maschinengeschriebenen Text wäre viel zu leicht zu fälschen.

Wer nicht schreiben kann, der kann daher alleine kein wirksames Testament verfassen. Blinde dürfen noch nicht einmal die Blindenschrift benutzen, da man aus bloßen Punkten nicht sicher auf die Person des Schreibenden schließen kann.[12] Und wer Mühe beim Schreiben hat, dem darf zwar der Arm gestützt werden, die Schriftzüge müssen aber unbedingt vom Erblasser selbst geformt werden. Der Helfer darf also nicht zu sehr »helfen«. Dem Schreibunfähigen bleibt deshalb nichts anderes übrig, als einen Notar aufzusuchen und – gegen Zahlung der Notargebühren – ein sogenanntes öffentliches Testament zu errichten.

Bei Interesse siehe hierzu:
§ 2247 BGB (Bürgerliches Gesetzbuch), »Eigenhändiges Testament«
§ 2249 BGB, »Nottestament vor dem Bürgermeister«
§ 2250 BGB, »Nottestament vor drei Zeugen«
§ 2251 BGB, »Nottestament auf See«
§ 2252 BGB, »Gültigkeitsdauer der Nottestamente«

Trauung durch den Kapitän

Irrtum:
Kapitäne auf hoher See dürfen Trauungen vornehmen.

Richtig ist:
Nur Standesbeamte können Paare verheiraten.

Das Märchen von den Schiffskapitänen, die angeblich Trauungen durchführen dürfen, ist so alt, wie es falsch ist. Weshalb auch sollte der Käpt'n eines Fischkutters, eines Öltankers oder einer Rheinfähre Menschen verheiraten dürfen? Piloten, Trucker, Straßenbahnfahrer oder sonstige im Personenbeförderungs- und Transportwesen tätige Arbeitnehmer können schließlich auch niemanden trauen. »Das ist mir auch klar«, werden viele jetzt sagen. »Aber so ein richtiger Hochseekapitän mit schicker weißer Uniform, der mit dem *Traumschiff* über die Ozeane kreuzt, der muss so etwas doch können, oder nicht?« Jedenfalls meint man eine solche Szene schon 100 Mal in irgendwelchen Schnulzen gesehen zu haben.

Tatsächlich jedoch haben auch *Traumschiff*-Kapitäne anderes zu tun, als Leute zu verheiraten. Und selbstverständlich haben sie hierzu auch kein Recht. Die Zivilehe wird vom Standesbeamten und die kirchliche Ehe vom Pfarrer geschlossen. Alles andere sind romantische Geschichten ohne jeden Realitätsbezug.

Bei Interesse siehe hierzu:
§ 1310 BGB (Bürgerliches Gesetzbuch), »Zuständigkeit des Standesbeamten, Heilung fehlerhafter Ehen«

Gastronomie

Eichstrich beim Bierglas

Irrtum:
Wenn das Bierglas nicht ganz bis zum Füllstrich voll ist, kann der Gast nichts machen.

Richtig ist:
Biergläser müssen bis zum Füllstrich gefüllt sein, sonst muss man sie nicht annehmen.

Natürlich ist es für einen Wirt schwer, ein Glas immer genau bis zum Füllstrich vollzumachen. Mal wird es etwas mehr, mal wird es etwas weniger, als der Füllstrich vorgibt. Bei manchen Wirten wird es jedoch fast immer etwas weniger, und man gewinnt den Verdacht, dass Methode dahintersteckt.

Doch wie ist eigentlich die Rechtslage, wenn die Kellnerin auf dem Münchner Oktoberfest 10 Maßkrüge in die hinterste Ecke des Zeltes schleppt, kassieren will und sich dann von einigen prinzipientreuen, mit Maßbändern bewaffneten Preußen sagen lassen muss, dass bei 4 der 10 Gläser der Füllstrich nach Abschöpfen des Schaums bis zu 3 Millimeter unterschritten ist und sie doch bitte noch einmal zurückgehen und ein klein wenig nachschenken möge? Nun, die Rechtslage ist eindeutig: Die Preußen haben recht. Wer eine Maß, das heißt einen Liter Bier, bestellt, der hat auch Anspruch auf einen Liter und muss sich nicht mit 0,98 l oder weniger plus sehr viel Schaum zufriedengeben. Denn der Schaum zählt nicht mit! Wenn der Liter nicht erreicht ist, muss also nachgeschenkt werden. Ob man hierauf auch tatsächlich in jeder Situation besteht, ist natürlich jedem selbst überlassen. Wer keine Lust auf mürrische Reaktionen hat, nimmt das nicht ganz volle Bier vielleicht trotzdem an und spart stattdessen am Trinkgeld.

Bei Interesse siehe hierzu:
§ 433 Abs. 1 BGB (Bürgerliches Gesetzbuch), »Vertragstypische Pflichten beim Kaufvertrag«
§ 437 BGB, »Rechte des Käufers bei Mängeln«
§ 439 BGB, »Nacherfüllung«
§ 440 BGB, »Besondere Bestimmungen für Rücktritt und Schadensersatz«

Schmeckt nicht gibt's nicht

Irrtum:
Essen, das mir nicht schmeckt, muss der Wirt zurücknehmen.

Richtig ist:
Der eigene Geschmack ist kein objektiver Maßstab.

»Hat's geschmeckt?« So fragen Kellner in der Regel, wenn es ans Bezahlen geht. Doch manchmal kommt es gar nicht so weit, denn schon nach wenigen Bissen merkt der Gast, dass ihm das Essen nicht schmeckt, und er lässt es in die Küche zurückgehen. Viele Restaurants sind in einer solchen Situation kulant, entschuldigen sich und servieren anstandslos ein neues, hoffentlich besser mundendes Essen. Denn der Kunde ist König, und wenn es ihm nicht schmeckt, dann schmeckt es ihm eben nicht. Aber vertrauen sollte man auf diese Kulanz nicht. Denn »Schmeckt nicht gibt's nicht«, könnte man in Anlehnung an eine bekannte Kochshow sagen. Dass dem Gast die Speise nicht mundet, gibt ihm noch lange keinen Anspruch, das Essen ohne Bezahlung zurückgehen zu lassen. Denn: Geschmack ist etwas Subjektives. Was der eine mag, ist dem anderen zuwider. Die Aussage »Das schmeckt mir aber nicht!«

reicht daher nicht aus, um das Essen zu reklamieren. Es muss schon einen objektivierbaren Grund dafür geben, dass das Essen nicht schmeckt. Wenn also die Suppe kalt, das Schnitzel verbrannt oder die Pommes frites versalzen sind, dann muss man das servierte Mahl nicht akzeptieren. »Da ist mir zu viel Knoblauch im Essen« wäre dagegen kein hinreichender Reklamationsgrund.

Bei Interesse siehe hierzu:
§ 433 Abs. 1 BGB (Bürgerliches Gesetzbuch), »Vertragstypische Pflichten beim Kaufvertrag«
§ 437 BGB, »Rechte des Käufers bei Mängeln«
§ 439 BGB, »Nacherfüllung«
§ 440 BGB, »Besondere Bestimmungen für Rücktritt und Schadensersatz«
§ 651 BGB, »Anwendung des Kaufrechts«

Sippenhaft im Restaurant

Irrtum:
Der Letzte zahlt die Zeche.

Richtig ist:
In Gaststätten muss grundsätzlich jeder nur das bezahlen, was er selbst bestellt hat.

Fast jeder wird diese Situation schon einmal erlebt haben: Eine größere Runde Gäste isst und trinkt in einem Restaurant. Der Kellner notiert alle verzehrten Speisen und Getränke auf einem einzigen Blatt. Nach und nach verlassen einige die Runde, bezahlen jeweils ihren Anteil und gehen nach Hause. Am Ende des Abends kommt die böse Überraschung: Nachdem alle bezahlt haben, bleiben immer noch einige Getränke auf dem Zettel übrig. Der verbliebene Rest der Gesellschaft ärgert sich, doch zähneknirschend legen schließlich alle zusammen und bringen den Fehlbetrag gemeinsam auf. Denn irgendwie fühlt sich jeder für die Rechnung mitverantwortlich. Und der arme Kellner kann ja von allen am wenigsten wissen, woher die übriggebliebenen Getränke kamen.

Ob so mancher arme Kellner nicht sehr wohl weiß, wie die wundersame Getränkevermehrung auf der Gemeinschaftsrechnung zustande kam, sei einmal dahingestellt. Jedenfalls haben der Gastwirt und er – juristisch gesehen – Pech gehabt, wenn sie am Ende nicht mehr wissen, wer was bestellt hat. Natürlich ist es bei einer größeren Gesellschaft kaum praktikabel, den Verzehr eines jeden Gastes einzeln zu dokumentieren. Die Entscheidung, alle verzehrten Speisen und Getränke nur auf einem einzigen Blatt für den ganzen Tisch zu notieren, erleichtert dem Restaurantpersonal also die Arbeit ganz erheblich. Wer es sich aber einfacher machen will, der muss auch die Konsequenzen daraus tragen. Wenn ein Restaurantbetreiber will, dass ein Gast ein Bier bezahlt, dann muss er beweisen können, dass ebendieser Gast das Bier auch bestellt hat. Kann er es nicht beweisen, weil er nicht für jeden Gast eine getrennte Liste geführt hat, dann hat der Gastwirt schlechte Karten. Er kann nicht verlangen, dass die verbliebenen Gäste zusammenlegen, um diejenigen Speisen und Getränke zu bezahlen, die keinem Gast mehr zugeordnet werden können.

Fazit: Es gibt keine »Sippenhaft« für Zechkumpanen!

Bei Interesse siehe hierzu:
§ 263 Abs. 1 StGB (Strafgesetzbuch), »Betrug«
Art. 149 Schweizerisches StGB, »Zechprellerei«

Tischreservierungen

Irrtum:
Tischreservierungen sind unverbindlich.

Richtig ist:
Wer einen Tisch reserviert und nicht im Restaurant erscheint, kann sich schadensersatzpflichtig machen.

Ein Tisch im Restaurant ist schnell reserviert. Ebenso schnell lässt sich die Reservierung in der Regel auch wieder stornieren, wenn man sich entschließt, doch lieber woanders zu essen. Zum Leidwesen der Wirte sagen viele Gäste Reservierungen jedoch nicht ab, sondern bleiben ganz einfach kommentarlos weg. Dem Wirt entsteht auf diese Weise möglicherweise ein Schaden. Denn vielleicht hat er andere Gäste, die den reservierten Tisch genommen hätten, nach Hause geschickt und auf diese Weise Umsatz verloren. Und wenn der nicht erschienene Gast gleich mehrere Tische reserviert hatte, hat der Wirt eventuell sogar zusätzliches Personal beschäftigt und mehr Lebensmittel eingekauft. Zu Recht fragt er sich dann: Wer bezahlt mir das? Das Landgericht Kiel hat die Frage beantwortet: Der Gast muss für den Schaden aufkommen, der dem Wirt im Vertrauen auf die Reservierung entstanden ist.[13] Und das gilt nicht etwa nur dann, wenn der Gast den großen Festsaal für die hundertköpfige Hochzeitsgesellschaft gebucht hat, sondern auch bei der Reservierung eines kleinen Tisches für zwei Personen. Für die Gäste heißt das: Reservierungen sollte man auf jeden Fall so früh wie möglich absagen, wenn man sie nicht in Anspruch nehmen möchte. So verhindert man vielleicht noch, dass dem Wirt ein Schaden entsteht, den man ihm ansonsten ersetzen müsste.

Bei Interesse siehe hierzu:
§ 241 Abs. 2 BGB (Bürgerliches Gesetzbuch), »Pflichten aus dem Schuldverhältnis«
§ 280 Abs. 1 BGB, »Schadensersatz wegen Pflichtverletzung«
§ 311 Abs. 2 BGB, »Rechtsgeschäftliche und rechtsgeschäftsähnliche Schuldverhältnisse«

Toilettenbenutzung nur gegen Entgelt?

Irrtum:
Gaststätten dürfen für die Toilettenbenutzung Geld verlangen.

Richtig ist:
Toiletten müssen in aller Regel kostenlos zur Verfügung gestellt werden.

Immer wieder kommt es vor, dass Gaststätten für die Toilettenbenutzung ein Entgelt verlangen. Resolute Toilettenfrauen oder -männer wachen mit Argusaugen darüber, dass auch ja jeder 50 Cent in die Untertasse auf dem wackligen Holztisch neben dem Eingang wirft, bevor er sich erleichtern kann. Aber ist das überhaupt zulässig? Oder müssen die Toiletten kostenlos angeboten werden?

Bis vor einigen Jahren gab es zu dieser Frage in allen Bundesländern glasklare Regelungen. In Gaststätten, in denen Alkohol ausgeschenkt wurde, mussten jedenfalls die Gäste des Hauses eine Mindestanzahl von Toiletten pro Gaststätte kostenlos benutzen dürfen. Lediglich von Passanten, die die Gaststätte – ohne etwas zu verzehren – nur zum Besuch der Toiletten betraten, durfte schon immer ein Entgelt für die Nutzung des WCs verlangt werden. In der Tat erscheint es unfair, wenn Gastwirte ein Getränk doppelt abrechnen: einmal, wenn es hereinkommt, und ein zweites Mal, wenn es wieder herauskommt. Manch einen würde dies vielleicht auch dazu verleiten, Geld zu sparen und seine Notdurft schnell vor der Kneipentür am nächsten Baum zu erledigen. Auch dies wäre nicht im öffentlichen Interesse. Die Verpflichtung, kostenlose Toiletten anzubieten, ist also durchaus sinnvoll.

Inzwischen wird in Deutschland jedoch kräftig dereguliert. Überflüssige Gesetze werden ganz einfach abgeschafft. Dazu gehören auch die Gaststättenverordnungen, die früher unter anderem vorschrieben, wie viele Toiletten es in einer Kneipe zu geben hat und dass diese kostenlos sein müssen. Lediglich in Hamburg und Berlin gibt es solche Verordnungen derzeit noch, es steht allerdings nicht fest, wie lange noch.

Durch das Abschaffen dieser Gesetze sollte sich an der Rechtslage jedoch nichts Wesentliches ändern. So sehen es jedenfalls die Ordnungsbehörden, die nun in jedem Einzelfall entscheiden müssen, ob sie von einer Gaststätte die Bereitstellung kostenfreier Toiletten verlangen. Und dies tun sie in aller Regel.

Fazit: Selbst wenn es heute nicht mehr ausdrücklich im Gesetz steht, kann man nach wie vor überall in Deutschland davon ausgehen, dass man als Gast eines Restaurants oder einer Kneipe die Toilette kostenlos benutzen darf. Das sollte jedoch niemanden davon abhalten, der netten Klofrau oder dem netten Klomann dennoch 50 Cent für eine sicherlich nicht immer angenehme Arbeit zu gönnen.

Bei Interesse siehe hierzu:
§ 5 GaststG (Gaststättengesetz), »Auflagen«
§ 4 Abs. 4 GastV Berlin (Gaststättenverordnung Berlin), »Toiletten«
§ 7 Abs. 2 GastV Hamburg (Gaststättenverordnung Hamburg), »Abortanlage für Gäste«

Zu schwache Cocktails

Irrtum:
Gegen schlecht gemixte Cocktails kann man nichts tun.

Richtig ist:
Man hat Anspruch auf ordentlich gemixte Cocktails.

»Happy Hours« erfreuen sich seit Jahren großer Beliebtheit. Zu bestimmten Uhrzeiten kosten Getränke – zum Beispiel Cocktails – in vielen Bars nur die Hälfte. Nicht selten hat man als Gast aber gerade während der Happy Hour das Gefühl, dass Zombie, Mai Tai und Co. verdächtig fruchtig schmecken und dass selbst nach dem vierten Cocktail noch nicht die beabsichtigte Wirkung eintritt. Hat der Barmixer etwa am Alkohol gespart?

In einer solchen Situation wagt es nicht jeder, das Getränk beim Kellner zu reklamieren – schon gar nicht, wenn er das Kapitel »Schmeckt nicht gibt's nicht« in diesem Buch gelesen hat. Doch wie viel Alkohol in einem alkoholischen Getränk zu sein hat, ist keineswegs eine reine Geschmackssache, die dem jeweiligen Wirt überlassen bleibt. Wenn es zu schwach gemixt ist, stellt das durchaus einen Reklamationsgrund dar. Das Amtsgericht Flensburg bestätigte daher zum Beispiel, dass der berühmte friesische »Pharisäer« – ein Rum-Kaffee-Mischgetränk – mindestens 4 cl Rum zu enthalten habe. Ein Pharisäer mit nur 2 cl sei fehlerhaft, weil man den Rum nicht vernünftig herausschmecke. Er könne deshalb zu Recht reklamiert werden.[14] Nichts anderes gilt bei Cocktails. Natürlich steht den Barmixern ein gewisser kreativer Entfaltungsspielraum zu. Wenn ein Long Island Ice Tea in der Happy Hour aber fast nur noch aus Cola und Orangensaft besteht und die Zutaten, auf die es den meisten Gästen eigentlich ankommt, nur in homöopathischen Dosen im Getränk enthalten sind, ist das nicht zulässig. Der Gast kann also einen neuen, diesmal ordentlich gemixten Cocktail zum Happy-Hour-Preis verlangen.

Da man den Mixern in den meisten Bars bei der Arbeit zusehen kann, lässt sich die ordnungsgemäße Zubereitung auch ohne weiteres überprüfen. Man muss sich natürlich gut vorbereiten und sich vorher ein Cocktailrezept aus dem Internet ausdrucken und einstecken. Wer so weit geht, sollte sich allerdings fragen, ob er nicht vielleicht lieber gleich zu Hause bleibt. Besonders viel Spaß wird er vermutlich nicht haben – egal, wie gut seine Cocktails gemixt sind.

Bei Interesse siehe hierzu:
§ 433 Abs. 1 BGB (Bürgerliches Gesetzbuch), »Vertragstypische Pflichten beim Kaufvertrag«
§ 437 BGB, »Rechte des Käufers bei Mängeln«
§ 439 BGB, »Nacherfüllung«
§ 440 BGB, »Besondere Bestimmungen für Rücktritt und Schadensersatz«
§ 651 BGB, »Anwendung des Kaufrechts«

Gericht und Polizei

Anrede des Richters

Irrtum:
Die korrekte Anrede für Richter lautet »Euer Ehren«.

Richtig ist:
Richter sollten im Zweifel »Herr/Frau Vorsitzende/-r« genannt werden.

In England weiß man offensichtlich noch, was sich gehört. Richter müssen dort zwar kein vollständiges Jurastudium absolviert haben.[15] Dennoch dürfen sie schicke weiße Perücken tragen und müssen mit »Euer Ehren« (»Your Honour«) angesprochen werden. Auch in den USA ist diese Anrede für Richter üblich.

Nun sind amerikanische Filme und Fernsehserien in Deutschland so allgegenwärtig, dass viele Menschen daraus ihr »Fachwissen« beziehen. Manch einer erntet mit der Anrede »Euer Ehren« daher Lacherfolge in deutschen Gerichtssälen, vor allem, wenn er sie mit dem Ausruf →»*Einspruch!*« verbindet.

Die deutsche Richterschaft hätte gegen die Einführung des Titels »Euer Ehren« vermutlich keine prinzipiellen Einwände. Bisher bleibt er jedoch den Kollegen in England und den USA vorbehalten. In Deutschland ist er nicht üblich.

Häufig benutzt wird auch die Anrede »Herr Richter« bzw. »Frau Richterin«. Falsch sind diese Bezeichnungen natürlich nicht. Denn bei der Person, der man gegenübersitzt, handelt es sich ja in der Tat um einen Richter oder eine Richterin. Wer »Herr Richter« sagt, müsste dann allerdings konsequenterweise auch Lehrer mit »Herr Oberstudienrat« und Metzgereiangestellte mit »Frau Fleischereifachverkäuferin« ansprechen. Wer so etwas mag, kann im nächsten Österreichurlaub ja schon mal üben.

Schließlich gibt es noch die Bezeichnung »Hohes Gericht«. Ihre Verwendung sollte allerdings den Strafverteidigern und Staatsanwälten in ihren Plädoyers vorbehalten bleiben. In anderen Zusammenhängen wirkt auch dieser Ausdruck etwas zu dick aufgetragen.

Was ist also die richtige Anrede? Sollte man den Richter vielleicht einfach mit seinem Namen ansprechen? Nein, sicher nicht, denn das klänge wiederum zu vertraulich. Mit irgendeinem Bürger »Herr Wittlich« hat man es schließlich nicht zu tun. Das Gericht ist ein staatliches Organ der Rechtspflege. Auch wenn es wie beschrieben nicht gerade »Euer Ehren« sein muss, eine respektvolle Anrede sollte in jedem Fall gewählt werden.

Wer es richtig machen möchte, sollte folgende Regeln beachten: Einzelne Richter nennt man im Zweifel am besten »Herr Vorsitzender« bzw. »Frau Vorsitzende«. Sitzt man dagegen mehreren Richtern gegenüber, dann kommt dieser Titel nur dem verhandlungsleitenden Richter in der Mitte der Richterbank zu. Bei den links und rechts von ihm sitzenden Personen wird es etwas komplizierter. Sie können ganz unterschiedliche Funktionen haben. Es muss sich bei ihnen nicht einmal um Richter handeln. Wenn man genau weiß, welche Funktion sie wahrnehmen (zum Beispiel Beisitzer, Berichterstatter, Schöffe, Referendar oder Protokollbeamter), kann man sie mit dieser Bezeichnung ansprechen. Weiß man es nicht, sollte man ganz darauf verzichten, sie mit irgendwelchen Titeln anzusprechen.

Anruf frei bei Festnahme

Irrtum:
Wer festgenommen wird, hat bei der Polizei einen Anruf frei.

Richtig ist:
Es gibt keinen Anspruch darauf, nach einer Festnahme genau ein Mal ein Telefon der Polizei für einen eigenen Anruf bei einer beliebigen Person zu nutzen.

Polizisten erleben mitunter, dass festgenommene Tatverdächtige sich selbstbewusst vor ihnen aufbauen und ihnen im Brustton der Überzeugung verkünden, dass sie über ihre Rechte ganz genau informiert seien. Sehr gerne behaupten sie zum Beispiel, dass sie auf der Polizeiwache nun genau *einen* Anruf bei einer Person ihrer Wahl frei hätten. Der Beamte möge ihnen daher jetzt auf der Stelle ein Telefon zur Verfügung stellen.

Beschuldigte mit solch profunden Kenntnissen des deutschen Strafprozessrechts werden statt eines Telefons wohl zunächst einmal eine Belehrung darüber erhalten, welche Rechte sie in Wirklichkeit haben – und welche Rechte sie vor allem *nicht* haben. Ein Beschuldigter kann nämlich keineswegs verlangen, ohne triftigen Grund irgendeine beliebige Person seiner Wahl anzurufen.

Das leuchtet ein. Warum sollte man einem Straftatverdächtigen das Privileg gewähren, sich auf Staatskosten bei seiner Tante in Australien zu erkundigen, ob sie ihm Geld leihen könnte oder wie das Wetter in Melbourne ist? Hinzu kommt, dass die Polizei nach Möglichkeit verhindern muss, dass der Beschuldigte irgendwelche Komplizen anruft, um sie zu warnen. Ein Festgenommener hat daher lediglich das gesetzlich verbriefte

Recht, jederzeit einen Rechtsanwalt zu Rate zu ziehen. Ein dringender Grund, die Telefone der Polizei für Anrufe bei irgendwelchen anderen Personen zu benutzen, wird dagegen meist nicht bestehen.

Ein weiteres ebenso unsinniges Gerücht ist die angebliche Regel, nach der der Beschuldigte nur ein einziges Telefonat führen darf. Welchen Sinn sollte es auch machen, einem Beschuldigten nur genau *einen* Kontaktaufnahmeversuch und auf gar keinen Fall einen zweiten zuzugestehen? Wenn es einen gewichtigen Grund dafür gibt, einem Beschuldigten ein Telefongespräch zu gestatten, dann verliert dieser Grund nicht pauschal dadurch an Wichtigkeit, dass der Verdächtige schon einen Anruf »verbraucht« hat. Wenn also zum Beispiel der langjährige Hausanwalt nicht erreichbar ist, spricht nichts dagegen, dass der Beschuldigte in einem zweiten Telefonat versucht, mit einem anderen Verteidiger Kontakt aufzunehmen.

Schließlich und endlich hat der Beschuldigte nicht unbedingt das Recht, selbst zum Telefonhörer zu greifen. Der Polizeibeamte kann für ihn die angegebene Nummer wählen und das Telefon anschließend herüberreichen. Denn so kann er zum Beispiel kontrollieren, ob der Beschuldigte tatsächlich seinen Anwalt anruft oder nicht doch einen Komplizen.

Wie so viele Irrtümer ist wohl auch der Irrglaube von dem »einen freien Anruf« durch den Konsum amerikanischer Filme und Fernsehserien zustande gekommen. Denn dort ist dieses dramatische Element bei der Darstellung von Festnahmesituationen sehr beliebt.

Die Praxis sieht jedoch auch in den USA zum Teil anders aus. Beim New York Police Department (NYPD) zum Beispiel hat ein Beschuldigter das Recht auf nicht nur einen, sondern immerhin drei Anrufe. Kostenlos sind allerdings nur Ortsgespräche. Ferngespräche außerhalb von New York muss der Festgenommene selbst bezahlen. Außerdem sollen die Telefonate auf Englisch geführt werden. Spricht der Festgenommene kein Englisch, so wird ein Übersetzer hinzugezogen, damit der Polizeibeamte versteht, was der Festgenommene sagt.

Bei Interesse siehe hierzu:
§ 136 StPO (Strafprozessordnung), »Erste Vernehmung«
§ 137 StPO, »Wahl eines Verteidigers«

Berufung und Revision

Irrtum:
Berufung und Revision sind das Gleiche.

Richtig ist:
In der Revision werden nur Rechtsfragen geprüft, in der Berufung auch Tatsachen.

Die Begriffe Revision und Berufung werden im allgemeinen Sprachgebrauch oft synonym verwandt. Wer ausdrücken will, dass er gegen ein gerichtliches Urteil in die nächste Instanz zieht, unterscheidet in der Regel nicht zwischen Berufung und Revision. Dabei sind die Unterschiede zwischen diesen beiden Rechtsmitteln groß.

Mit der Berufung kann in der nächsthöheren Instanz noch einmal der gesamte Tatsachenstoff überprüft werden, der dem Urteil zugrunde lag. Es wird also zum Beispiel noch einmal ermittelt, was am Tatort eigentlich geschehen ist. Die Zeugen der Straftat können zu diesem Zweck erneut vernommen werden. Wenn sich diese nun sicher sind, dass der in erster Instanz verurteilte Angeklagte doch nicht der Täter ist, wird dessen Verurteilung möglicherweise aufgehoben.

In der Revision überprüft das Gericht dagegen nicht noch einmal die *tatsächlichen Umstände* der Tat. Es gibt also keine neue Beweisaufnahme. Die Zeugen können nicht noch einmal zur Tat vernommen werden. Das Gericht nimmt die Zeugenaussagen vielmehr hin und prüft lediglich, ob die Vorinstanz das *Recht* richtig angewandt hat. Wenn das erstinstanzliche Urteil auf Verfahrensfehlern beruhte oder sonstige Rechtsnormen nicht oder falsch angewandt wurden, kann das Urteil in der Revisionsinstanz aufgehoben werden.

Bei Interesse siehe hierzu:
§ 511 ZPO (Zivilprozessordnung), »Statthaftigkeit der Berufung«
§ 513 ZPO, »Berufungsgründe«
§ 337 StPO (Strafprozessordnung), »Revisionsgründe«

Durchsuchungsbefehl nötig?

Irrtum:
Polizisten brauchen immer einen »Durchsuchungsbefehl«, wenn sie eine Wohnung durchsuchen wollen.

Richtig ist:
Bei Gefahr im Verzug kann die Polizei Wohnungen auch ohne Durchsuchungsanordnung betreten und durchsuchen.

»Haben Sie überhaupt einen Durchsuchungsbefehl?« Diesen aus Krimis bekannten Satz hören auch echte Polizisten nicht selten, wenn sie eine Wohnung durchsuchen wollen, um dort zum Beispiel nach einem flüchtigen Straftäter zu suchen. Doch brauchen sie in solchen Fällen wirklich einen »Durchsuchungsbefehl«?

Die Antwort findet sich im Grundgesetz (GG). Artikel 13 GG schützt ein wichtiges Grundrecht: die Unverletzlichkeit der Wohnung. Niemand soll befürchten müssen, dass staatliche Organe seine Wohnung ohne triftigen Grund durchsuchen. Deshalb sieht Artikel 13 GG vor, dass Durchsuchungen nur durch einen Richter angeordnet werden dürfen. Die Betonung liegt dabei auf »angeordnet«. Richter erteilen keine Befehle und daher auch keine »Durchsuchungsbefehle«, sondern »Durchsuchungsanordnungen«.

So weit ist die Rechtslage den meisten im Wesentlichen noch bekannt. Viel weniger bekannt ist aber eine praktisch sehr bedeutsame Ausnahme von der Regel, dass nur Richter Wohnungsdurchsuchungen anordnen dürfen. Bei »Gefahr im Verzug« haben auch Staatsanwaltschaft und Polizei das Recht, Wohnungen zu durchsuchen. Flieht zum Beispiel ein Bankräuber vor der Polizei in eine Wohnung, so muss die Polizei natürlich nicht erst eine richterliche Durchsuchungsanordnung beantragen, bevor sie ihn dort herausholen darf. Es liegt vielmehr »Gefahr im Verzug« vor. Denn bis der Richter die Anordnung unterschrieben hat, ist der Täter möglicherweise längst über alle Berge oder hat Maßnahmen getroffen, um seine Täterschaft zu vertuschen.

Die berühmte Frage nach dem Durchsuchungsbefehl hat in vielen Fällen also keine Berechtigung. Bei »Gefahr in Verzug« dürfen Wohnungen auch ohne richterliche Anordnung betreten und durchsucht werden.

Bei Interesse siehe hierzu:
Art. 13 GG (Grundgesetz), »Unverletzlichkeit der Wohnung«
§ 105 StPO (Strafprozessordnung), »Anordnung und Ausführung von Durchsuchungen«

Einspruch!

Irrtum:
Rechtsanwälte erheben in Gerichtsverhandlungen häufig und lautstark »Einspruch!«.

Richtig ist:
In deutschen Gerichtsverhandlungen gibt es keinen »Einspruch!«.

Rechtsanwälte in amerikanischen Krimis erheben Einspruch, wenn sie mit einer Frage an den Zeugen nicht einverstanden sind. »Einspruch, Euer Ehren!«, rufen sie dann und rügen, dass die gerade gestellte Frage nicht zulässig sei. Unzulässig sind nach amerikanischem Recht zum Beispiel Suggestivfragen oder Fragen, die nichts zur Sache tun. Der Richter antwortet in diesen Fällen dann entweder »Einspruch abgelehnt« oder »Einspruch angenommen«.

Auch in deutschen Film- und Fernsehproduktionen ist die Übersetzung des englischen »Objection, your honour« sehr beliebt. Gerne legen Drehbuchautoren diese Worte Schauspielern in den Mund, die deutsche Strafverteidiger oder Staatsanwälte darstellen. In der deutschen Gerichtsrealität gibt es ein solches prozessuales Mittel des »Einspruchs« jedoch gar nicht. Der Verteidiger hat nur die Möglichkeit, den Staatsanwalt schlicht zu unterbrechen, wenn er meint, eine Frage an den Angeklagten oder Zeugen gehöre nicht zur Sache. Dann kann auch ein deutsches Gericht solch unpassende Fragen zurückweisen.

Ein Verteidiger sollte es sich allerdings gut überlegen, ob er den Staatsanwalt einfach unterbricht. Denn sollte die entsprechende Frage eindeutig zulässig sein, dann erweist er seinem Mandanten damit keinen Dienst, sondern verärgert durch sein Verhalten höchstens das Gericht.

Bei Interesse siehe hierzu:
§ 241 StPO (Strafprozessordnung), »Zurückweisung von Fragen«
§ 242 StPO, »Zweifel über Zulässigkeit von Fragen«

Festnahmerecht bei Straftaten

Irrtum:
Nur die Polizei hat ein Festnahmerecht.

Richtig ist:
Jedermann darf Tatverdächtige auf frischer Tat festnehmen.

Vielen Bürgern ist nicht bekannt, dass nicht nur die Polizei, sondern jedermann das Recht hat, Tatverdächtige auf frischer Tat vorläufig festzunehmen.

Wer zum Beispiel einen Ladendieb beobachtet, darf diesen – notfalls auch unter Anwendung von Gewalt – festnehmen, fesseln und einsperren, wenn nur so die Identität des Täters festgestellt werden kann oder wenn nur so verhindert werden kann, dass er flieht. Eine Strafanzeige wegen Freiheitsberaubung oder Nötigung muss in einem solchen Fall nicht befürchtet werden. Eine anschließende körperliche Durchsuchung zur Identitätsfeststellung darf allerdings nur die Polizei vornehmen. Sie sollte in jedem Fall so schnell wie möglich informiert werden.

Das Festnahmerecht für jedermann gilt jedoch nur, wenn der Täter auf frischer Tat ertappt oder verfolgt wird. Es ist daher nicht erlaubt, den Taschendieb festzunehmen, den man ein Jahr nach der Tat zufällig in der Straßenbahn wieder trifft. Denn der Diebstahl ist dann nicht mehr »frisch«. Der Bestohlene hätte in einem solchen Fall nur die Möglichkeit, den Täter zu verfolgen und die Polizei zu alarmieren.

Bei Interesse siehe hierzu:
§ 127 StPO (Strafprozessordnung), »Vorläufige Festnahme«

Miranda-Warnung

Irrtum:
Wer verhaftet wird, dem muss der Polizist seine verfassungsgemäßen Rechte vorlesen.

Richtig ist:
Die sogenannte Miranda-Warnung gibt es nur in den USA.

Jeder kennt diese Szene aus unzähligen amerikanischen Filmen: Der Verbrecher liegt auf dem Kofferraumdeckel des Fluchtautos, und der Polizist, der ihm gerade die Handschellen anlegt, betet ihm seine verfassungsmäßigen Rechte vor – die sogenannte Miranda-Warnung:

> »Sie haben das Recht, zu schweigen. Alles, was Sie sagen, kann und wird vor Gericht gegen Sie verwendet werden. Sie haben das Recht, mit einem Rechtsanwalt zu sprechen und einen Rechtsanwalt zu jeder Befragung hinzuzuziehen. Wenn Sie sich keinen Rechtsanwalt leisten können, wird Ihnen ein Rechtsanwalt auf Staatskosten gestellt. Haben Sie verstanden?«

Weil diese Szene so schön effektvoll ist, kann man manchmal auch in deutschen Krimis erleben, wie Polizisten einen Festgenommenen darüber aufklären, dass alles, was er nun sage, vor

Gericht gegen ihn verwendet werden könne. Wer jedoch im wahren Leben schon einmal festgenommen wurde, wird enttäuscht festgestellt haben, dass man als Tatverdächtiger hierzulande keine derart spektakuläre Show geboten bekommt.

Auch deutsche Polizisten müssen einen Tatverdächtigen über seine Rechte belehren, bevor sie ihn das erste Mal vernehmen. Sie müssen ihm sagen, welche Tat ihm zur Last gelegt wird; dass es ihm freisteht, ob er sich zu der Sache äußert, und dass er einen Strafverteidiger hinzuziehen darf. Da die Vernehmung aber in der Regel erst auf der Wache stattfindet, besteht kein Grund, ihn hierüber schon bei der Festnahme aufzuklären. Auch lesen deutsche Polizisten dem Beschuldigten nicht irgendeinen standardisierten Spruch nach Art der Miranda-Warnung vor. Sie haben vielmehr die Freiheit, mit welchen Worten sie ihn belehren.

In den USA wird die Miranda-Warnung dagegen seit 1966 jedem Tatverdächtigen vor der Festnahme in meist sehr ähnlichem Wortlaut vorgetragen. Sie ist benannt nach Ernesto Miranda, einem mexikanischen Einwanderer, der im Jahre 1963 wegen der Entführung und Vergewaltigung einer jungen Frau festgenommen wurde. Er gestand das Verbrechen in der polizeilichen Vernehmung, ohne dass man ihm zuvor gesagt hatte, dass er schweigen und einen Rechtsanwalt kontaktieren dürfe. Ernesto Miranda wurde aufgrund seines Geständnisses von einem Gericht in Phoenix/Arizona zu 20 Jahren Gefängnis verurteilt.

Mirandas Strafverteidiger zog gegen dieses Urteil bis vor das höchste Gericht der USA, das US Supreme Court. Er war der Auffassung, das Geständnis seines Mandanten hätte vor Gericht nicht verwertet werden dürfen. Denn – so argumentierte er – alle verfassungsmäßigen Rechte nützten einem Bürger nichts, wenn er sie nicht kenne und nicht auf sie hingewiesen werde. Das Supreme Court sah es genauso. Im Jahre 1966 hob es die

Verurteilung auf und verwies den Fall zur erneuten Verhandlung zurück an die erste Instanz.

Dort durfte das Geständnis nicht mehr als Beweismittel für die Verurteilung verwertet werden. Viel genützt hat dies dem Angeklagten letztlich allerdings nicht. Denn er hatte unvorsichtigerweise seiner Exfreundin von der Tat erzählt. Aufgrund ihrer Zeugenaussage und anderer Beweismittel verurteilte ihn das Gericht erneut – diesmal zu einer elfjährigen Gefängnisstrafe.

Ernesto Miranda wurde 1972 auf Bewährung entlassen und vier Jahre später in einer Bar im Streit erstochen. Die Polizei las dem mutmaßlichen Täter selbstverständlich die Miranda-Warnung vor. Der Verdächtige entschied sich daraufhin, zu dem Tatvorwurf zu schweigen. Da man ihm die Tat ohne Geständnis nicht nachweisen konnte, musste er wieder auf freien Fuß gesetzt werden. Weder er noch irgendjemand anders wurde jemals wegen der Tötung von Ernesto Miranda verurteilt.

Bei Interesse siehe hierzu:
§ 136 StPO (Strafprozessordnung), »Erste Vernehmung«

Pflichtverteidiger

Irrtum:
Wer sich keinen Strafverteidiger leisten kann, bekommt einen Pflichtverteidiger.

Richtig ist:
Ob einem Beschuldigten ein Pflichtverteidiger gestellt wird oder nicht, hängt nicht davon ab, ob er sich einen Wahlverteidiger leisten könnte.

Vielfach wird angenommen, dass jeder Beschuldigte in einem Strafverfahren einen Pflichtverteidiger gestellt bekommt, wenn er kein Geld für einen eigenen Anwalt hat. Diese Vermutung ist allerdings gleich in zweierlei Hinsicht falsch:

Zum Ersten ist es völlig gleichgültig, ob ein Beschuldigter sich einen Verteidiger leisten kann oder nicht. Auch Multimillionäre erhalten einen Pflichtverteidiger, wenn sie – aus welchen Gründen auch immer – selbst keinen Anwalt beauftragen und ein Fall der sogenannten notwendigen Verteidigung vorliegt.

Umgekehrt haben selbst vollkommen mittellose Beschuldigte nur dann Anspruch auf einen Pflichtverteidiger, wenn ein Fall der »notwendigen Verteidigung« gegeben ist.

Eine »notwendige Verteidigung« liegt zum Beispiel vor, wenn dem Beschuldigten nicht nur ein *Vergehen*, sondern ein härter zu bestrafendes *Verbrechen* vorgeworfen wird. Auch wenn wegen der Tat ein Berufsverbot auf dem Spiel steht oder der Beschuldigte zur Begutachtung in der Psychiatrie untergebracht werden soll, muss ein Pflichtverteidiger bestellt werden. In anderen Fällen, in denen der Beschuldigte sich nicht selbst verteidigen kann, steht es im Ermessen des Gerichts, ob ein Pflichtverteidiger bestellt wird oder nicht.

Einen Pflichtverteidiger bekommt also nicht derjenige, der sich keinen Verteidiger nach seiner Wahl leisten kann, sondern derjenige, der ihn wirklich braucht, weil für ihn im Strafverfahren eine Menge auf dem Spiel steht. Wer zum ersten Mal in seinem Leben wegen wiederholter Beförderungserschleichung (→*Schwarzfahren strafbar?*) angeklagt wird, braucht sich deshalb in aller Regel keine Hoffnung auf einen kostenlosen Pflichtverteidiger machen – auch wenn er noch so verarmt ist.

Bei Interesse siehe hierzu:
§ 140 StPO (Strafprozessordnung), »Notwendige Verteidigung«
§ 141 StPO, »Bestellung eines Verteidigers«

Präzedenzfälle

Irrtum:
Es gibt Präzedenzfälle, an die die Gerichte sich halten müssen.

Richtig ist:
Präzedenzfälle gibt es nur im angloamerikanischen Rechtsraum.

Immer wieder kann man in der Presse lesen, dass der Bundesgerichtshof (BGH) oder gar das Amtsgericht Waldbröl angeblich einen »Präzedenzfall« entschieden haben. Und weil das Wort »Präzedenzfall« so offiziell und allgemeinverbindlich daherkommt, meinen viele, alle anderen Gerichte müssten ähnliche Fälle nun genauso entscheiden. Nichts gegen das schöne Waldbröl im Bergischen Land und sein Amtsgericht, aber weder dort noch beim Bundesgerichtshof können Richter Urteile erlassen, die als »Präzedenzfall« andere Richter binden. Ältere Urteile ihrer Kollegen werden Richter bei der Entscheidungsfindung zwar berücksichtigen – das gilt vor allem dann, wenn ein höheres Gericht wie der BGH schon einmal eine ähnliche Frage entschieden hat. Dennoch gilt der eiserne Verfassungsgrundsatz der richterlichen Unabhängigkeit: Richter müssen keinen Weisungen folgen. Sie sind nur an das Gesetz gebunden.

Den Begriff »Präzedenzfall« gibt es im deutschen Rechtswesen daher gar nicht. Wieso taucht er dann trotzdem so häufig in Artikeln und TV-Produktionen auf? Die Journalisten und Drehbuchautoren, die ihn verwenden, haben ihn ganz einfach aus dem angloamerikanischen Rechtssystem übernommen, wohl deshalb, weil er so schön griffig klingt. In den USA und England herrscht eine völlig andere Rechtstradition als auf dem europäischen Kontinent. Dort legt man traditionell viel weniger Wert auf geschriebenes Recht. Für viele Rechtsfälle gibt es – vor allem in England – überhaupt keine einschlägigen Gesetze. Stattdessen praktiziert man ein eher einzelfallbezogenes richterliches Fallrecht (ein sogenanntes »case law«). Wenn ein Fall zur Entscheidung ansteht, wird zunächst einmal überprüft, ob vergleichbare Fälle früher schon einmal von einem Richter entschieden wurden. Wenn es solche Präzedenzfälle (»precedents«) gibt, dann ist der Richter jedenfalls dann an die älteren Urteile gebunden, wenn diese vom eigenen Gericht oder von einem höheren Gericht stammen. Abweichen kann er von dem älteren Urteil, wenn der aktuelle Fall von dem früheren in tatsächlicher oder rechtlicher Hinsicht abweicht (»distinguishing in fact« oder »distinguishing in law«).

Aber wie gesagt: In Deutschland ist dies ganz anders. Deutsche Richter sind in ihrer Urteilsfindung erheblich freier. Präzedenzfälle nach angloamerikanischem Vorbild gibt es hierzulande nicht.

Bei Interesse siehe hierzu:
Art. 97 Abs. 1 GG (Grundgesetz), »Unabhängigkeit der Richter«

Vorladung zur Polizei

Irrtum:
»Vorladungen« zur Polizei muss man Folge leisten.

Richtig ist:
Nur Ladungen durch die Staatsanwaltschaft oder das Gericht müssen befolgt werden.

»Sie wollen nicht aussagen? Dann laden wir Sie eben morgen ins Präsidium vor!« Diese Drohung hört man besonders von

Fernsehkommissaren immer wieder gerne, wenn der Beschuldigte oder Zeuge einer Straftat sich nicht aussagebereit zeigt. Leider hört man nie die einzig angemessene Antwort: »Machen Sie mal. Sie können mich vorladen, so oft Sie wollen, ich muss nicht kommen und auch keine Aussage machen.«

Auch wenn es dem obrigkeitsstaatlichen Denken vieler Menschen widerspricht: Wenn man nicht gerade als Tatverdächtiger von der Polizei vorläufig festgenommen wird und deshalb mit auf die Wache kommen muss, ist man nicht verpflichtet, eine polizeiliche Vorladung zur Vernehmung zu befolgen. Viele können dies gar nicht glauben, denn schon das Wort »Vorladung« klingt so offiziell und verbindlich, dass man sich bereits in Handschellen vorgeführt sieht, wenn man die vermeintliche Anordnung nicht befolgt.

Niemand muss bei der Polizei eine Aussage machen, und zwar weder als Zeuge noch als Beschuldigter. Nur Angaben zur Person (Name, Anschrift, Geburtsdatum etc.) müssen sowohl Zeugen als auch Beschuldigte machen. Dies kann aber auch mündlich, schriftlich oder telefonisch geschehen. Niemand kann also gezwungen werden, eigens auf der Polizeiwache zu erscheinen, nur um dort mitzuteilen, wie er heißt. Unter Umständen kann es für die Betreffenden auch durchaus sinnvoll sein, zu Hause zu bleiben und nicht auszusagen. Das gilt natürlich in besonderem Maße, wenn Beschuldigte vorgeladen werden. Diese sollten auf jeden Fall einen Strafverteidiger zu Rate ziehen, bevor sie bei der Polizei irgendwelche unbedachten Äußerungen tun.

Vorladungen der Polizei sind also nicht verbindlich. Bei Ladungen des Gerichts oder der Staatsanwaltschaft sieht dies schon anders aus. Sie müssen tatsächlich befolgt werden. Ob es besonders sinnvoll ist, dass ausgerechnet die Polizei als die Behörde, die die Hauptermittlungsarbeit leistet, kein Recht hat, verbindliche Ladungen auszusprechen, mag die Politik beurteilen. Einiges spräche wohl dafür, Polizeibeamten diese Kompetenz zuzubilligen. Die Mehrheit der Bevölkerung würde die Veränderung zudem auch kaum bemerken, denn schließlich glauben sowieso die meisten, dass die Polizei dieses Recht schon heute hat.

Bei Interesse siehe hierzu:
§ 163a Abs. 3 StPO (Strafprozessordnung), »Vernehmungen im Ermittlungsverfahren«
§ 214 StPO, »Ladungen«

Sammelklagen

Irrtum:
Es gibt Sammelklagen.

Richtig ist:
Es gibt keine Sammelklagen.

Eines der zahlreichen juristischen Märchen, die uns der übermäßige Konsum amerikanischer Filme und Fernsehserien beschert hat, ist die vermeintliche Möglichkeit, »Sammelklagen« einzulegen. Fast jeder Anwalt dürfte in seiner Praxis schon einmal Mandanten begegnet sein, die ihn beauftragen wollten, gemeinsam mit anderen eine solche »Sammelklage« zu erheben. Und in jedem Internet-Blog, in dem sich geprellte Kunden über ein Unternehmen beschweren, ruft mit naturgesetzlicher Sicherheit irgendwann jemand dazu auf, eine Sammelklage gegen die Abzockerfirma zu erheben. Denn: Gemeinsam ist man schließlich stark – und natürlich wird es dann auch nicht so teuer.

So jedenfalls stellen die verhinderten Sammelkläger es sich

vor. Der Anwalt oder ein Mitblogger wird sie dann darüber aufklären, dass es die »class action« des US-amerikanischen Rechts in Deutschland schlichtweg nicht gibt.

In den USA ist es tatsächlich so, dass sich eine Reihe von Klägern zusammenschließen und einen Musterprozess führen können, dessen Ergebnisse dann selbst für Personen bindend sein können, die sich der Sammelklage nicht angeschlossen haben, weil sie zum Beispiel gar nicht wussten, dass es sie überhaupt gibt. Ein bekanntes Beispiel für eine erfolgreiche Sammelklage war das Verfahren von Nachkommen der Opfer des Flugzeugabsturzes im schottischen Lockerbie gegen die Republik Libyen. Es wurde in den USA geführt, weil »Schurkenstaaten«, die den Terrorismus unterstützen, dort seit 1996 problemlos verklagt werden können, während »anständige« Länder weitestgehende Immunität genießen. Zu den Schurkenstaaten zählte auch Libyen, das sich schließlich in einem Vergleich dazu verpflichtete, den Nachkommen der Bombenopfer von Lockerbie immerhin 2,7 Milliarden US-Dollar zu zahlen.

Hierzulande sind Sammelklagen nach US-Vorbild undenkbar. Nach deutschem Recht muss grundsätzlich jeder Kläger seine persönliche Betroffenheit von einem schädigenden Ereignis beweisen. Es ist also nicht möglich, dass andere ohne seine Zustimmung oder sogar ohne sein Wissen ein Verfahren führen, das auch für ihn Bindungswirkung entfaltet, weil eine Sach- oder Rechtsfrage für jedermann verbindlich entschieden wird. Jeder hat in Deutschland die Möglichkeit, seine Ansprüche selbst und unbeeinflusst von anderen Anspruchsinhabern einzuklagen. Nur in engen Grenzen können Prozesse in Deutschland von mehreren Klägern gemeinsam geführt werden. Die Fälle der sogenannten Streitgenossenschaft oder der Prozessverbindung sind jedoch nicht im Entferntesten mit Sammelklagen nach US-Vorbild vergleichbar.

Bei Interesse siehe hierzu:
§ 59 ZPO (Zivilprozessordnung), »Streitgenossenschaft bei Rechtsgemeinschaft oder Identität des Grundes«
§ 60 ZPO, »Streitgenossenschaft bei Gleichartigkeit der Ansprüche«
§ 147 ZPO, »Prozessverbindung«
Federal Rules of Civil Procedure, Title 28 United States Code Appendix Rule 23

Zeugnisverweigerungsrecht

Irrtum:
Zeugenaussagen sind freiwillig. Man muss sich seine Zeugen daher suchen.

Richtig ist:
Zeugen müssen vor Gericht aussagen, sofern sie kein Zeugnisverweigerungsrecht haben.

Wenn ein Unfall passiert ist, werden die umstehenden Zeugen von den Beteiligten oft höflich gefragt, ob sie gegebenenfalls bereit wären, in einem späteren Verfahren auszusagen, was sie gesehen haben. Denn fälschlich gehen viele davon aus, Zeugenaussagen seien eine freiwillige Angelegenheit.

Solange lediglich die Polizei den Zeugen befragt, trifft dies sogar weitgehend zu. Denn gegenüber der Polizei muss man in der Regel nur Name, Geburtsdatum, Geburtsort, Wohnort und Staatsangehörigkeit angeben. Weitere Aussagen darf man in den meisten Fällen verweigern.

Vor Gericht sieht es jedoch schon ganz anders aus. Jede Partei in einem Gerichtsverfahren kann beantragen, dass bestimmte Personen als Zeugen gehört werden. Wenn das Gericht dem

Antrag folgt und den Zeugen vor Gericht lädt, dann muss er dort auch erscheinen und eine vollständige und wahrheitsgemäße Zeugenaussage machen. Nur wer sich auf ein Aussage- oder Zeugnisverweigerungsrecht berufen kann, darf schweigen. Das gilt in Zivilprozessen genauso wie in Strafprozessen.

Ein Zeugnisverweigerungsrecht hat zum Beispiel, wer mit einer der Parteien verwandt oder verschwägert ist. Die übliche Frage des Richters vor einer Zeugenbefragung: »Sind Sie mit einer der Parteien verwandt oder verschwägert?« ist wohl jedem geläufig. Wer sie bejaht, wird vom Gericht belehrt, dass er nicht verpflichtet ist, eine Zeugenaussage zu machen.

Zeugnisverweigerungsrechte bestehen außerdem für bestimmte Berufsgruppen. Bei Ärzten und Rechtsanwälten gilt dies zum Beispiel für Patienten- bzw. Mandantengeheimnisse.

Außerdem darf man die Aussage verweigern, wenn man sich oder einen nahen Angehörigen ansonsten der Gefahr aussetzen würde, wegen einer Straftat oder Ordnungswidrigkeit verfolgt zu werden.

Für unser Beispiel mit dem Verkehrsunfall bedeutet all das: Es ist zwar sicher höflicher, einen Unfallzeugen freundlich darum zu bitten, sich für eine Zeugenaussage bereitzuhalten; in den meisten Fällen wird man auch nur so überhaupt seinen Namen und seine Adresse ermitteln können. Rechtlich notwendig ist das Einverständnis des Zeugen jedoch nicht. Jeder, der einen Beitrag zur Aufklärung des Unfalls leisten kann, muss vor Gericht erscheinen, wenn eine der Prozessparteien dies beantragt und das Gericht ihn lädt. Der Zeuge kann die Aussage nur verweigern, wenn eine der oben genannten Ausnahmen vorliegt.

Bei Interesse siehe hierzu:
§ 383 ZPO (Zivilprozessordnung), »Zeugnisverweigerung aus persönlichen Gründen«

§ 384 ZPO, »Zeugnisverweigerung aus sachlichen Gründen«
§ 52 StPO (Strafprozessordnung), »Zeugnisverweigerungsrecht aus persönlichen Gründen«
§ 53 StPO, »Zeugnisverweigerungsrecht aus beruflichen Gründen«
§ 55 StPO, »Aussageverweigerungsrecht«
Polizeigesetze der Länder, z.B. § 9 PolG NW, »Befragung, Auskunftspflicht«

Medien
und geistiges Eigentum

Gewährleistungsausschluss bei eBay

Irrtum:
Wenn ich bei meinem privaten eBay-Verkauf die Gewährleistung ausschließe, muss ich für Mängel der Ware nicht mehr haften.

Richtig ist:
Ein Haftungsausschluss für arglistig verschwiegene Mängel und für garantierte Eigenschaften der eBay-Ware ist nicht möglich.

Private eBay-Verkäufer können eine Haftung für Mängel an den von ihnen verkauften Waren ausschließen, indem sie in ihr Angebot den folgenden Satz aufnehmen: »Der Verkauf erfolgt unter Ausschluss jeglicher Gewährleistung.« Diese Empfehlung gilt übrigens nicht nur für eBay-Auktionen, sondern für alle Privatverkäufe. Tatsächlich finden sich ähnliche Haftungsausschlussklauseln in den Bedingungen zahlreicher eBay-Auktionen.

Die obige Klausel schützt den Verkäufer wirksam vor vielen Reklamationen. Wer jedoch glaubt, sie komme einem völligen Freibrief für private Verkäufer gleich, dem Auktionspartner ungestraft jeglichen Schund anzudrehen, der irrt sich gewaltig.

Der Verkäufer kann sich zum Ersten nicht auf einen Haftungsausschluss berufen, wenn er einen Mangel arglistig verschwiegen hat. Wer also genau weiß, dass das verkaufte Radio nicht funktioniert, darf diese Tatsache nicht für sich behalten. Er muss darüber aufklären.

Ein Haftungsausschluss ist zum Zweiten auch dann unwirksam, wenn der Verkäufer eine Garantie für eine bestimmte Eigenschaft übernommen hat. Wer ausdrücklich die Gewähr dafür übernimmt, dass das verkaufte Radio neu ist (zum

Beispiel: »garantierte Neuware«), kann sich natürlich nicht auf eine Haftungsausschlussklausel berufen, wenn sich später herausstellt, dass das Radio in Wahrheit gebraucht ist. Dabei spielt es keine Rolle, ob der Verkäufer wusste, dass das Radio nicht mehr neu war oder nicht.

In Fällen wie den oben beschriebenen muss der Käufer sich nicht auf die Haftungsausschlussklausel verweisen lassen. Er kann verlangen, dass das gebrauchte Radio gegen ein neues ausgetauscht wird. Bei einem defekten Gerät hat er die Wahl zwischen Reparatur und Neulieferung. Ist eine Nachbesserung durch Reparatur oder Neulieferung nicht möglich oder scheitern zwei solche Versuche, kann der Käufer einen angemessenen Teil des Kaufpreises zurückfordern oder ganz vom Kauf zurücktreten.

Für den Verkäufer bedeutet das: Er sollte zwar unbedingt eine Haftungsausschlussklausel verwenden, darf sich aber nicht darauf verlassen, dass sie völligen Schutz vor Reklamationen bietet. Vielmehr sollte er zusätzlich umfassend über alle bekannten Mängel der Auktionsware aufklären und sich mit Garantieerklärungen zurückhalten. Nur dann kann die Haftungsausschlussklausel ihre volle Wirkung entfalten.

Bei Interesse siehe hierzu:
§ 437 BGB (Bürgerliches Gesetzbuch), »Rechte des Käufers bei Mängeln«
§ 439 BGB, »Nacherfüllung«
§ 440 BGB, »Besondere Bestimmungen für Rücktritt und Schadensersatz«
§ 441 BGB, »Minderung«
§ 444 BGB, »Haftungsausschluss«

Ideenschutz

Irrtum:
Ideen kann man sich schützen lassen.

Richtig ist:
Eine Idee an sich ist grundsätzlich frei.

Anwälte für das »Recht des geistigen Eigentums« werden häufig mit Anfragen von Mandanten konfrontiert, die sich »eine Idee schützen lassen« wollen. Dieser Wunsch ist verständlich. Er ist jedoch nicht ganz so einfach umzusetzen. Denn grundsätzlich gilt: Die Gedanken sind frei und Ideen sind rechtlich nicht zu schützen! Ideen – auch gute Geschäftsideen – können nicht ohne weiteres monopolisiert werden. Denn Wettbewerb funktioniert nur dann, wenn Ideen von anderen aufgegriffen und weiter verbessert werden können.

Von diesem Grundsatz gibt es nur zwei echte Ausnahmen: Patente und Gebrauchsmuster. Neue technische Ideen können als Erfindung unter bestimmten Voraussetzungen patentiert oder als Gebrauchsmuster geschützt werden – aber eben nur *technische* Ideen, die außerdem eine bestimmte, sogenannte Erfindungshöhe erreichen müssen. Simple, nahe liegende Weiterentwicklungen von schon bekannten Erfindungen können ebenso wenig geschützt werden wie nichttechnische Ideen. Patente und Gebrauchsmuster sind aber auch die einzigen Rechte, die tatsächlich eine Idee an sich schützen. Ansonsten können nur bestimmte konkrete Ausdrucksformen von Ideen rechtlichen Schutz genießen. Das gilt zum Beispiel für Designs oder urheberrechtlich geschützte Werke wie Musik- oder Theaterstücke. Es gilt außerdem für Titel, Firmennamen oder Produktmarken, die man sich für bestimmte Waren und Dienstleistungen amtlich schützen lassen kann.

Der beste Ideenschutz ist jedoch immer noch strikte Geheimhaltung. Die Idee an sich oder das für ihre Umsetzung nötige Know-how sollten so lange und so umfassend wie möglich vertraulich behandelt werden. Hierbei helfen zum Beispiel Geheimhaltungsvereinbarungen mit Personen oder Firmen, denen man gewisse Informationen offenbaren muss.

Ein fiktives Beispiel soll zeigen, wie ein junges Unternehmen sich vor Nachahmern schützen kann: Zwei Journalisten haben eine Geschäftsidee. Sie gründen in verschiedenen deutschen Städten reine Lokalredaktionen. Die dort entstehenden Nachrichten verkaufen sie an große überregionale Tageszeitungen, die nicht überall in Deutschland Lokalredaktionen unterhalten können. Auf diese Weise soll man zum Beispiel in Bonn zukünftig eine überregionale Zeitung abonnieren können, die dennoch einen Bonner Lokalteil hat. Das Unternehmen nennen sie »ALN« (Agentur für lokale Nachrichten).

Die Geschäftsidee der beiden Unternehmer beruht nicht auf einer technischen Erfindung. Sie können sie also nicht patentieren lassen. Jeder andere darf daher ebenfalls eine Agentur gründen, die Lokalnachrichten herausbringt. Ein Schutz der Geschäftsidee an sich ist nicht möglich.

Um ihren Wettbewerbsvorsprung zu halten, sollten die beiden ihre Geschäftsidee also vor allem geheim halten. Vertrauliche Geschäftsunterlagen sollten sie als vertraulich kennzeichnen und Geheimhaltungsvereinbarungen mit Personen und Unternehmen schließen, mit denen sie zusammenarbeiten.

Außerdem sollten sie sich beim Deutschen Patent- und Markenamt eine Marke »ALN« für verschiedene Waren und Dienstleistungen eintragen lassen. Mit dieser Marke schützen sie den Namen ihres Unternehmens und der von ihnen angebotenen

Produkte in ganz Deutschland. Kein Trittbrettfahrer darf dann in anderen Städten eine ähnliche Agentur mit gleichem oder ähnlichem Namen gründen.

Bei Interesse siehe hierzu:
§ 1 PatG (Patentgesetz), »Voraussetzungen der Erteilung«
§ 1 GebrMG (Gebrauchsmustergesetz), »Schutz als Gebrauchsmuster«
§ 1 MarkenG (Markengesetz), »Geschützte Marken und sonstige Kennzeichen«
§ 2 UrhG (Urheberrechtsgesetz), »Geschützte Werke«
§ 3 UWG (Gesetz gegen den unlauteren Wettbewerb), »Verbot unlauterer geschäftlicher Handlungen«
§ 3 UWG, »Irreführende geschäftliche Handlungen«
§ 17 UWG, »Verrat von Geschäfts- oder Betriebsgeheimnissen«
§ 18 UWG, »Verwertung von Vorlagen«

Impressumspflicht bei privaten Internetseiten

Irrtum:
»Private« Homepagebetreiber müssen auf ihrer Internetseite kein Impressum anbringen.

Richtig ist:
Jeder Homepagebetreiber sollte auf seiner Internetseite ein Impressum einstellen.

Der Irrtum, nur gewerbliche Anbieter, die mit ihrer Homepage Geld verdienen wollen, müssten ein Impressum auf ihre Seite einstellen, ist immer noch sehr weit verbreitet. Vielen privaten

Homepagebetreibern ist überhaupt nicht klar, dass auch sie unbedingt ihre Postanschrift (kein Postfach!), ihre Telefonnummer sowie ihre E-Mail-Adresse auf der Internetseite angeben sollten. Zwar schreibt das Gesetz diese Informationspflichten nur für »geschäftsmäßige« Onlinedienste vor. Der Begriff der Geschäftsmäßigkeit wird jedoch sehr weit definiert. Einige Gerichte weiten den Begriff so aus, dass praktisch so gut wie jede private Homepage darunterfällt und somit impressumspflichtig ist.

Es spielt also keine Rolle, ob man über seine Homepage Waren verkauft oder ob man der weltweiten Internetgemeinde nur das Familienmeerschweinchen vorstellen möchte. Bevor nicht höchstrichterlich endgültig geklärt ist, wer auf seiner Internetseite ein Impressum anbringen muss und wer nicht, sollte vorsichtshalber jeder Internetseitenbetreiber der Impressumspflicht nachkommen. Wer dies nicht tut, riskiert kostenpflichtige Abmahnungen oder – zumindest theoretisch – sogar ein Bußgeldverfahren mit einer Geldbuße in Höhe von bis zu 50 000 Euro.

Bei Interesse siehe hierzu:
§ 6 TDG (Teledienstegesetz), »Allgemeine Informationspflichten«

Internet und geistiges Eigentum

Irrtum:
Inhalte, die frei zugänglich ins Internet gestellt werden, dürfen benutzt und kopiert werden.

Richtig ist:
Das Urheberrecht gilt auch im Internet.

Es ist so einfach: Man entdeckt beim Surfen im Internet einen Text, ein Logo oder ein Foto, das einem gefällt, klickt ein paar Mal mit der Maustaste, und schon ist das fremde Werk kopiert. Man kann es nun ohne weiteres auf der eigenen Internetseite verwenden oder sonst nach Belieben nutzen.

So stellen es sich jedenfalls zahlreiche Internetnutzer vor. Und genau so geschieht es auch massenhaft. Denn aus irgendeinem Grund glauben viele, was im Internet für jeden zugänglich ist, könne auch frei kopiert werden. Doch diese Vorstellung ist falsch. Das Internet ist kein rechtsfreier Raum. Auch hier gilt das Urheberrecht.

Urheberrechtlich geschützt sein können zum Beispiel Texte, Musikstücke, Fotografien, Gemälde und selbst technische Zeichnungen, Pläne, Karten oder Tabellen. Etwas anderes gilt nur, wenn diese Werke – vereinfacht ausgedrückt – allzu banal sind. Dann betrachtet sie das Gesetz nicht als sogenannte persönliche geistige Schöpfungen und gewährt keinen Urheberrechtsschutz. Für ein simples Allerweltsgraffiti oder einen Einkaufszettel wird der »Maler« bzw. der »Autor« zum Beispiel keinen Urheberrechtsschutz erlangen.

Ein Beispiel soll zeigen, welche Probleme man sich mit Urheberrechtsverletzungen im Internet einhandeln kann:

Eine Pension möchte auf ihrer Internetseite den Gästen eine Anfahrtsskizze zur Verfügung stellen. Der Inhaber stößt im Internet auf eine passende, originell gestaltete Karte seines Ortes. Mit wenigen Mausklicks hat er sie gespeichert und in die Internetseite der Pension integriert.

Aber selbstverständlich *darf* er sie dort nicht ohne Zustimmung des Kartenzeichners oder des sonstigen Rechteinhabers verwenden. Denn sie ist originell genug, um als eine »persönliche geistige Schöpfung« zu gelten. Sie genießt deshalb urheberrechtlichen Schutz. Wenn die Pension sie dennoch nutzt, muss sie damit rechnen, dass der Rechteinhaber ihr eine Abmahnung schickt. Die Pension muss dann entweder für den Abdruck der Karte zahlen oder sie sofort aus dem Netz nehmen. Außerdem muss sie die Anwaltskosten des Abmahnenden übernehmen.

Auch für Vorlagen aus dem Internet gilt also: Wer auf fremde Texte, Bilder, Logos oder sonstige geistigen Leistungen zurückgreifen will, sollte die Erlaubnis des Berechtigten einholen oder sicherstellen, dass er keine rechtlich geschützten Vorlagen verwendet. Das gilt vor allem, wenn er die Vorlagen für geschäftliche Zwecke nutzen will.

Bei Interesse siehe hierzu:
§ 2 UrhG (Urheberrechtsgesetz), »Geschützte Werke«

Meinungsfreiheit

Irrtum:
Wenn ein Gericht eine bestimmte Äußerung für zulässig erklärt, dann ist sie richtig.

Richtig ist:
Man darf vieles äußern, auch wenn es nicht stimmt.

Wer einer bestimmten Aussage zu besonderer Glaubwürdigkeit verhelfen will, verweist manchmal darauf, dass irgendein Gericht genau diese Aussage für zulässig erklärt habe. Man kann dann zum Beispiel lesen: »Nach einem Urteil des Landgerichts XY darf der Finanzminister als Abzocker bezeichnet werden, der die Bürger belügt und betrügt.« Na dann wird's wohl stimmen, denkt sich der Leser und hält den Finanzminister fortan für einen Abzocker, Lügner und Betrüger. Schließlich sieht es das Gericht ja genauso, denkt er.

Tatsache ist jedoch: Wer damit argumentiert, dass ein Gericht irgendeine Aussage für zulässig erklärt hat, verkauft sein Gegenüber in vielen Fällen für dumm. Denn dass eine Aussage rechtlich zulässig ist, heißt noch lange nicht, dass das Gericht sie auf ihre inhaltliche Richtigkeit hin überprüft hat.

Wenn der Finanzminister tatsächlich gegen die oben zitierte Äußerung geklagt und vor Gericht verloren hat, dann hat sich der Richter keine Sekunde lang Gedanken darüber gemacht, ob der klagende Minister wirklich ein Abzocker, Lügner oder Betrüger ist. Denn diese Frage spielt für die Beurteilung des Rechtsstreits überhaupt keine Rolle.

Ob man eine Äußerung verbieten lassen kann oder nicht, hängt zunächst einmal davon ab, ob sie ein Werturteil oder eine Tatsachenbehauptung ist. Werturteile, die noch keine beleidigende sogenannte »Schmähkritik« darstellen, fallen unter den Schutz der Meinungsäußerungsfreiheit. Sie können also auf keinen Fall verboten werden, selbst wenn sie sehr negativ sind. Bei Tatsachenbehauptungen sieht es anders aus. Wer über einen anderen eine unwahre Tatsachenbehauptung aufstellt, kann auf Unterlassung verklagt werden.

Der Unterschied zwischen Werturteilen und Tatsachenbehauptungen ist folgender:

Tatsachenbehauptungen können *objektiv als wahr oder unwahr bewiesen* werden. Beispiel: »Der Geschäftsführer des Unternehmens XY ist wegen Betrugs vorbestraft.« Ob der Geschäftsführer tatsächlich vorbestraft ist oder nicht, lässt sich objektiv beweisen. Ist er nicht vorbestraft, dann darf man die gegenteilige Behauptung nicht aufstellen.

Werturteile dagegen kann man lediglich *subjektiv für richtig oder falsch halten*. Beispiel: »Die Geschäftspraktiken des Unternehmens XY sind dubios.« Was der eine für dubios hält, erscheint dem anderen vielleicht noch als akzeptabel. Diese Äußerung ist also ein rein subjektives Werturteil und damit zulässig.

Für unser oben genanntes Beispiel heißt das: Bezeichnungen wie »Abzocker«, »Lügner« oder »Betrüger« dürften in dieser Pauschalität zu subjektiv und schwammig sein, als dass sie eindeutig als wahr oder unwahr bewiesen werden könnten. Sie fallen eher in die Kategorie der »dubiosen Geschäftspraktiken«, sind also keine Tatsachenbehauptungen, sondern bloße Werturteile. Der Finanzminister könnte sie demnach nicht verbieten lassen, da sie vom Grundrecht der Meinungsfreiheit gedeckt sind.

Fazit: Der Verweis auf ein Gerichtsurteil, das die eigene Behauptung angeblich unterstützt, ist in vielen Fällen vollkommen unsinnig, nämlich immer dann, wenn das Gericht lediglich zu prüfen hatte, ob die Aussage ein Werturteil oder eine Tatsachenbehauptung war. Liegt nur ein Werturteil vor, dann trifft das Gericht keinerlei Aussage über die Richtigkeit der Meinungsäußerung. Dass man den Finanzminister möglicherweise mit gerichtlicher Billigung als Abzocker bezeichnen darf, heißt also nicht, dass er tatsächlich einer ist oder das Gericht ihn auch nur dafür hält.

Bei Interesse siehe hierzu:
Art. 5 Abs. 1 GG (Grundgesetz), »Meinungsfreiheit«

Schleichwerbung

Irrtum:
Gäste einer Fernsehsendung dürfen keine Produkt- und Firmennamen nennen, weil das verbotene Schleichwerbung wäre.

Richtig ist:
Gäste von Fernsehsendungen dürfen aus eigenem Antrieb so viele Produkt- und Firmennamen nennen, wie sie wollen.

Schleichwerbung im Fernsehen ist verboten. Dieser Umstand hat sich so weit herumgesprochen, dass viele Gäste von Fernsehsendungen es ängstlich vermeiden, vor der Kamera irgendwelche Produkt- oder Firmennamen zu nennen. Denn das wäre schließlich – so glauben sie jedenfalls – verbotene Schleichwerbung.

Rutscht ihnen dennoch heraus, dass sie bei BMW arbeiten und am liebsten Nutella auf ihr Brötchen schmieren, bekommen sie oft ein schlechtes Gewissen: »Oje, den Namen hätte ich jetzt gar nicht sagen dürfen, oder?« Der Moderator glaubt dann in der Regel, die Situation retten zu müssen, indem er die Zuschauer mit einer wahllosen Aufzählung anderer Markennamen nervt: »Es gibt natürlich auch noch Mercedes, Porsche, Opel, Nutoka und Nusspli und das sind auch alles ganz hervorragende Autos und Nussnougat-Cremes.«

Die spontanen Äußerungen von Gästen in Fernsehsendungen sind selbstverständlich *keine* verbotene Schleichwerbung. Für die Moderatoren besteht deshalb auch kein Anlass, die Situation zu »retten«. Denn Schleichwerbung liegt nur vor, wenn sie »*vom Veranstalter (der Sendung) absichtlich zu Werbezwecken vorgesehen ist und die Allgemeinheit hinsichtlich des eigentlichen Zwecks dieser Erwähnung oder Darstellung irreführen kann*«.[16]

Wenn jedoch der Gast einer Fernsehsendung von sich aus irgendwelche Marken- oder Firmennamen erwähnt, dann ist in der Regel bereits offensichtlich, dass diese Nennung nicht vom Veranstalter der Sendung ausging. Weder die Sendungsmacher und schon gar nicht der Gast können wegen der »Werbung« also belangt werden.

Bei Interesse siehe hierzu:
§ 2 Abs. Nr. 8 RStV (Rundfunkstaatsvertrag), »Begriffsbestimmungen, Schleichwerbung«
§ 7 Abs. 7 S.1 RStV, »Werbegrundsätze, Kennzeichnungspflichten«
§ 5a Abs. 6 UWG (Gesetz gegen den unlauteren Wettbewerb), »Irreführung durch Unterlassung«

Öffentliches Recht

Ausweispflicht

Irrtum:
Man muss immer seinen Personalausweis bei sich tragen.

Richtig ist:
Man muss zwar einen Personalausweis besitzen, braucht ihn aber nicht mit sich zu führen.

In kaum einem deutschen Portemonnaie fehlt der Personalausweis. Denn schließlich besteht ja Ausweispflicht, und wenn man den Ausweis nicht dabeihat, begeht man eine Ordnungswidrigkeit und kann mit einem Bußgeld belegt werden. Oder etwa nicht?

Eine Ausweispflicht gibt es in Deutschland tatsächlich. Doch ihre wirkliche Bedeutung wird meist missverstanden. Ab einem Alter von 16 Jahren muss zwar jeder Deutsche einen Personalausweis oder Reisepass *besitzen*. Und er muss ihn auch *vorlegen*, wenn Behörden dies verlangen. Kein Gesetz schreibt jedoch vor, dass man seinen Ausweis ständig *dabeihaben* muss. Es genügt völlig, wenn man ihn zum Beispiel zu Hause aufbewahrt. Dort ist er möglicherweise auch besser aufgehoben. Denn jeder weiß, wie aufwendig und ärgerlich es ist, sich gestohlene oder verlorene Ausweispapiere wieder besorgen zu müssen – von der Missbrauchsgefahr durch den Dieb oder unehrlichen Finder ganz zu schweigen.

Für Personalausweise besteht also keine Mitführpflicht. Anders ist es bei Führerscheinen. Den Führerschein muss man tatsächlich immer dabeihaben, wenn man ein Kraftfahrzeug führt. Geht er verloren, sollte man sich also schnellstmöglich bei der zuständigen Führerscheinstelle einen Ersatzführerschein besorgen. Solange der nicht vorliegt, muss man das Fahrzeug stehen lassen.

Bei Interesse siehe hierzu:
§ 1 PersAuswG (Personalausweisgesetz), »Ausweispflicht«
§ 4 Abs. 2 S. 2 FeV (Fahrerlaubnis-Verordnung), »Erlaubnispflicht und Ausweispflicht für das Führen von Kraftfahrzeugen«

Befehl ist Befehl

Irrtum:
Soldaten müssen Befehle ihrer Dienstvorgesetzten auf jeden Fall befolgen.

Richtig ist:
Rechtswidrige Befehle dürfen in vielen Fällen nicht befolgt werden.

»Befehl ist Befehl!« Es gibt wohl keinen Irrtum, der im Deutschland des 20. Jahrhunderts schwerwiegendere Folgen hatte als diese Floskel. Die Vollstrecker gleich zweier verbrecherischer Regime auf deutschem Boden zogen sie zur Entschuldigung oder Rechtfertigung ihrer Taten heran. Nach dem Zusammenbruch der Nazi-Herrschaft hieß es überall: »Wir konnten doch nichts tun. Wir haben nur unseren Befehlen gehorcht.« Nichts anderes hörte man nach dem Ende der SED-Diktatur etwa von den Mauerschützen, die als Angehörige der DDR-Grenztruppen Menschen bei ihren Fluchtversuchen erschossen.

Handeln auf Befehl rechtfertigt das Verhalten eines Soldaten dann nicht, wenn die befohlene Handlung eine Straftat darstellt. Wenn der Soldat also den rechtswidrigen Befehl erhält, einen anderen Menschen zu verletzen oder zu töten, darf er ihn nicht befolgen. Tut er es doch und war für ihn offensichtlich, dass er eine Straftat begeht, kann der Soldat für sein Verhalten strafrechtlich zur Rechenschaft gezogen werden.

Blinder Gehorsam ist also selbst in einer autoritären Organisationsstruktur wie dem Militär fehl am Platze. Verstand und Gewissen sind auch für Befehlsempfänger unerlässliche Kontrollinstanzen, die niemand völlig preisgeben darf.

Bei Interesse siehe hierzu:
§ 11 SoldG (Soldatengesetz), »Gehorsam«
§ 5 Abs. 1 WStG (Wehrstrafgesetz), »Handeln auf Befehl«

EU-Verordnung zum Krümmungsgrad von Gurken und Bananen

Irrtum:
Eine EU-Verordnung schreibt den Krümmungsgrad von Gurken und Bananen vor.

Richtig ist:
Gurken und Bananen dürfen so krumm sein, wie sie wollen.

Mit Kritik an der Europäischen Union (EU) kann man eigentlich nie danebenliegen. Brüssel ist in der Vorstellung vieler ein bürokratischer Moloch, der sich vor allem dadurch auszeichnet, dass er komplizierte unsinnige Regelungen erlässt wie zum Beispiel eine Verordnung, die den Krümmungsgrad von Gurken und Bananen vorschreibt. Das muss man sich mal vorstellen! Diese EU-Bürokraten wollen uns tatsächlich vorschreiben, wie krumm unsere Lebensmittel zu sein haben! Wahrscheinlich stecken wieder einmal die Franzosen dahinter, die sich solche perfiden Regelungen ausgedacht haben, um so mittelbar ihre kümmerlichen Übersee-Bananen vor unerwünschter Konkurrenz zu schützen, die die hohen europäischen Krümmungsstandards nicht einhalten können.

So oder so ähnlich kann man die Menschen nicht nur in Deutschland, sondern überall in Europa schimpfen hören. Was aber hat es tatsächlich mit solchen angeblichen Auswüchsen europäischer Regelungswut auf sich? Fakt ist: Selbstverständlich gibt es keine EU-Norm, die vorschreibt, wie krumm irgendwelche Lebensmittel zu sein haben. Was sollte auch die Rechtsfolge sein, wenn eine Banane einen um 3 Grad zu geringen Krümmungsgrad aufweist? Ein striktes Einfuhrverbot? Oder vielleicht ihre sofortige Vernichtung? Einen solchen Unsinn denkt sich nicht einmal die EU aus. Richtig ist dagegen, dass die EU sich bemüht, das Recht ihrer 28 Mitgliedstaaten zu harmonisieren und die Rechtslage damit nicht zu komplizieren, sondern zu vereinfachen. So gibt es in der Tat EU-Verordnungen, die zum Beispiel Industrienormen oder Handelsklassen vereinheitlichen. Die meisten dieser Regelungen sind jedoch keine Erfindung der EU; schon immer gab und gibt es in den einzelnen EU-Ländern vergleichbare Regelungen. Doch niemand hat etwas davon, wenn jedes Mitgliedsland sein eigenes Regelungssüppchen kocht. Eine europäische Harmonisierung ist also sinnvoll. Und so gab es tatsächlich bis 2009 auch eine EU-Verordnung zum Krümmungsgrad von Gurken. Sie schrieb jedoch nicht vor, wie krumm die Gurken zu sein haben, sondern sortierte sie lediglich in Handelsklassen ein. Gurken der Klasse »Extra« und der Klasse I hatten demnach eine maximale Krümmung von 10 mm auf 10 cm Länge. Sie waren also praktisch gerade. Natürlich fragt man sich: Wer will denn wissen, wie gerade eine Gurke ist? Den meisten Verbrauchern wird dies vielleicht egal sein. Der Handel jedoch hat sich ausdrücklich die Schaffung eines gemeinsamen europäischen Handelsklassensystems gewünscht, denn Gurken einer europaweit einheitlichen Handelsklasse lassen sich besser abpacken. So einfach ist das. Die Öffentlichkeit hatte dagegen weniger Verständnis für diese Norm, die sie eigentlich gar nicht bedarf. Immer wieder machten sich die Medien über die vermeintliche Regelungswut der EU-Bürokraten lustig, bis es diesen schließlich zu bunt wurde. Edmund Stoiber sprach sich als Leiter der EU-Arbeitsgruppe zum Bürokratieabbau für eine Streichung der Norm aus. Die meisten Mitgliedstaaten, die Bauernverbände sowie der Verband der Obst- und Gemüsehändler waren dagegen. Sie kritisierten, dass die Produkte nun nicht mehr vergleich- und stapelbar seien. Zudem handelte es sich um reine Symbolpolitik und es bestehe die Gefahr, dass es statt einer europäischen Verordnung bald 27 nationale Krümmungsnormen geben werde. Doch die Kritiker konnten sich nicht durchsetzen, die Verordnung wurde abgeschafft.

Abschließend soll noch mit einem weiteren EU-Märchen aufgeräumt werden. Folgender Spruch geistert seit Jahren hartnäckig im Internet herum:

»Die Zehn Gebote haben 279 Wörter, die amerikanische Unabhängigkeitserklärung hat 300 Wörter. Die EU-Verordnung zur Einfuhr von Karamellbonbons hat 25 911 Wörter.«

Einmal abgesehen davon, dass auch die amerikanische Unabhängigkeitserklärung nicht mit 300 Wörtern auskommt – sie hat immerhin 1323 Wörter –, hat dieser hübsche Spruch einen weiteren Haken: Eine Verordnung zur Einfuhr von Karamellbonbons gibt es genauso wenig wie die eingangs zitierte Verordnung zum Krümmungsgrad von Bananen! Fazit: Ganz so schlimm, wie manches populistische Gerede uns glauben machen will, ist die EU gar nicht. Wir wollen doch schließlich alle, dass unser Föhn irgendwann in jedem EU-Land in die dortigen Hotelsteckdosen passt. Hoffen wir also auf den Erlass einer EU-Verordnung zur Vereinheitlichung der europäischen

Steckdosensysteme, anstatt auf die EU-Bürokratie zu schimpfen, wenn eine solche Regelung eines Tages tatsächlich kommen sollte. Bisher ist sie leider daran gescheitert, dass die Mitgliedstaaten sich nicht auf einen einheitlichen Standard einigen konnten.

Bei Interesse siehe hierzu:
Frühere Verordnung (EWG) Nr. 1677/88 der Kommission vom 15. Juni 1988 zur Festsetzung von Qualitätsnormen für Gurken, Anhang, Ziffer II B

Notfälle im Ausland

Irrtum:
Deutsche Botschaften im Ausland helfen deutschen Staatsbürgern aus jeder Notlage.

Richtig ist:
Deutsche Botschaften leisten nur Hilfe zur Selbsthilfe.

Viele Deutsche, die im Ausland Hilfe benötigen, glauben, deutsche Botschaften und Konsulate seien eine Art Mädchen für alles. Die Mitarbeiter unserer Auslandsvertretungen berichten beispielsweise immer wieder über ausgeraubte Touristen, die von der Botschaft einen Kredit erhalten möchten, um damit ihren Urlaub fortsetzen zu können. Viele bitten auch darum, dass man ihre offenen Hotelrechnungen, Krankenhauskosten oder gar Bußgelder bezahlt. Von deutschen Konsularbeamten wird häufig sogar verlangt, dass sie Hilfe bei Übersetzungen leisten, Touristen bei Behörden oder Gerichten anwaltlich vertreten oder große Reisen unternehmen, um einem Touristen persönlich vor Ort zu helfen, der Hunderte Kilometer vom Konsulat entfernt in Schwierigkeiten geraten ist.

All dies können und dürfen unsere Auslandsvertretungen jedoch nicht leisten. Denn eine Botschaft ist weder ein Kreditinstitut noch ein Rechtsanwalts-, Übersetzungs-, Versicherungs- oder Reisebüro. Es ist auch kaum einzusehen, weshalb Deutschen im Ausland ein solches, mit Steuergeldern finanziertes kostenloses »Rundum-sorglos-Paket« geboten werden sollte. Wer ins Ausland reist, muss selbst sicherstellen, dass seine Bank ihm im Notfall Geld überweisen kann. Auch steht es schließlich jedem Auslandstouristen frei, etwa eine Reisekrankenversicherung mit Rückholschutz abzuschließen.

Was Botschaften und Konsulate im Ausland für deutsche Staatsangehörige wirklich tun können, ist gesetzlich klar geregelt: In echten Katastrophenfällen – bei Naturkatastrophen, Kriegen, Revolutionen oder Ähnlichem – leisten sie jede erforderliche Hilfe. Immer wieder kommt es zum Beispiel vor, dass deutsche Staatsangehörige aus Unruhegebieten ausgeflogen werden müssen. Von einer Kostenerstattung kann das Auswärtige Amt in diesen Fällen absehen. In »bloßen« Notfällen dagegen können die deutschen Auslandsvertretungen im Allgemeinen nur Hilfe zur Selbsthilfe leisten. Sie können Angehörige über die Notlage informieren oder Kontakte zu Banken, Ärzten, Dolmetschern und Rechtsanwälten herstellen. Um alles Weitere muss sich der Betroffene selbst kümmern, denn letztlich ist jeder für sich selbst verantwortlich.

Nur wenn wirklich alle eigenen Hilfsmöglichkeiten erfolglos ausgeschöpft sind, kann die Botschaft in solchen Fällen ausnahmsweise auch finanziell helfen – damit der deutsche Staatsbürger in seine Heimat zurückkehren kann. Alle finanziellen Hilfen müssen natürlich vollständig zurückgezahlt werden. Sie sind außerdem keine Darlehen, sondern öffentlich-rechtliche Sozialleistungen, ähnlich wie die Sozialhilfe. Wenn der hilfebedürftige Auslandstourist sie nicht zurückzahlen kann, müssen deshalb seine unterhaltspflichtigen Angehörigen für ihn einspringen.

Die Konsularbeamten müssen in jedem Fall darauf achten, die Rücktransportkosten so gering wie möglich zu halten. Denn immerhin verwalten sie Steuergelder. Sie finanzieren deshalb nur die günstigste zumutbare Rückkehrmöglichkeit. Der mittellose Tourist hat also nicht unbedingt einen Anspruch darauf, schnell und bequem mit dem Flugzeug zurückzureisen. Auch Busse und Bahnen bringen ihn schließlich ans Ziel. Und wer einmal 14 Stunden lang in einem unklimatisierten Zug durch Südeuropa gefahren ist, hat nicht nur viel von Land und Leuten gesehen, sondern auch ausreichend Gelegenheit gehabt, darüber nachzudenken, ob er beim nächsten Mal nicht lieber eine Auslandsreisekrankenversicherung abschließt.

Bei Interesse siehe hierzu:
§ 5 KonsG (Konsulargesetz), »Hilfeleistung an Einzelne«
§ 6 KonsG, »Hilfe in Katastrophenfällen«

Privatrecht

Arzttermin verpassen

Irrtum:
Arzttermine kann man entschädigungslos versäumen.

Richtig ist:
Wer einen Arzttermin verpasst, kann sich schadensersatzpflichtig machen.

In der Regel machen Ärzte keinen Ärger, wenn Patienten einen Termin verpassen oder sehr kurzfristig absagen. Doch verlassen kann man sich darauf nicht. Wenn absehbar ist, dass die Untersuchung oder Behandlung viel Zeit in Anspruch nehmen wird, muss der Arzt in seinem Terminkalender entsprechend viel Platz schaffen. Er kann für den Behandlungszeitraum keine anderen Termine annehmen. Wenn nun ein Patient nicht erscheint, entsteht dem Arzt natürlich ein Verlust. Kaum ein säumiger Patient kommt jedoch auf die Idee, dass er für diesen Verlust aufkommen müsste. Denn aus irgendeinem Grund glauben viele Patienten, Arzttermine seien eine eher freiwillige Angelegenheit und jederzeit beliebig stornierbar.

Doch da täuschen sie sich. Arzttermine sind durchaus verbindlich. In den Behandlungsverträgen ist zudem häufig eine Klausel enthalten, wonach der Patient Schadensersatz leisten muss, wenn er ohne triftigen Grund fernbleibt. Man sollte also eine gute Entschuldigung parat haben, wenn man nicht erscheint – zum Beispiel eine Krankheit. Wer beim Kieferorthopäden einen Termin für eine Zahnbehandlung ausgemacht hat, sollte die Behandlung allerdings nicht gerade wegen Zahnschmerzen absagen.

Wer keine Entschuldigung vorweisen kann und wem der Arzt beweisen kann, dass ihm durch den versäumten Termin ein Schaden entstanden ist, der kann vom Arzt erfolgreich auf Ersatz dieses Schadens verklagt werden – ohne dass Krankenkasse oder Krankenversicherung hierfür später aufkommen müssten. Beachten muss man dabei jedoch, dass der Schadensnachweis für den Arzt nicht immer einfach ist. Er muss schon sehr konkret darlegen, dass er die Behandlungszeit nicht für andere Patienten genutzt hat, dies aber hätte tun können, wenn er rechtzeitig erfahren hätte, dass der Patient nicht kommen würde.[17]

Fazit: Arzttermine sollte man ernst nehmen – nicht nur aus gesundheitlichen, sondern auch aus rechtlichen Gründen.

Bei Interesse siehe hierzu:
§ 252 BGB (Bürgerliches Gesetzbuch), »Entgangener Gewinn«
§ 280 BGB, »Schadensersatz wegen Pflichtverletzung«
§ 281 BGB, »Schadensersatz statt der Leistung wegen nicht oder nicht wie geschuldet erbrachter Leistung«

Beschädigung geliehener Sachen

Irrtum:
Wer etwas Geliehenes beschädigt, erhält Ersatz von seiner Haftpflichtversicherung.

Richtig ist:
Die Haftpflichtversicherung übernimmt keine Schäden an geliehenen Sachen.

Eine unangenehme Situation: Man leiht sich zum Beispiel ein Notebook, lässt es fallen und muss dem Verleiher den nunmehr kaputten Gegenstand zurückgeben. Aber zum Glück gibt es ja

Haftpflichtversicherungen, die solch einen Schaden übernehmen. Oder etwa nicht?

Haftpflichtversicherungen sind zwar grundsätzlich eine schöne Sache, in der Praxis sind sie jedoch oft zu wenig nütze. Denn ausgerechnet in vielen Situationen, in denen man besonders Gefahr läuft, einen Schaden anzurichten, greifen die Haftpflichtversicherungen nicht. Vielen ist das nicht klar. Dass Schäden durch das Freisetzen radioaktiver Strahlung vom Versicherungsschutz ausgeschlossen sind, wird man als Privatperson sicher noch verkraften können. Ärgerlich ist es jedoch, dass in aller Regel auch jegliche Schäden an gemieteten oder entliehenen Sachen ausgenommen sind.

Für unser Beispiel heißt das: Wer ein Notebook fallen lässt, das er sich von einem Bekannten geliehen hat, hat Pech gehabt. Er muss den Schaden selbst tragen, seine Versicherung tritt nicht ein. Anders wäre es, wenn man sich das Notebook nicht leihen, sondern stolpern und es dabei versehentlich mit zu Boden reißen würde. Dann müsste die Haftpflichtversicherung für den Schaden aufkommen. Schadenssachbearbeiter in Versicherungen wissen ein Lied davon zu singen, wie häufig es aus diesem Grund vorkommt, dass Versicherungsnehmer in Wohnungen von Bekannten »stolpern« und dabei etwas beschädigen, was sie sich vorher selbstverständlich keinesfalls ausgeliehen hatten.

Fazit: Es ist vorteilhaft, wenn man Sachen, die man kaputtmacht, nicht zuvor von jemand anderem entliehen hat.

Bei Interesse siehe hierzu:
Ziffer 7.6 AHB (Allgemeine Versicherungsbedingungen für die Haftpflichtversicherung, Musterbedingungen des Gesamtverbandes der Deutschen Versicherungswirtschaft e.V.)

Dirnenlohn einklagbar?

Irrtum:
Prostituierte können ihren Lohn nicht einklagen, weil ihr Gewerbe sittenwidrig ist.

Richtig ist:
Seit dem 01. 01. 2002 können Prostituierte ihren Lohn bei säumigen Freiern einklagen.

Mit zahlungsunwilligen Schuldnern hat jeder Wirtschaftszweig zu kämpfen. Auch Prostituierte müssen mitunter erleben, dass sich Freier weigern, in Anspruch genommene Dienstleistungen zu vergüten. Oft fühlen sich die säumigen Kunden sogar im Recht, denn irgendwo haben sie einmal gehört, dass Prostitution sittenwidrig sei und die Damen deshalb keinen Rechtsanspruch darauf hätten, für ihre Arbeit bezahlt zu werden.

Lange Zeit stimmte diese Annahme auch. Freier, die keine Vorkasse leisteten, konnten rechtlich nicht zur Zahlung gezwungen werden. Das ist heute anders. Seit dem 01. 01. 2002 ist ein Gesetz in Kraft, dessen Existenz sich bisher so gut wie nicht herumgesprochen hat, obwohl es eine Dienstleistung betrifft, die in Deutschland jeden Tag von geschätzten 1 – 1,5 Millionen Männern in Anspruch genommen wird. Im sogenannten Prostitutionsgesetz ist festgelegt, dass Prostituierte eine rechtswirksame Forderung erwerben, wenn sie sexuelle Handlungen gegen ein vorher vereinbartes Entgelt vornehmen.

Säumige Freier müssen also nicht mehr auf »informellem« Wege durch kräftig gebaute Herren davon überzeugt werden, dass es für ihr gesundheitliches Wohlbefinden vorteilhaft wäre, sofort zu bezahlen. Die Prostituierten können dem säumigen Kunden vielmehr Rechnungen nach Hause schicken und nötigenfalls den klassischen Weg über Rechtsanwalt, Mahnbescheid oder Zahlungsklage gehen. Ihre Rechnung wird nicht anders behandelt als die eines Handwerkers, Arztes oder Gastwirts.

Bis zu einer mündlichen Verhandlung vor Gericht kommt es in der Praxis allerdings eher selten. Dies mag verschiedene Gründe haben. Möglicherweise sind die »klassischen« Geldeintreibungsmethoden immer noch die wirksamsten. Sicherlich wird es für die Prostituierten auch nicht immer einfach sein, Name und Adresse ihres Kunden in Erfahrung zu bringen. Denkbar ist außerdem, dass ein zunächst zahlungsunwilliger Freier die Rechnung spätestens dann begleicht, wenn ihn seine Ehefrau abends mit dem geöffneten Brief der gerichtlichen Ladung in der Sache »Saunaclub Chérie gegen Dr. Schneider« empfängt. Auch die Aussicht, sich überhaupt einem öffentlichen Prozess in solch einer delikaten Angelegenheit stellen zu müssen, mag manchen Freier schließlich doch dazu veranlassen, zügig das Geld zu überweisen. Man weiß ja nie, wer alles als Zuschauer im Gerichtssaal sitzen wird.

Bei Interesse siehe hierzu:
§ 1 ProstG (Prostitutionsgesetz)

Doktortitel Namensbestandteil?

Irrtum:
Der Doktortitel ist Bestandteil des Namens, deshalb muss man Promovierte mit ihrem Titel ansprechen.

Richtig ist:
Der Doktortitel ist kein Namensbestandteil, sondern nur ein akademischer Grad, den man in der Anrede weglassen darf.

Dass der Doktortitel Bestandteil des Namens sei, ist ein sehr weitverbreitetes Gerücht. In der Regel wird es von promovierten Akademikern verbreitet, die mit dieser Begründung darauf bestehen, dass man sie gefälligst mit ihrem Titel anzusprechen habe. Selbst von Doktoren der Jurisprudenz, die es eigentlich besser wissen müssten, hört man das Märchen vom Doktortitel als Namensbestandteil immer wieder. Und sogar die Kammer für Disziplinarsachen des Verwaltungsgerichts München meinte in einer Entscheidung aus dem Jahre 1988, dass ein Beamter sich nicht über den ausdrücklichen Wunsch seines Vorgesetzten hinwegsetzen dürfe, mit dem Doktortitel angesprochen zu werden.[18] Alles andere sei ein Verstoß gegen das »beamtenrechtliche Höflichkeitsgebot«.

Dabei stellt sich die Frage, weshalb ausgerechnet dem akademischen Grad des Doktors diese Ehre zukommen soll. Schließlich ist ja auch noch niemand auf die Idee gekommen, die Bezeichnung »Diplom-Ingenieur« sei ein Bestandteil des Namens. In Wahrheit gehören akademische Grade und Berufsbezeichnungen *nicht* zum Namen. Dies ist höchstrichterlich längst entschieden.[19] Die Auffassung des Verwaltungsgerichts München war daher falsch, worauf der damalige Vorsitzende Richter am Bundesdisziplinargericht Dietrich Mayer in einer Entscheidungsanmerkung zu Recht hinweist.[20]

Wer einen promovierten Akademiker nicht mit seinem Doktortitel ansprechen möchte, kann also nicht dazu gezwungen werden. Das Weglassen des Titels ist keine Beleidigung. Dies dürfen Sie künftig jedem Zahnarzt entgegenhalten, der am Kneipentresen von Ihnen verlangt, ihn ehrfurchtsvoll als Herrn Dr. Stuhl anzusprechen. Wenn es Ihnen mehr Spaß macht, könnten Sie alternativ natürlich auch auf seinen Wunsch eingehen und von ihm mit der gleichen »Berechtigung« verlangen, als »Herr Kälteanlagenbauermeister« oder »Frau Diplom-Ökotrophologin« angesprochen zu werden.

Bei Interesse siehe hierzu:
§ 132a StGB (Strafgesetzbuch), »Missbrauch von Titeln, Berufsbezeichnungen und Abzeichen«

Einschreiben

Irrtum:
Wichtige Sachen muss man immer per Einschreiben mit Rückschein verschicken.

Richtig ist:
Der Versand von Briefen per Einschreiben ist in vielen Fällen überflüssig und sogar schädlich.

Wer einen Brief per Einschreiben verschickt, erhält einen Einlieferungsbeleg. Damit kann er nachweisen, dass er den Brief tatsächlich versandt hat. Bei einem Einwurfeinschreiben erhält man außerdem einen Beleg, der bestätigt, dass das Einschreiben auch wirklich in den Briefkasten des Adressaten eingeworfen wurde. Bei einem Einschreiben mit Rückschein quittiert der Empfänger zusätzlich den Erhalt des Schreibens.

Wenigen Menschen ist klar, in welchen Situationen es sinnvoll ist, eine dieser Versandarten zu wählen. Die Deutsche Post AG dürfte deshalb jedes Jahr Unsummen an Briefen verdienen, die völlig unsinnigerweise als teures Einschreiben versandt werden. Denn allzu viele Menschen verschicken pauschal alles, was sie irgendwie für »offizielle« Post halten, per Einschreiben mit Rückschein. Sie tun dies, weil sie entweder glauben, dass dies aus rechtlichen Gründen notwendig oder hilfreich ist, oder weil sie annehmen, dass sie beim Empfänger so eine Menge Eindruck schinden. Mit dem Einschreiben hoffen sie, dem Empfänger zu signalisieren: »Achtung hier kommt ein Einschreiben, jetzt wird es richtig ernst für dich!« Statt 55 Cent wie bei einer normalen Briefsendung zahlen sie dann für einen Standardbrief immerhin 4,40 Euro, also das Achtfache!

In vielen Fällen ist dies völlig überflüssig und manchmal sogar schädlich. Ein Einschreiben soll sicherstellen, dass der Empfänger das Schreiben tatsächlich bekommt. In aller Regel erfährt man dies jedoch sowieso. Denn normalerweise beantworten Briefempfänger ihre Post. Wenn Sie also nur die Höhe Ihrer Telefonrechnung reklamieren oder sich beim Vermieter über den Schimmel im Bad beschweren wollen, dann ist ein Einschreiben im Allgemeinen nicht notwendig. Denn Sie können davon ausgehen, dass eine seriöse Telefongesellschaft Ihnen auch dann antwortet, wenn Sie Ihre Reklamation mit ganz normaler Post verschicken. Bei Vermietern ist das in der Regel nicht anders.

Wann sollte man seine Post per Einschreiben verschicken? Die Deutsche Post AG empfiehlt diese Versandart, wenn der Absender die Ein- und Auslieferung wichtiger Schreiben später rechtssicher nachvollziehen und dokumentieren möchte. Als Beispiele nennt sie Kündigungen, Mahnungen oder Zahlungsaufforderungen. Als besonders sicher bezeichnet die Deutsche Post AG den Versand per Einschreiben mit Rückschein.

Tatsächlich ist es jedoch keineswegs so, dass der Absender auf der sicheren Seite ist, wenn er einen Brief per Einschreiben mit Rückschein verschickt. Denn wenn der Empfänger nicht zu Hause ist und sein Einschreiben auch nicht auf der Post abholt, weil er dessen Inhalt ahnt, bekommt der Absender natürlich auch keine schriftliche Empfangsbestätigung. Die Kündigung, Mahnung oder Zahlungsaufforderung gilt dann nicht als zugegangen. Vielmehr erhält der Absender seinen Brief zurück und hat möglicherweise eine wichtige Frist, zum Beispiel für die rechtzeitige Kündigung seines Mietvertrages, verpasst.

Und selbst dann, wenn der Empfänger den Erhalt des Schreibens bestätigt, besteht keineswegs Rechtssicherheit. Denn immer wieder kommt es vor, dass unseriöse Adressaten den Brief zwar erst einmal annehmen, nachträglich jedoch behaupten, in dem Umschlag des Einschreibens sei gar keine Kündigung, Mahnung oder Zahlungsaufforderung gewesen, sondern irgendetwas völlig anderes. In einem solchen Fall hat der Absender ein ernsthaftes Problem. Denn per Einschreiben mit Rückschein kann leider nur bewiesen werden, dass überhaupt irgendein Schreiben zugestellt wurde. Der Inhalt des Schreibens wird dagegen nirgendwo dokumentiert und ist damit schwer zu beweisen. Wer damit rechnet, dass der Empfänger eines wichtigen Schreibens derart üble Tricks anwenden könnte, der hat nur zwei Möglichkeiten, wenn er wirklich auf Nummer sicher gehen will:

Zum Ersten kann man die Kündigung per Gerichtsvollzieher zustellen lassen. Dann ist es egal, ob der Empfänger zu Hause ist. Denn der Gerichtsvollzieher kann Briefe auch dann wirksam zustellen, wenn der Empfänger die Annahme verweigert oder gar nicht zu Hause ist. Es reicht, wenn er den Brief in den Briefkasten des Adressaten einwirft. Falls es keinen Briefkasten geben sollte, nimmt der Gerichtsvollzieher den Brief einfach wieder mit und hinterlegt ihn für den Empfänger beim örtlichen Amtsgericht. Auch das gilt als wirksame Zustellung. Der Gerichtsvollzieher beglaubigt außerdem den Inhalt des zugestellten Schreibens in einer Zustellungsurkunde, die der Absender erhält. Mit anderen Worten: Bei einer Zustellung durch den Gerichtsvollzieher kann der Empfänger weder den wirksamen Zugang des Schreibens verhindern, noch kommt er mit der Behauptung durch, er habe keine Kündigung, sondern zum Beispiel nur ein leeres Blatt Papier erhalten. Sowohl Zugang als auch Inhalt des Schreibens sind in einer amtlichen Urkunde eindeutig festgehalten.

Auch für diejenigen Zeitgenossen, die mit der Form der Zustellung Eindruck schinden wollen, ist die Zustellung per Gerichtsvollzieher natürlich die bessere Wahl. Es wirkt allemal bedrohlicher, wenn der Gerichtsvollzieher vor der Tür steht und die Kündigung zustellt, als wenn der freundliche Postbote einem ein Einschreiben überreicht. Bevor Sie nun aber die deutschen Gerichtsvollzieher mit Zustellungsaufträgen überhäufen, beachten Sie bitte Folgendes: Schriftstücke, die Sie selbst verfasst haben, können Sie nur dann über den Gerichtsvollzieher zustellen lassen, wenn darin Willenserklärungen von rechtlicher Bedeutung enthalten sind. Das gilt für Kündigungen einer Mietwohnung oder eines Arbeitsverhältnisses, nicht aber für Liebesbriefe und Urlaubspostkarten. Bitte verschonen Sie also unsere Gerichtsvollzieher mit derlei Zustellungsaufträgen!

Wem die Zustellung per Gerichtsvollzieher zu umständlich, zu teuer oder schlicht zu übertrieben erscheint, der hat zweitens die Möglichkeit, dem Empfänger das Schreiben vor Zeugen persönlich zu übergeben oder es durch einen beliebigen Boten übergeben zu lassen. Auch der Einwurf in den Briefkasten vor Zeugen oder durch einen Boten genügt. Allerdings muss immer sichergestellt sein, dass Zeuge oder Bote auch den Inhalt des Schreibens zur Kenntnis genommen haben und ihn sich gut merken. Denn wenn es zu einer gerichtlichen Auseinandersetzung kommen sollte, dann werden sie in der Regel erst Monate später ihre Aussage machen müssen. Ein sofort angefertigtes, präzises Gedächtnisprotokoll des Briefinhalts hilft hier gegen das Vergessen.

Zusammenfassend kann man sich also merken: In den meisten Fällen braucht man in der Praxis kein Einschreiben. Wenn tatsächlich einmal eine wichtige Frist läuft und man es mit einem Empfänger zu tun hat, der den Zugang des Schreibens möglicherweise bestreiten wird, dann sollte man es entweder per Bote übermitteln oder vor Zeugen persönlich überreichen. Den Gerichtsvollzieher sollte man nur bemühen, wenn es um wichtige Willenserklärungen von rechtlicher Bedeutung geht.

Bei Interesse siehe hierzu:
§ 132 Abs. 1 BGB (Bürgerliches Gesetzbuch), »Ersatz des Zugehens durch Zustellung«

Finderlohn

Irrtum:
Man hat einen Anspruch auf 10 Prozent Finderlohn.

Richtig ist:
Die Höhe des Finderlohns ist von dem materiellen und ideellen Wert der Fundsache sowie ihrem Fundort abhängig.

Sehr häufig hört und liest man, dass Finder einen Anspruch auf 10 Prozent Finderlohn hätten. Dabei ist unklar, warum sich in der allgemeinen Vorstellung gerade die Zahl Zehn durchgesetzt hat. Möglicherweise liegt es daran, dass sie so schön rund klingt. Tatsache ist: Es gibt keinen einheitlichen Prozentsatz, der für alle Fundsachen gilt. Die Berechnung des Finderlohns hängt vielmehr vom materiellen und ideellen Wert der Fundsache ab, aber auch davon, wo sie gefunden wurde.

Wer etwas findet, muss den Verlierer oder den Eigentümer über den Fund informieren. Sachen im Wert von mehr als 10 Euro müssen notfalls beim örtlichen Fundbüro oder, je nach Bundesland und Art der Fundsache, bei der Polizei angemeldet werden, wenn nicht klar ist, wer sie verloren hat. Der Finder kann dann 5 Prozent des Wertes als Finderlohn beanspruchen. Dies gilt jedoch nur für Sachen, die bis zu 500 Euro wert sind. Von allem, was über 500 Euro hinausgeht, erhält der Finder nur noch 3 Prozent. Wer also eine 1000 Euro teure Uhr findet, bekommt für die ersten 500 Euro einen Finderlohn von 25 Euro (5 Prozent) und für die verbleibenden 500 Euro einen Finderlohn von 15 Euro (3 Prozent). Insgesamt stehen ihm also 40 Euro zu. Bei Sachen, die nur ideellen Wert haben, wie dem wertlosen Modeschmuck, den die verstorbene Großmutter als letztes Andenken hinterlassen hat, ist der Finderlohn »nach billigem Ermessen« zu bestimmen. Hält der Finder die Summe, die der Eigentümer nach seinem Ermessen festgelegt hat, für zu niedrig, kann er ihre »Billigkeit«, das heißt ihre Angemessenheit gerichtlich überprüfen lassen.

Das Fundbüro darf Fundsachen übrigens nur mit Zustimmung des Finders an den Berechtigten herausgeben. Es wird den Finderlohn daher bei Abgabe an den Berechtigten einbehalten, wenn der Finder den Finderlohnanspruch bei Abgabe geltend gemacht hat. Auf diese Weise ist sichergestellt, dass der ehrliche Finder sein Geld auch tatsächlich erhält. Falls sich innerhalb von sechs Monaten, nachdem der Finder den Fund beim Fundbüro oder bei der Polizei angemeldet hat, kein Berechtigter meldet, wird der Finder selbst Eigentümer der Fundsache.

Ganz eigene Regeln gelten für Funde in öffentlichen Behörden und Verkehrsmitteln. Das gilt vor allem für die Höhe des Finderlohnes. Zunächst einmal herrscht dort eine Bagatellgrenze von 50 Euro, bis zu der dem Finder überhaupt kein Finderlohn zusteht. Für Funde ab 50 Euro gibt es zwar Geld, der Finder erhält jedoch nur die Hälfte dessen, was er bekäme, wenn er die Sache nicht auf dem Einwohnermeldeamt oder in der U-Bahn, sondern auf der Straße gefunden hätte. Die Tausend-Euro-Uhr aus unserem Beispiel oben brächte dem Finder statt 40 Euro also nur 20 Euro, wenn er sie am »falschen« Ort gefunden hätte.

Wer eine Fundsache behält, anstatt sie anzumelden bzw. abzugeben, macht sich übrigens strafbar. Für eine sogenannte Fundunterschlagung drohen Geldstrafe oder sogar Freiheitsstrafe bis zu drei Jahren.

Bei Interesse siehe hierzu:
§ 971 BGB (Bürgerliches Gesetzbuch), »Finderlohn«
§ 978 Abs. 2 BGB, »Fund in öffentlicher Behörde oder Verkehrsanstalt«

Geschenkt ist geschenkt

Irrtum:
Was man geschenkt bekommt, darf man auf jeden Fall behalten.

Richtig ist:
Manche Geschenke muss man zurückgeben.

Ein beliebtes Sprichwort lehrt: »Geschenkt ist geschenkt – wiederholen ist gestohlen.«

Grundsätzlich stimmt diese Regel auch, denn Eigentum ist Eigentum, egal, ob man eine Sache gekauft oder geschenkt bekommen hat.

Deshalb können sogenannte Pflicht- und Anstandsschenkungen auf keinen Fall zurückverlangt werden. Dazu gehören zum Beispiel Unterhaltszahlungen an bedürftige Geschwister oder gebräuchliche Gelegenheitsgeschenke zum Geburtstag oder zu Weihnachten.

Was unter einem »gebräuchlichen« Geschenk zu verstehen ist, muss stets im Einzelfall geklärt werden. Grundstücke dürften in der Regel nicht dazugehören.[21]

Wer allerdings glaubt, die »Geschenkt ist geschenkt«-Regel kenne keine Ausnahmen, der irrt. Wenn keine »Pflicht- oder Anstandsschenkung« vorliegt, kann die geschenkte Sache unter Umständen zurückverlangt werden.

Das gilt zum Beispiel, wenn der Beschenkte sich grob undankbar zeigt, indem er gegenüber dem Schenker eine schwere Verfehlung begeht. Der Schenker kann dann die Schenkung widerrufen. Folgender Fall wurde zum Beispiel einmal vor Gericht getragen:

Nach 23 Jahren Ehe schenkte eine Frau ihrem Ehemann zwei Grundstücke. Allzu große Dankbarkeit konnte sie dafür allerdings nicht erwarten. Vielmehr betrog ihr Gatte sie in den Folgejahren immer wieder mit anderen Frauen. Mit einer von ihnen zog er schließlich sogar zusammen. Doch damit nicht genug. Eines Tages drang der untreue Ehemann in das Haus seiner Noch-Ehefrau ein und stahl ihr Schmuck und wichtige Dokumente. Die Ehefrau reichte daraufhin die Scheidung ein und widerrief die Schenkung der beiden Grundstücke wegen groben Undanks. Vor dem Oberlandesgericht Köln war sie mit ihrer Argumentation erfolgreich.[22]

Das Beispiel zeigt: Dankbarkeit ist nicht nur eine moralische Pflicht. Wer sich undankbar zeigt, muss dafür unter Umständen teuer bezahlen!

Ausnahmen vom Grundsatz »Geschenkt ist geschenkt« gelten auch für bedürftig gewordene Schenker. Wer derartig verarmt ist, dass er nicht mehr in der Lage ist, seinen Unterhalt zu bestreiten und seine gesetzlichen Unterhaltspflichten zum Beispiel gegenüber Kindern oder dem Ehepartner zu erfüllen, der hat das Recht, frühere Geschenke zurückzufordern. Der Beschenkte hat in diesem Fall nur die Wahl, entweder das Geschenk selbst zurückzugeben oder dem verarmten Schenker den für den Unterhalt erforderlichen Betrag zu zahlen.

Wenn Schenker verarmen oder undankbar behandelt werden, können sie ihre Geschenke also ausnahmsweise zurückverlangen. Doch für jede Ausnahme gibt es natürlich auch Gegenausnahmen:

Ein verarmter Schenker bekommt seine Geschenke nicht zurück, wenn seit der Schenkung schon mehr als zehn Jahre verstrichen sind. Eine weitere Gegenausnahme gilt für Schenker, die ihre Bedürftigkeit vorsätzlich oder grob fahrlässig herbeigeführt haben. Wer zum Beispiel sein gesamtes Vermögen sinnlos verschwendet hat oder es durch leichtsinnige Spekulationen verloren hat, der kann seine Geschenke auch im Falle noch so großer Armut nicht zurückverlangen.[23] Und natürlich muss auch niemand ein Geschenk zurückgeben, wenn er dann selbst nicht mehr in der Lage wäre, seinen Unterhalt zu bestreiten.

Bei Interesse siehe hierzu:
§ 528 BGB (Bürgerliches Gesetzbuch), »Rückforderung wegen Verarmung des Schenkers«
§ 529 BGB, »Ausschluss des Rückforderungsanspruches«
§ 530 BGB, »Widerruf der Schenkung«
§ 534 BGB, »Pflicht- und Anstandsschenkungen«

Gewinnversprechen

Irrtum:
Gewinnversprechen in Massenwerbesendungen sind nicht verbindlich.

Richtig ist:
Seit dem 30. 06. 2000 hat man einen Anspruch auf Auszahlung der Gewinne.

»Herzlichen Glückwunsch, Sie haben 20 000 Euro gewonnen!«

Werbesendungen mit solchen Schlagzeilen hatte wohl fast jeder schon einmal im Briefkasten. Mal werden Autos versprochen, mal Schmuck, Reisen oder Bargeld. Um den Gewinn abzurufen, soll man teure 0190-Nummern anrufen, an einer Kaffeefahrt teilnehmen oder Produkte aus einem beiliegenden Prospekt bestellen.

In der Regel nimmt diese Schreiben kaum jemand ernst. Die wenigsten rechnen damit, dass sie irgendeinen Anspruch auf die Zahlung eines Gewinns haben, der ganz offensichtlich Zehntausenden anderen Haushalten genauso versprochen wurde.

Doch seit dem 30. 06. 2000 ist eine neue Vorschrift in Kraft, die Unternehmer verpflichtet, die Gewinne auch tatsächlich auszuzahlen, die sie versprechen. Seither ist bereits eine Reihe von Gerichtsurteilen zugunsten der Verbraucher ergangen. Die Gewinne wurden ihnen zugesprochen.

Wer demnächst also wieder eines dieser Gewinnversprechen in seinem Briefkasten findet, könnte auf Auszahlung klagen. Ob die Gewinne in der Praxis dann allerdings auch tatsächlich eingetrieben werden können, ist natürlich eine andere Frage. Denn selbst wenn man es geschafft hat, den Versender der dubiosen Gewinnbenachrichtigungen ausfindig zu machen, und selbst wenn man den Prozess gewonnen hat, trägt man immer noch das Vollstreckungsrisiko. Falls bei dem Versender nichts zu holen ist, geht der »Gewinner« leer aus und muss obendrein auch noch die Anwalts- und Gerichtskosten selbst tragen.

Ob man wirklich den Rechtsweg beschreiten will, sollte man sich daher gut überlegen. Wer nicht weiß, ob er es mit einem zahlungskräftigen Prozessgegner zu tun hat, und kein Risiko eingehen möchte, der sollte lieber auf Nummer sicher gehen und die »Gewinnmitteilung« – wie bisher – gleich in den Mülleimer befördern.

Bei Interesse siehe hierzu:
§ 661a BGB (Bürgerliches Gesetzbuch), »Gewinnzusagen«

Handtücher auf Liegestühlen, Jacken auf Barhockern

Irrtum:
Mit Handtüchern und Jacken kann man Liegestühle und Barhocker rechtswirksam blockieren.

Richtig ist:
Handtücher und Jacken allein vermitteln noch keine Besitzansprüche.

Der durchschnittliche Engländer hat bei dem Stichwort »Deutschland und die Deutschen« drei spontane Assoziationen, die das schlechte Image unseres Landes prägen:

1. Der Zweite Weltkrieg
2. Fußballspiele, die (angeblich) immer von Deutschland gewonnen werden
3. Handtücher, mit denen deutsche Touristen um sechs Uhr morgens noch schnell vor dem Frühstück sämtliche Liegestühle mallorquinischer Bettenburgen blockieren, während die Engländer noch ihren Rausch ausschlafen

An der ersten Assoziation können wir leider nichts mehr ändern. Bei der zweiten wären wir froh, wenn sie wahr wäre. Und was ist mit der dritten? Da dürfte in der Tat Handlungsbedarf bestehen. Denn das Territorialgehabe der Deutschen ist tatsächlich sehr ausgeprägt. Wir blockieren nicht nur verlassene Liegestühle mit Handtüchern, sondern auch leere Kinositze und Barhocker mit Jacken (»Sorry, da kommt gleich noch einer!«) und schrecken als einziges Volk der Welt noch nicht einmal davor zurück, uns an fremden Stränden in muschelbewehrte Sandburgen einzugraben, ganz so, als erwarteten wir mal wieder eine Landung der Alliierten.

Um es ganz deutlich zu sagen: Handtücher, Jacken und Sandburgen allein vermitteln noch keine Besitzansprüche – und zwar weder bei uns noch in mallorquinischen Hotelanlagen. Unsere dem Frühaufstehen eher abgeneigten britischen Nachbarn haben also völlig recht, wenn sie sich über uns aufregen. Wer sich von einem öffentlichen Liegestuhl, einem Barhocker oder »seinem« Platz am Strand entfernt, für den gilt nach deutschem wie spanischem Recht zunächst einmal die alte Kinderweisheit: »Weggegangen, Platz vergangen!« Juristen sprechen in solchen Fällen etwas vornehmer von bloßem Kurzbesitz einer Sache, der keine schützenswerte Rechtsposition verleiht.

Jeder andere hat daher nun das Recht, den frei gewordenen Platz einzunehmen und das Handtuch oder die Jacke woanders hinzulegen. Man hätte allenfalls die Möglichkeit, die Hotel- oder Barbetreiber darum zu bitten, von ihrem Eigentums- oder Hausrecht Gebrauch zu machen. Ihnen gehören die Liegestühle und Barhocker schließlich. Also dürfen sie auch bestimmen, wer darauf Platz nimmt.

Eine Ausnahme gilt dann, wenn zwischen Mensch und Sitzgelegenheit eine deutlich dauerhaftere und festere Verbindung besteht. Wenn beispielsweise die Liegestühle im Hotel nicht einfach zu jedermanns freier Verfügung um den Pool herum stehen, sondern der Betreiber einen bestimmten Liegestuhl – zum Beispiel gegen eine Gebühr – ausschließlich an einen bestimmten Gast herausgibt, sieht die Sache natürlich anders aus. Der Entleiher gälte dann als notwehrberechtigter Besitzer und könnte dem auf frischer Tat ertappten »Liegestuhldieb« das Corpus Delicti sogar mit Gewalt wieder abnehmen.

Letztlich sollte eines jedoch klar sein: Am besten löst man Streitigkeiten um Liegestühle und Barhocker natürlich nicht auf juristischem Weg (und schon gar nicht mit Gewalt), sondern schlicht mit angemessenem Sozialverhalten. Warum eigentlich beweisen wir den verkaterten Langschläfern von der Insel nicht einfach unsere menschliche Größe und überlassen ihnen die Liegestühle freiwillig? Ein Volk, dessen Nationalelf seit über 40 Jahren kein großes Fußballturnier mehr gewonnen und den einzigen WM-Titel einem verwirrten Schiedsrichter zu verdanken hat, soll wenigstens das Recht haben, sich unter Spaniens Sonne in Ruhe auszustrecken und zu entspannen.

Bei Interesse siehe hierzu:
§ 227 BGB (Bürgerliches Gesetzbuch), »Notwehr«
§ 854 Abs. 1 BGB, »Erwerb des Besitzes«
§ 858 Abs. 1 BGB, »Verbotene Eigenmacht«
§ 859 Abs. 1, 2 BGB, »Selbsthilfe des Besitzers«
Art. 460 Código Civil español

Kreuze als Unterschrift

Irrtum:
Nur Analphabeten dürfen wirksam mit »drei Kreuzen« unterschreiben.

Richtig ist:
Jeder kann eine wirksame Unterschrift aus drei Kreuzen leisten, wenn sie notariell beurkundet wird. Ohne notarielle Beurkundung können aber auch Analphabeten schriftformbedürftige Dokumente nicht wirksam mit drei Kreuzen unterschreiben.

Analphabeten dürfen einen Vertrag auch mit drei Kreuzen unterzeichnen. Wer dagegen schreiben kann, muss mit seinem Namen unterschreiben. So glauben viele. Ganz so ist es aber nicht. Für Analphabeten gelten keinerlei Sonderregeln.

Zunächst einmal müssen die meisten Verträge ohnehin nicht schriftlich geschlossen und daher natürlich auch nicht unterzeichnet werden. Das gilt unabhängig davon, ob die Vertragsparteien lesen und schreiben können oder nicht. Es gibt allerdings bestimmte Verträge und andere Urkunden, die schriftlich verfasst werden müssen, um rechtswirksam zu sein. In einigen Fällen schreibt das Gesetz die Schriftlichkeit vor (→ *Schriftform von Verträgen*). In anderen Fällen vereinbaren Vertragsparteien von sich aus, dass nur schriftliche Erklärungen gelten sollen.

Wenn das Gesetz oder ein Vertrag die Schriftform vorschreibt, muss die Urkunde auch unterzeichnet werden, um gültig zu sein. Im Allgemeinen geschieht dies durch eine Unterschrift. Die Unterschrift setzt nach einer Definition des Bundesgerichtshofs einen individuellen Schriftzug voraus, der zwar nicht lesbar sein muss, sich aber als Wiedergabe eines Namens darstellt.[24] Die typischen Arztunterschriften auf Rezepten sind daher rechtlich nicht unproblematisch. Denn Kreuze, Striche oder Initialen gelten nicht ohne weiteres als Unterschrift, wenn sie nur den Eindruck eines abgekürzten Handzeichens machen. Dies gilt auch für Analphabeten. Sie werden nicht bevorzugt behandelt.

Für den, der partout mit einem Handzeichen aus Kreuzen, Strichen oder Initialen unterschreiben will, gibt es jedoch eine Möglichkeit, die jedermann – nicht nur Analphabeten – offensteht. Solange eine solche »Unterschrift« durch einen anwesenden Notar beglaubigt wird, kann jeder schriftformbedürftige Verträge wirksam mit drei Kreuzen oder jedem anderen Handzeichen unterzeichnen.

Das Unterschreiben mit einem Kreuz war in vergangenen Jahrhunderten übrigens sogar die Regel. Rechts oder links neben das Kreuz wurde der Name hinzugeschrieben, zumeist von einem des Schreibens kundigen Zeugen. Die Unterschrift mit Initialen oder dem vollen Namen setzte sich erst ab dem 16. Jahrhundert durch.[25]

Bei Interesse siehe hierzu:
§ 126 BGB (Bürgerliches Gesetzbuch), »Gesetzliche Schriftform«
§ 127 BGB, »Gewillkürte Schriftform«

Mahnung vor Zahlung

Irrtum:
Man muss einen Schuldner dreimal mahnen, bevor man gerichtlich gegen ihn vorgehen kann.

Richtig ist:
Ein Gläubiger muss die Bezahlung seiner Rechnung überhaupt nicht anmahnen, um das Geld gerichtlich eintreiben zu können.

Wenn es um das Bezahlen von Rechnungen geht, verfahren viele nach dem Motto: »Immer erst die dritte Mahnung abwarten, vorher kann mir ja sowieso nichts passieren!«

Im Geschäftsleben ist es in der Tat üblich, dass Gläubiger ihren Schuldnern auf unbezahlte Rechnungen hin zunächst einmal einige Mahnungen schicken. Erst wenn dann immer noch kein Geld kommt, beantragen sie den Erlass eines gerichtlichen Mahnbescheides. Diese Praxis hat dazu geführt, dass viele Menschen glauben, es müsse von Gesetzes wegen so ablaufen. Sie fühlen sich sicher, solange sie noch nicht die dritte und letzte Mahnung erhalten haben, und warten deshalb so lange ab, bis die immer unfreundlicher werdenden Auffordеrungsschreiben des Gläubigers schließlich an Deutlichkeit nichts mehr zu wünschen übrig lassen. Erst dann – so glauben sie – müssten sie die Rechnung bezahlen, um sich unnötige Zusatzkosten durch ein teures Gerichtsverfahren zu ersparen.

Doch die säumigen Zahler wiegen sich in einer trügerischen Sicherheit. Denn ein Rechnungssteller muss seine Schuldner keineswegs zwei- oder dreimal mahnen, bevor er seine Rechte gerichtlich geltend machen kann. Er kann vielmehr schon dann einen Mahnbescheid auf Kosten des Schuldners beantragen, wenn die Forderung fällig ist. Und eine Forderung ist fällig, wenn der Schuldner die Rechnung erhält. Wenn sich das Fälligkeitsdatum sogar schon aus dem Vertrag ergibt, dann muss der Gläubiger noch nicht einmal eine Rechnung schreiben. Die Forderung wird dann ganz automatisch fällig und kann sofort gerichtlich geltend gemacht werden.

Das beliebte Warten auf die dritte Mahnung ist also riskant. Wenn man Pech hat, zieht der Gläubiger den säumigen Schuldner schon viel früher vor Gericht. Und dann kann es deutlich teurer werden!

Bei Interesse siehe hierzu:
§ 271 BGB (Bürgerliches Gesetzbuch), »Leistungszeit«

Münzannahmepflicht

Irrtum:
Man hat einen Anspruch darauf, seine Schulden in unbegrenzter Höhe in Münzen zu bezahlen.

Richtig ist:
Niemand ist verpflichtet, mehr als 50 Münzen anzunehmen.

Eine säumige Schuldnerin soll einmal eine besonders clevere Idee gehabt haben: Dem Gerichtsvollzieher, der eines Tages vor ihrer Tür stand, bot sie an, ihre Schulden mit den Pfennigen aus ihrer Brautschuh-Münzsammlung zu bezahlen – immerhin mehreren tausend Münzen. Sie stellte es dem Gerichtsvollzieher frei, sich den geschuldeten Betrag abzuzählen. Schließlich seien die Münzen ja ein gültiges Zahlungsmittel.

Ob die Geschichte stimmt oder nicht, ist nicht bekannt. Sicher ist aber, dass die Vorstellung falsch ist, man könne jede Summe mit beliebig vielen Münzen bezahlen. Im Münzgesetz ist klar geregelt, in welcher Höhe man verpflichtet ist, Münzzahlungen anzunehmen. Mehr als 50 Münzen (egal welchen Wertes) muss niemand akzeptieren.

Für Gedenkmünzen existiert außerdem noch eine zusätzliche Höchstbetragsgrenze: Deutsche Euro-Gedenkmünzen müssen auch dann nicht angenommen werden, wenn ihr Gesamtwert 100 Euro übersteigt. Nur die Bundeskassen und die Bundesbank sind dazu verpflichtet, Münzen in jeder Zahl und in jedem Betrag umzutauschen oder in Zahlung zu nehmen.

Die Schuldnerin aus dem Beispiel konnte vom Gerichtsvollzieher also nicht verlangen, dass er ihre Münzen in stundenlanger Arbeit abzählt. Er durfte sich in ihrer Wohnung stattdessen nach anderen pfändbaren Gegenständen umsehen. Und auch Brautschuhverkäufer haben natürlich das Recht, eine Zahlung mit allzu vielen Münzen abzulehnen. Ob sie es in der Praxis auch tun, ist natürlich eine andere Frage.

Bei Interesse siehe hierzu:
§ 3 MünzG (Münzgesetz), »Annahme- und Umtauschpflicht«

Privatinsolvenz

Irrtum:
Nur Unternehmen können in die Insolvenz gehen.

Richtig ist:
Auch Privatpersonen können Insolvenz anmelden und sich so von ihren Schulden befreien.

Wie wohl jeder weiß, melden Unternehmen, die pleite sind, Insolvenz an. Dass jedoch auch Privatpersonen die Möglichkeit haben, in die Insolvenz zu gehen, spricht sich viel zu langsam herum.

Wer überschuldet ist und sich mit seinen Gläubigern nicht auf einen Schuldenbereinigungsplan einigen konnte, hat – in der Regel nur einmal im Leben – die Chance, sich über eine Verbraucherinsolvenz mit anschließender Restschuldbefreiung von all seinen Schulden zu befreien und noch einmal ganz von vorne anzufangen.

Wer bei dieser Nachricht jetzt allerdings leuchtende Augen bekommt und in Gedanken schon Weltreisen bucht und Ferraris bestellt, der sollte sich darüber im Klaren sein, dass eine Verbraucherinsolvenz mit Restschuldbefreiung nicht jedem gewährt wird und eine sehr lange, harte Prüfung darstellt. Wer sie erfolgreich durchsteht, erlangt jedoch am Ende die ersehnte Schuldenfreiheit.

Wem das Wasser derart bis zum Hals steht, dass er an eine Verbraucherinsolvenz denkt, der sollte sich zunächst an eine Schuldnerberatungsstelle oder an einen spezialisierten Rechtsanwalt wenden. Dort erfährt man, ob ein Insolvenzverfahren und eine Restschuldbefreiung überhaupt in Betracht kommen.

Stark vereinfacht kann man sagen, dass in der Praxis nur ehrliche, seriöse Schuldner die Chance erhalten, sich von ihren Restschulden zu befreien. Verschwenderisches Verhalten in der Vergangenheit, falsche Angaben bei Kreditanträgen oder gar Insolvenzstraftaten können das Aus bedeuten. Solche Schuldner bleiben auf ihren Schulden sitzen.

Selbst wenn es sich jedoch um einen seriösen Schuldner handelt, muss er eine sogenannte Wohlverhaltensperiode überstehen, um von seinen Restschulden befreit zu werden. Er muss sechs Jahre lang jede zumutbare Vollzeitstelle annehmen. Sein Einkommen muss er bis auf ein Minimum an einen Treuhänder abtreten. Etwaige Erbschaften muss er zur Hälfte abgeben. Der Treuhänder verteilt das abgeführte Geld anschließend an die Gläubiger.

Sechs Jahre lang darf sich der Schuldner keine Verfehlungen leisten. Die kleinste Pflichtverletzung kann dazu führen, dass ihm am Ende die Restschuldbefreiung nicht gewährt wird. Der Schuldner muss zum Beispiel dem Insolvenzgericht jeden Wohnsitz- oder Arbeitsplatzwechsel unverzüglich mitteilen. Er darf kein Vermögen oder Einkommen verschweigen. Er darf keine Sonderzahlungen an einzelne Gläubiger leisten und muss dem Treuhänder jederzeit Auskunft über seine Arbeit, sein Vermögen oder Einkommen geben. Die Restschuldbefreiung wird auch versagt, wenn der Schuldner in einem Jahr so wenig Geld an den Treuhänder abführt, dass noch nicht einmal dessen Mindestvergütung gedeckt ist.

Kurz: Die Verbraucherinsolvenz mit Restschuldbefreiung ist ein sinnvoller letzter Rettungsanker nur für ehrliche Schuldner, die tatsächlich bereit sind, einige harte Jahre auf sich zu nehmen, um ihr Leben finanziell wieder in den Griff zu bekommen. Nur sie werden am Ende mit Schuldenfreiheit belohnt.

Bei Interesse siehe hierzu:
§ 287 InsO (Insolvenzordnung), »Antrag des Schuldners«

§ 290 InsO, »Versagung der Restschuldbefreiung«
§ 295 InsO, »Obliegenheiten des Schuldners«
§ 298 InsO, »Deckung der Mindestvergütung des Treuhänders«

Rücktritt vom Vertrag

Irrtum:
Innerhalb einer bestimmten Frist kann man von jedem Vertrag ohne Begründung zurücktreten.

Richtig ist:
In den seltensten Fällen hat man das Recht, grundlos von Verträgen zurückzutreten.

Ein wirklich hartnäckiges Ammenmärchen ist die Vorstellung, man könne von jedem Vertrag innerhalb einer bestimmten Frist ohne triftigen Grund zurücktreten. Was die Länge dieser vermeintlichen »gesetzlichen Rücktrittsfrist« angeht, kursieren verschiedene Versionen: Die einen glauben, die Frist betrage 24 Stunden, damit man »mal eine Nacht darüber schlafen kann«. Andere gehen von einer oder zwei Wochen aus. Wenn man innerhalb dieser Frist den Kaufgegenstand zurückbringt oder dem Vermieter mitteilt, dass man die Wohnung doch nicht haben will – so glauben viele –, dann wird der Vertrag einfach rückgängig gemacht.

In Wirklichkeit gilt der Grundsatz: Vertrag ist Vertrag. Oder gebildeter ausgedrückt: »Pacta sunt servanda« – Verträge müssen eingehalten werden. Wer einen Vertrag schließt, und jeder simple Brötchenkauf ist bereits ein Vertrag, muss sich vorher überlegen, was er will. Wer nach Vertragsschluss seine Meinung ändert, kann in der Regel nur auf die Kulanz des Vertragspartners hoffen. In vielen Fällen räumen Geschäfte eine generelle Rückgabe- oder Umtauschfrist von zum Beispiel zwei Wochen ein. Wahrscheinlich haben sich viele Kunden derart an diese freiwillige Kulanzregelung gewöhnt, dass sie glauben, immer und überall einen gesetzlichen Anspruch darauf zu haben.

Nur in wenigen Ausnahmefällen sieht das Gesetz jedoch aus Gründen des Verbraucherschutzes tatsächlich Rücktrittsfristen vor. Bei Darlehen, Haustürgeschäften, sogenannten Fernabsatzverträgen (zum Beispiel über das Internet oder das Telefon) oder Timesharingangeboten darf der Kunde in vielen Fällen innerhalb von zwei Wochen nach Vertragsschluss ohne Angabe von Gründen vom Vertrag zurücktreten.

In allen anderen Fällen ist ein Rücktritt vom Vertrag ohne Zustimmung des Vertragspartners nur dann möglich, wenn ein triftiger Grund dafür vorliegt. Das können zum Beispiel Mängel an einem gekauften Gegenstand sein. Nach zwei erfolglosen Reparaturversuchen des Verkäufers kann der Käufer vom Vertrag zurücktreten und sein Geld zurückverlangen (→*Herstellergarantie*).

Bei Interesse siehe hierzu:
§ 355 BGB (Bürgerliches Gesetzbuch), »Widerrufsrecht bei Verbraucherverträgen«
§ 312b BGB, »Außerhalb von Geschäftsräumen geschlossene Geschäfte«
§ 312c BGB, »Fernabsatzverträge«
§ 312g BGB, »Widerrufsrecht«
§ 485 BGB, »Widerrufsrecht bei Teilzeit-Wohnrechteverträgen«
§ 495 BGB, »Widerrufsrecht bei Verbraucherdarlehensvertrag«

Schriftform von Verträgen

Irrtum:
Wichtige Verträge müssen schriftlich abgeschlossen werden, um wirksam zu sein.

Richtig ist:
Nur sehr wenige Verträge bedürfen der Schriftform.

Viele Menschen nehmen an, dass besonders wichtige Verträge schriftlich geschlossen werden müssen. Häufig hört man daher Kommentare wie: »Ich wohne schon seit zwei Jahren in der Wohnung und habe immer noch keinen Mietvertrag«, oder: »Ich arbeite in der Firma immer noch ganz ohne Arbeitsvertrag«.

Wer so spricht, verwechselt jedoch den Vertrag mit dem bloßen Stück Papier, auf dem er steht. Denn nicht das papierne Dokument ist der Vertrag, sondern die darin festgehaltenen gegenseitigen Willenserklärungen. Und seinen Willen kann man auf verschiedene Weise äußern: schriftlich, mündlich oder einfach nur durch entsprechendes Handeln.

Wer sich also mit dem Vermieter darauf einigt, für eine bestimmte Miete in die Wohnung zu ziehen, der hat einen wirksamen Mietvertrag geschlossen. Ob der Einzug auf einem Bierdeckel, per Handschlag oder mündlich besiegelt wird, spielt überhaupt keine Rolle. In allen drei Fällen liegt ein wirksamer Vertrag vor. Für den Mieter kann es in vielen Fällen sogar vorteilhaft sein, keinen schriftlichen Mietvertrag abzuschließen. Denn Vermieter benutzen oft Vordrucke, die vor allem ihre eigenen Interessen berücksichtigen. Wer nur einen mündlichen Vertrag hat, für den gelten im Zweifelsfall die gesetzlichen Regelungen. Und die sind im Allgemeinen sehr mieterfreundlich.

Nicht anders sieht es mit Arbeitsverträgen aus. Auch sie bedürfen nicht der Schriftform. Wer für einen anderen gegen Entlohnung arbeitet wie ein Arbeitnehmer, der ist auch ein Arbeitnehmer. Er hat einen gültigen Arbeitsvertrag. Genauso liegt natürlich auch ein gültiger Kaufvertrag vor, wenn man ein Auto per Handschlag erwirbt.

Ein Vertrag muss also nicht deshalb schriftlich abgeschlossen werden, weil er besonders wichtig ist oder es um viel Geld geht. Ausnahmen bestätigen die Regel. Für einige Vertragstypen gilt tatsächlich ein Schriftformerfordernis. Hierzu gehören zum Beispiel Verträge über Teilzeit-Wohnrechte in Timesharing-Ferienwohnungen. Auch Verträge über Verbraucherdarlehen, Ratenzahlungsverträge und Bürgschaftserklärungen sind nur schriftlich gültig. Wie man sieht, hat das Schriftformerfordernis in vielen Fällen also vor allem eine verbraucherschützende Funktion.

Warum werden dann in der Praxis so viele Verträge schriftlich abgeschlossen, obwohl es rechtlich eigentlich nicht nötig wäre? Ein Grund hierfür ist die einfachere Beweislage. Das Bestehen einer Vereinbarung kann man im Streitfall besser nachweisen, wenn es schriftlich fixiert wurde. Ein weiterer Grund ist, dass ein schriftlicher Vertrag von vielen Menschen als verbindlicher empfunden wird. Es gibt also durchaus gute Gründe, Verträge auch dann schriftlich abzuschließen, wenn man es aus rechtlicher Sicht eigentlich nicht müsste.

Bei Interesse siehe hierzu:
§ 484 BGB (Bürgerliches Gesetzbuch), »Schriftform bei Teilzeit-Wohnrechteverträgen«
§ 492 BGB, »Schriftform und Vertragsinhalt bei Verbraucherdarlehensverträgen«
§ 766 BGB, »Schriftform der Bürgschaftserklärung«

Sperrmüllfledderei

Irrtum:
Was andere auf den Sperrmüll werfen, darf man mitnehmen.

Richtig ist:
Wer etwas zum Sperrmüll stellt, gibt nicht unbedingt sein Eigentum daran auf.

»Sperrmüllfledderei« ist in Deutschland zu einem beliebten Hobby geworden. Schon am Abend bevor der Sperrmüll abgeholt wird, kann man in vielen Städten semi-professionelle Müllsammler beobachten, die langsam durch die Straßen fahren und Ausschau nach verwertbaren Gegenständen halten. Die wenigsten dürften wissen, dass nicht alles, was andere Leute auf den Müll werfen, deshalb gleich herrenlos wird. Wohl die große Mehrheit der Deutschen geht davon aus, dass man alles mitnehmen darf, was andere bewusst am Straßenrand zur Abholung durch die Müllabfuhr bereitgestellt haben. Doch dies ist ein Irrtum.

Es fehlt zwar bisher an höchstrichterlicher Rechtsprechung zu der Frage, ob es erlaubt ist, Sperrmüll mitzunehmen oder nicht. Im Einzelnen ist daher vieles umstritten. Manche Rechtswissenschaftler sind der Meinung, es sei stets strafbar, wenn man Gegenstände vom Straßenrand mitnimmt, die andere dort als Sperrmüll abgestellt haben. Es dürfte jedoch sehr fraglich sein, ob ein Gericht tatsächlich jemals einen Müllsammler bestrafen wird, der irgendeinen alten Stuhl mitnimmt, den andere offensichtlich nicht mehr brauchen und daher zum Abholen durch die Müllabfuhr bereitgestellt haben. Ohnehin ist es bereits ziemlich unwahrscheinlich, dass in einem solchen Fall überhaupt jemand Strafanzeige erstattet. Denn wer sollte ein Interesse an einer Bestrafung des »Täters« haben?

Ganz anders mag es jedoch bei Gegenständen aussehen, bei denen man nicht ohne weiteres davon ausgehen kann, dass der frühere Eigentümer damit einverstanden wäre, dass jedermann sie sich aneignet. Wenn zum Beispiel ein Künstler seine Gemälde nicht für ausstellungs- oder verkaufswürdig hält und sie deshalb auf den Sperrmüll wirft, wird es ihm möglicherweise nicht recht sein, wenn jemand anderes die missglückten Werke an sich nimmt und behält. In einem ähnlichen Fall hat jedenfalls das Landgericht Ravensburg entschieden, dass der Künstler vom Müllsammler die Herausgabe der weggenommenen Bilder verlangen konnte[26]. Nur die Müllabfuhr wäre also berechtigt gewesen, sie mitzunehmen. Nicht anders verhält es sich bei anderen höchstpersönlichen Gegenständen wie zum Beispiel Briefen, Bankunterlagen oder Tagebüchern. Wer diese zur Abholung durch die Müllabfuhr bereitstellt, möchte, dass sie auch tatsächlich vernichtet werden. Er will sicher nicht, dass die Nachbarn oder sonst jemand Einblick in die Unterlagen nehmen. Auch in einem solchen Fall kann man daher möglicherweise nicht von einer Eigentumsaufgabe sprechen. Wer die Sachen trotzdem mitnimmt, muss sie auf Verlangen des Eigentümers wieder herausgeben und macht sich gegebenenfalls sogar wegen Diebstahls oder Unterschlagung strafbar.

Das Gleiche gilt übrigens auch für Gegenstände, die zugunsten karitativer Sammelorganisationen an den Straßenrand gestellt werden. Wer zum Beispiel seine gebrauchten Kleider in einen Altkleidersack des Deutschen Roten Kreuzes packt und vor der Haustür zur Abholung durch das DRK abstellt, will nicht, dass andere den Sack durchsuchen und sich den Inhalt einstecken. Wer dies dennoch tut, muss ebenfalls damit rechnen, dass er wegen Diebstahls oder Unterschlagung bestraft werden kann.

Bei Interesse siehe hierzu:
§ 959 BGB (Bürgerliches Gesetzbuch), »Aufgabe des Eigentums«

Spielschulden und Wettschulden

Irrtum:
Spielschulden und Wettschulden muss man bezahlen.

Richtig ist:
Spiel- und Wettschulden sind bestenfalls »Ehren«-Schulden.

Den Spruch »Spielschulden sind Ehrenschulden« haben die meisten zwar schon einmal gehört. Nicht alle aber haben ihn auch verstanden. Denn immer wieder kommt es vor, dass siegreiche Skat- oder Pokerspieler glauben, sie hätten einen Anspruch auf das im Spiel gewonnene Geld. Sie legen den oben zitierten Satz fälschlich so aus, dass Spielschulden *nicht nur* rechtlich verbindlich seien, sondern ihre Begleichung *zusätzlich auch noch* eine Frage der Ehre ist. Bei Wettschulden besteht das gleiche Missverständnis.

Richtig ist: Wett- und Spielschulden sind keineswegs verbindlich. Niemand kann gezwungen werden, Geld zu bezahlen, das er bei einem Glücksspiel oder einer Wette »verloren« hat. Eine entsprechende Klage vor Gericht hätte keine Aussicht auf Erfolg. Wer sich nun bereits die Hände reibt und von seinen Skatkumpels die Rückzahlung des Kleinwagens verlangt, den er im Laufe der letzten Jahre insgesamt verzockt hat, sollte sich jedoch nicht zu früh freuen. Denn Wett- und Spielschulden, die man einmal beglichen hat, kann man nicht mehr zurückfordern. Dass man sie gar nicht erst hätte begleichen müssen, spielt keine Rolle. Was einmal weg ist, ist also weg.

Und wie ist das mit der Ehre? Ob man gleich seine Ehre verliert, wenn man Wett- und Spielschulden nicht begleicht, sei einmal dahingestellt. Denn grundsätzlich ist öffentliches Glücksspiel in Deutschland sogar strafbar, wenn nicht ausnahmsweise eine behördliche Genehmigung (z. B. bei Spielbanken) vorliegt. Und der Begriff »öffentlich« wird sehr weit definiert! Selbst Stammtische, die regelmäßig Glücksspiele veranstalten, gelten als öffentlich. Dabei ist es egal, wo der Stammtisch sich trifft. Sogar Spielrunden im privaten Partykeller können als »öffentliche Veranstaltung« gelten und strafbar sein. Wenn das Gesetz in dieser Frage derart streng ist, muss man sich fragen, ob es wirklich unehrenhaft sein kann, Spielschulden nicht zu bezahlen. Schließlich handelt es sich letztlich um die »Beute« aus einer Straftat.

Im Ergebnis heißt all das: Wer sich nach sechsstündiger erfolgloser Skatklopperei mit den Worten verabschiedet: »War doch nur ein Spiel!« und das verlorene Geld nicht herausrückt, der hat zwar das Recht auf seiner Seite. Auch seine Ehre verliert er möglicherweise nicht. Was er dagegen mit Sicherheit verlieren dürfte, sind ein paar gute Freunde. Ob man dies in Kauf nehmen möchte, hängt natürlich ganz von den Freunden ab.

Bei Interesse siehe hierzu:
§ 762 BGB (Bürgerliches Gesetzbuch), »Spiel, Wette«
§ 284 StGB (Strafgesetzbuch), »Unerlaubte Veranstaltung eines Glücksspiels«

Unverlangt zugesandt

Irrtum:
Unverlangt zugesandte Ware muss man ein halbes Jahr lang aufbewahren.

Richtig ist:
Wer unbestellte Waren erhält, muss sie in der Regel weder aufheben noch zurückgeben.

Unseriöse Unternehmen versuchen mitunter, Verbraucher zu überrumpeln, indem sie ihnen unverlangt Waren zusenden und anschließend in Rechnung stellen. Häufig kommt es auch vor, dass Kündigungen von Probeabonnements einfach nicht zur Kenntnis genommen werden. Der Verbraucher erhält weiterhin die längst abbestellten Zeitschriften, CDs oder Bücher – und natürlich die Rechnungen.

Bis zum 30. Juni 2000 waren Verbraucher in solchen Fällen zwar nicht verpflichtet, die Ware zu bezahlen. Sie mussten sie auch nicht zurückschicken. Sie waren jedoch verpflichtet, die unverlangte Lieferung eine gewisse Zeit lang aufzubewahren. Denn der Versender hatte einen Anspruch darauf, die Waren wieder abholen zu lassen.

Weitgehend unbekannt ist, dass sich die Rechtslage mittlerweile geändert hat. Viele Verbraucher wissen noch nicht, dass unverlangt zugesandte Waren heute sofort weggeworfen werden dürfen, ohne dass der Verbraucher sich schadensersatzpflichtig macht. Sie müssen nicht mehr aufbewahrt werden.

Etwas anderes gilt nur, wenn der Verbraucher hätte erkennen müssen, dass ihm die Ware nur versehentlich geliefert wurde. Ein Beispiel:

Eine Lieferung sollte an August Schmidt in der Schillerstraße 68 gehen. Irrtümlich liefert der Postbote das Paket bei Heinrich Schmidt in der Schillerstraße 86 ab. Heinrich Schmidt erkennt den Fehler. Er darf das Paket in diesem Fall nicht einfach wegwerfen, sondern muss es eine angemessene Zeit lang aufbewahren und dem Absender zurückgeben, wenn dieser es abholen lässt. Was »angemessen« ist, hängt dabei ganz vom Einzelfall ab. Verderbliche Lebensmittel muss man natürlich weniger lang aufbewahren als eine Buchsendung.

Das Gleiche gilt, wenn der Empfänger beim Absender zwar etwas bestellt hat, jedoch etwas anderes geliefert bekommt. Wenn die Ersatzlieferung qualitativ und preislich vergleichbar ist und der Absender darauf hingewiesen hat, dass der Empfänger sie weder annehmen noch die Kosten der Rücksendung tragen muss, dann muss der Empfänger sie aufbewahren und zurückgeben – falls der Absender die Rückgabe verlangt.

Bei Interesse siehe hierzu:
§ 241 a BGB (Bürgerliches Gesetzbuch), »Unbestellte Leistungen«

Zutrittsrecht für Notdurftgeplagte?

Irrtum:
Man muss fremde Menschen, die ein dringendes Bedürfnis plagt, in die Wohnung lassen.

Richtig ist:
Eine Notdurft macht noch keinen Notfall.

Ein besonders skurriles Märchen, das man in unterschiedlichen Versionen immer mal wieder aufgetischt bekommt, ist die Behauptung, man müsse jeden Wildfremden, der an der Haustür klingelt, hereinlassen und ihm die Benutzung der Toilette gestatten, wenn dieser nur ausreichend dringend »muss«. Alles andere sei unterlassene Hilfeleistung.

Zunächst einmal gilt: Die Unverletzlichkeit der Wohnung ist schon in der Verfassung garantiert. Hieran erkennt man bereits den hohen Stellenwert dieses Rechts. Auch Rechtsgüter mit Verfassungsrang haben zwar manchmal hinter anderen Interessen zurückzustehen. Diese Interessen müssen dann jedoch einiges Gewicht haben. Es muss also schon ein echter Unglücksfall vorliegen, bevor man ausnahmsweise verpflichtet ist, fremde Menschen in die Wohnung zu lassen. Wer zum Beispiel beim Blick aus dem Fenster beobachtet, wie jemand auf der Straße brutal zusammengeschlagen wird, der muss dem Verletzten die erforderliche und zumutbare Hilfe zukommen lassen. Er muss mindestens Polizei und Krankenwagen herbeirufen. Er kann aber auch verpflichtet sein, den Verletzten in die Wohnung zu lassen und ihm dort Schutz und Hilfe zu gewähren. Das gilt jedenfalls dann, wenn er sich durch diese Form der Hilfeleistung nicht selbst erheblichen eigenen Gefahren aussetzt, zum Beispiel, weil er befürchten muss, dass die Schläger sich ebenfalls Zutritt zur Wohnung verschaffen. Wer eine erforderliche und zumutbare Hilfe nicht leistet, macht sich in der Tat wegen unterlassener Hilfeleistung strafbar.

Aber wie gesagt: Es muss schon ein Unglücksfall vorliegen. Ob das dringende Bedürfnis, die Notdurft zu verrichten, bereits einen Unglücksfall darstellt, darf wohl bezweifelt werden. Unter einem Unglücksfall wird ein Ereignis verstanden, dass eine erhebliche Gefahr für ein Individualrechtsgut mit sich bringt. Ohne Zweifel ist es eine sehr unangenehme Situation, wenn man die Toilette aufsuchen muss, eine solche jedoch nicht ohne weiteres erreichbar ist. Dem unglücklichen Betroffenen bieten sich dann nur zwei Auswege. Wir wollen nicht unappetitlich werden und diese beiden Möglichkeiten hier allzu plastisch beschreiben. Nur so viel: Ausweg Nr. 1 wird zu einer Verschmutzung mindestens der Unterwäsche des Betroffenen sowie zu Geruchsbelästigungen des Betroffenen und der ihn umgebenden Personen führen. Ausweg Nr. 2 wird möglicherweise die Blicke von Passanten auf sich ziehen, die sich wundern, was dort hinter dem Busch oder in der schlecht beleuchteten Hofeinfahrt eigentlich vor sich geht. Damit hat es sich dann aber auch schon. Die Verunreinigungen, die in beiden Fällen entstünden, ließen sich problemlos wieder entfernen, ohne dauerhafte Schäden zu hinterlassen. Im ersten Fall könnten sämtliche Spuren durch eine gründliche Wäsche beseitigt werden. Im zweiten Fall erledigen – je nach Art und Konsistenz der Verunreinigung – entweder der Regen oder aber ein beherzter Eingriff mit Handfeger und Schaufel die Arbeit. Schön ist das alles sicher nicht, aber es führt auch nicht zu ernsthaften Schäden. Man wird daher wohl resümieren dürfen: Eine Notdurft macht noch keinen Notfall und Harndrang bricht nicht Hausrecht. Niemand muss Hinz und Kunz in die Wohnung lassen, nur weil diese ein dringendes Bedürfnis plagt.

Bei Interesse siehe hierzu:
Art. 13 Abs. 1 GG (Grundgesetz), »Unverletzlichkeit der Wohnung«
§ 323c StGB (Strafgesetzbuch), »Unterlassene Hilfeleistung«

Strafrecht

Abschließen des Autos

Irrtum:
Ob ich mein geparktes Auto oder Motorrad abschließe oder nicht, ist meine Privatsache.

Richtig ist:
Geparkte Kraftfahrzeuge müssen gegen unbefugte Benutzung gesichert werden.

Ein Auto oder Motorrad schließt man ab, um es vor Diebstahl zu schützen. Ob man das Fahrzeug unverschlossen stehen lässt und so das Diebstahlsrisiko eingeht oder ob man es sichert, ist also jedem selbst überlassen – könnte man meinen.

So ist es aber nicht. Führer eines Kraftfahrzeugs sind verpflichtet, alle vorgeschriebenen und vorhandenen Sicherungen zu betätigen, wenn sie ihr Fahrzeug auf einer jedermann zugänglichen Fläche unbewacht abstellen.[27] Das gilt übrigens auch für Cabrios. Die Beobachtung des Fahrzeugs beispielsweise aus dem Friseurladen während des Haareschneidens gilt dabei nicht als Bewachung.[28]

Nur wenigen ist diese Regelung bekannt. Sie wurde in die Straßenverkehrsordnung aufgenommen, weil es eben nicht nur den Fahrer etwas angeht, wenn sein Fahrzeug gestohlen wird. Es muss vielmehr auch im Interesse der Allgemeinheit verhindert werden, dass Personen im Straßenverkehr herumfahren, die zum Beispiel alkoholisiert sind oder gar keine Fahrerlaubnis besitzen.

Aus diesem Grund kann nachlässigen Fahrern, die ihr Kfz ungesichert stehen lassen, ein Bußgeld auferlegt werden. Das Fahrzeug kann unter Umständen sogar kostenpflichtig abgeschleppt werden.[29] Außerdem muss der Halter für Schäden haften, die ein Dieb bei seiner Schwarzfahrt anrichtet, falls das Fahrzeug durch sein Verschulden nicht ausreichend gesichert war.

Bei Interesse siehe hierzu:
§ 14 Abs. 2 StVO (Straßenverkehrsordnung), »Sorgfaltspflichten beim Ein- und Aussteigen«
§ 7 Abs. 3 StVG (Straßenverkehrsgesetz), »Haftung des Fahrzeughalters«

Anzeigepflicht bei Straftaten

Irrtum:
Jeder ist verpflichtet, Straftaten anzuzeigen, von denen er erfährt.

Richtig ist:
Eine Anzeigepflicht bei Straftaten existiert nicht.

Viele wird dies überraschen: Wer Zeuge eines Mordes wurde, ist nicht verpflichtet, diese Straftat anzuzeigen. Es ist zwar lobenswert, wenn Menschen Verantwortung für das Gemeinwesen übernehmen, indem sie aufeinander achten und nicht wegschauen, wenn Straftaten begangen werden. Es ginge jedoch zu weit, Bürgern eine entsprechende Verpflichtung aufzuerlegen. Die Verfolgung von Straftaten ist eine ausschließliche Aufgabe des Staates. Einem friedlichen und vertrauensvollen Zusammenleben der Menschen wäre es nicht dienlich, wenn zum Beispiel auch Nachbarn oder Verwandte per Gesetz gezwungen würden, sich gegenseitig zu denunzieren. Selbst bei schwersten Straftaten wie Mord oder Totschlag besteht daher keine Pflicht, eine bereits begangene Tat anzuzeigen.

Etwas anderes gilt, wenn die Tat noch nicht oder jedenfalls noch nicht vollständig ausgeführt ist. Wenn man die Möglichkeit hat, die Ausführung zum Beispiel eines Mordes, eines Raubes oder einer Geldfälschung noch zu verhindern, ist man verpflichtet, die Strafverfolgungsbehörden oder den von der Straftat Bedrohten zu informieren. Aber selbst diese Verpflichtung besteht nur bei besonders schwerwiegenden Delikten wie den oben genannten. Wer von einem geplanten Ladendiebstahl Kenntnis erlangt, verhält sich daher zwar unmoralisch, wenn er dies für sich behält, er kann jedoch nicht für sein Schweigen bestraft werden.

Selbst für Polizisten und Staatsanwälte, die beruflich mit der Verfolgung von Straftaten betraut sind, gilt, dass sie nicht jede Straftat zur Anzeige bringen bzw. verfolgen müssen. Taten, die ihnen auf privatem Wege bekannt geworden sind, müssen sie nur bei überwiegendem öffentlichem Interesse verfolgen. Wenn sie Zeuge eines Mordes werden, müssen sie ihn also anzeigen. Einen Schwarzfahrer dagegen dürfen sie unbehelligt lassen.

Bei Interesse siehe hierzu:
§ 138 StGB (Strafgesetzbuch), »Nichtanzeige geplanter Straftaten«

Beamtenbeleidigung

Irrtum:
Wer einen Polizisten beschimpft, macht sich wegen Beamtenbeleidigung strafbar.

Richtig ist:
Das Delikt der »Beamtenbeleidigung« gibt es nicht.

In der Presse war 2003 zu lesen, der Fußballspieler Stefan Effenberg habe vom Amtsgericht Braunschweig einen Strafbefehl wegen des Delikts der »Beamtenbeleidigung« erhalten. Immerhin 100 000 Euro kostete ihn danach die Beschimpfung eines Polizisten bei einer Verkehrskontrolle als »A...«. Herr Effenberg will dagegen »Schönen Abend noch!« zu dem Polizisten gesagt haben.

Welche Worte Effenberg wirklich gewählt hat, sei einmal dahingestellt. Fest steht jedoch, dass er mit Sicherheit keinen Strafbefehl wegen »Beamtenbeleidigung« bekommen hat. Denn diesen Straftatbestand gibt es gar nicht.

Beamte sind Menschen wie jeder andere auch. Ihre Ehre ist nicht mehr und nicht weniger schützenswert als die von nicht beamteten Personen. Deshalb macht es auch juristisch keinen Unterschied, ob man einen Beamten, einen Bäcker oder eine Blumenhändlerin beschimpft. In allen Fällen begeht der Täter das gleiche Delikt – eine ganz gewöhnliche Beleidigung. Der Begriff der »Beamtenbeleidigung« ist daher ebenso unsinnig wie überflüssig. Wenn Herr Effenberg in seinen Strafbefehl blickt, wird er dieses Wort dort nicht vorfinden. Er wird vielmehr nachlesen können, dass ihm schlicht »Beleidigung« vorgeworfen wurde.

Die weitverbreitete Fehleinschätzung, es sei besonders verwerflich, einen Beamten zu beleidigen, hat ihre Ursache vermutlich in dem erhöhten Respekt, der Beamten – jedenfalls früher einmal – entgegengebracht wurde. Die Beleidigung eines Beamten stellte im Mittelalter die Verletzung eines höheren »persönlichen Sonderfriedens« dar. Vor allem niedere Beamte wie Stadtknechte und Marktschauer waren bei der Ausübung ihres Amtes üblen Beschimpfungen ausgesetzt. Davor sollten sie geschützt werden. Wer sie beleidigte, wurde härter bestraft als die Beleidiger von »gewöhnlichen« Personen.[30]

Am Leben gehalten wird das Märchen von der Beamtenbeleidigung heute vielleicht auch dadurch, dass Beamte möglicherweise eher dazu neigen, Beleidigungsdelikte anzuzeigen. Polizeibeamte zum Beispiel befassen sich schon beruflich mit der Verfolgung von Straftaten. Eine Strafanzeige können sie schnell und unproblematisch am Arbeitsplatz selbst abfassen. Außerdem sind sie es heute, die sich im Dienst besonders häufig beschimpfen lassen müssen. All dies zusammengenommen mag bei ihnen zu einer erhöhten Anzeigenbereitschaft führen, wie auch Herr Effenberg erfahren durfte.

Bei Interesse siehe hierzu:
§ 185 StGB (Strafgesetzbuch), »Beleidigung«

Bierdeckel als Urkunde?

Irrtum:
Nur förmliche Dokumente von hoher Wichtigkeit sind Urkunden im Rechtssinne.

Richtig ist:
Selbst Bierdeckel können Urkunden sein.

Die vieldiskutierte Steuererklärung auf dem Bierdeckel ist zwar leider nie Realität geworden, dennoch darf man die Bedeutung dieses scheinbar profanen Stückes Filz für den Rechtsverkehr nicht unterschätzen. Den wenigsten Menschen ist klar, dass es sich bei Bierdeckeln um echte Urkunden im Rechtssinne handelt. Das gilt jedenfalls dann, wenn sie auf einem Kneipentisch liegen und dem Kellner dazu dienen, darauf die Zahl der getrunkenen Biere zu notieren.

Bierdeckel als Urkunde? 163

Nun sind die Bleistiftstriche, mit denen dies geschieht, manchmal recht dünn. Wenn man nur ein bisschen über den Bierdeckel reibt, kann es sein, dass sie wie von Zauberhand verschwinden – vor allem, wenn der Deckel bereits durch heruntergelaufenen Schaum triefend nass ist. Wer dem Kellner ganz bewusst einen derart manipulierten Bierdeckel vorlegt und auf diese Weise einen Teil der Zeche prellt, macht sich selbstverständlich wegen Betruges strafbar. Das dürfte noch jedem einleuchten. Die wenigsten wissen jedoch, dass bereits das bloße Herummanipulieren an dem Bierdeckel eine Straftat, nämlich eine Urkundenfälschung ist. Schon bevor man dem Kellner den Bierdeckel gibt, hat man sich also strafbar gemacht. Denn es ist ein Irrtum, zu glauben, dass nur hochförmliche Dokumente wie Zeugnisse oder notariell beurkundete Kaufverträge Urkunden sind. Es braucht auch keine Stempel, Siegel, Unterschriften oder Ähnliches, um aus einem Stück Papier – oder eben Filz – eine Urkunde zu machen. Vielmehr ist jeder Schmierzettel dann eine Urkunde, wenn er eine »*allgemein verständliche verkörperte Gedankenerklärung, die zum Beweis im Rechtsverkehr geeignet und bestimmt ist und ihren Aussteller erkennen lässt*«, darstellt. Diese reichlich sperrige Definition umfasst auch Bierdeckel, denn auch sie sind dazu geeignet und bestimmt, im Rechtsverkehr einen Beweis zu erbringen – nämlich über die Zahl der Getränke, die jemand bestellt hat und somit bezahlen muss. Und ihr Aussteller ist auch erkennbar – nämlich der Wirt der Kneipe.

Wer also ein solches Dokument fälscht, begeht eine Urkundenfälschung, die mit Freiheitsstrafe bis zu fünf Jahren bestraft werden kann. Und wenn alle am Tisch mitmachen, und zwar in großem Stil und immer wieder, dann können sogar bandenmäßige Urkundenfälschung und bandenmäßiger Betrug vorliegen, für die man zwischen sechs Monaten und zehn Jahren hinter Gitter wandert. Darüber sollte man sich im Klaren sein, wenn man das nächste Mal scheinbar gedankenverloren auf seinem Bierdeckel herumreibt.

Bei Interesse siehe hierzu:
§ 263 StGB (Strafgesetzbuch), »Betrug«
§ 267 StGB, »Urkundenfälschung«

Drogenkonsum strafbar?

Irrtum:
Drogenkonsum ist verboten.

Richtig ist:
Der Konsum von Betäubungsmitteln ist erlaubt.

Drogenkonsum ist nicht verboten und war es auch noch nie. Wer bisher etwas anderes geglaubt hat, der irrt. Der Konsum selbst von harten Drogen wie Heroin und Kokain ist vollkommen legal, weil der Staat Selbstgefährdungen im Allgemeinen nicht bestraft. Das leuchtet ein. Denn wenn es in Deutschland nicht einmal strafbar ist, sich selbst zu töten (bzw. es zu versuchen), dann kann natürlich erst recht nicht belangt werden, wer seine Gesundheit und sein Leben durch kiffen und fixen »nur« gefährdet.

Strafbar ist allerdings so gut wie alles andere, was man mit Drogen tun kann. Dazu gehören zum Beispiel Anbau, Herstellung, Handel, Einfuhr, Ausfuhr, Veräußerung, Abgabe, Erwerb und Besitz illegaler Betäubungsmittel ohne schriftliche Genehmigung ihres Erwerbs. Auch jede sonstige Art, sich Drogen zu verschaffen oder sie in den Verkehr zu bringen, ist verboten.

Wenn man sich diese Liste ansieht, stellt man sich unwillkürlich die Frage, wie es möglich sein soll, eine Droge straflos zu konsumieren, wenn man sie vorher weder besessen noch sie sich verschafft haben darf.

In der Tat ist das nur in sehr wenigen Fällen möglich. Wer sich zum Beispiel einen Joint reichen lässt und ihn sofort raucht, »verschafft sich« die Zigarette nicht und besitzt sie auch nicht. Er konsumiert sie nur und ist deshalb straflos. Problematischer wird es bei den beliebten Kifferrunden, in denen Joints reihum von einem zum Nächsten weitergereicht werden. Strafbar macht sich in diesen Fällen auf jeden Fall der Gastgeber, der die Drogen angeschafft hat und sie der Runde zur Verfügung stellt. Strafbar macht sich in den meisten Fällen auch, wer den Joint nicht komplett selbst raucht, sondern ihn in der Runde weiterreicht. Wer sich besonders rechtstreu verhalten will, sollte die Weitergabe des Joints daher mit der Begründung ablehnen: »Tut mir leid, ich mache mich strafbar, wenn ich die Zigarette weiterreiche. Ich muss sie selbst zu Ende rauchen.«

Fast alle Handlungen im Zusammenhang mit illegalen Drogen können also grundsätzlich bestraft werden. Das Bundesverfassungsgericht hat allerdings entschieden, dass die Strafverfolgungsorgane grundsätzlich davon abzusehen haben, Verhaltensweisen zu verfolgen,

> »... die ausschließlich den gelegentlichen Eigenverbrauch geringer Mengen von Cannabisprodukten vorbereiten und nicht mit einer Fremdgefährdung verbunden sind ...«[31]

Was unter einer »geringen Menge Cannabis« zu verstehen ist, lässt sich nicht allgemein gültig sagen. Sowohl die Menge als auch die Qualität der Drogen spielen eine Rolle. Als Faustformel kann man sich jedoch merken, dass maximal drei sogenannte Konsumeinheiten von insgesamt nicht mehr als sechs

Gramm selbst im strengen Bayern noch als geringe Menge durchgehen – und zwar unabhängig vom THC-Wirkstoffgehalt der Droge.[32]

Aber wie gesagt: Theoretisch strafbar ist es auch, nur ein einziges Gramm Haschisch zu besitzen. Die Strafverfolgung wird dann lediglich »in der Regel« eingestellt. Das heißt aber nicht, dass die Regel keine Ausnahmen zulässt. Wer zum Beispiel immer wieder wegen Drogendelikten aufgefallen ist, kann irgendwann auch wegen des Besitzes geringer Mengen bestraft werden.

Bei Interesse siehe hierzu:
§ 29 BtMG (Betäubungsmittelgesetz), »Straftaten«

Duz-Verbot

Irrtum:
Unerlaubtes Duzen ist eine Beleidigung.

Richtig ist:
Es gibt kein generelles Duz-Verbot.

Immer wieder hört man, unerlaubtes Duzen – vor allem von Polizisten – sei in jedem Fall eine strafbare Beleidigung. Tatsache ist jedoch: Es gibt kein generelles Duz-Verbot, auch nicht in Bezug auf Polizisten. Unerwünschtes Duzen kann also keineswegs immer bestraft werden. Zu einer Beleidigung wird es erst dann, wenn man dem Angesprochenen gerade durch die Verwendung der Anrede »Du« seine »Missachtung oder Nichtachtung kundtun« will. Denn das ist die juristische Definition einer Beleidigung. Für die Praxis heißt das: Der Ton macht die Musik.

Wer einen Polizisten bei der Verkehrskontrolle abschätzig von oben herab anblickt und ihn mit gerümpfter Nase fragt: »Was willst DU denn?«, wird zu Recht eine Bestrafung wegen Beleidigung des Beamten (nicht wegen »Beamtenbeleidigung«; vgl. hierzu S. 171) zu befürchten haben. Wem das Du jedoch im Rahmen einer nicht allzu unfreundlichen Konversation herausrutscht, ohne dass der Eindruck entsteht, der Polizist solle dadurch angegriffen werden (»Och, kannste nicht noch mal 'ne Ausnahme machen? Ich tu's auch nicht wieder!«), wird auf mehr Verständnis hoffen können. Ein Vorteil kann es auch sein, wenn die Unterhaltung im Dialekt geführt wird. Denn in vielen Mundarten ist das »Du« die übliche Anrede und daher per se nicht beleidigend gemeint. Einfacher haben es auch Menschen, die prinzipiell jeden duzen. Quasi einen Freifahrtschein zum straflosen Duzen hat daher Musikproduzent Dieter Bohlen attestiert bekommen. Er wurde vom Amtsgericht Hamburg freigesprochen, nachdem er sich bei einem Polizisten per Du über ein Knöllchen am falsch geparkten Auto aufgeregt hatte. Das Gericht meinte:

> *»Das Duzen des Polizeibeamten ist unter Berücksichtigung des Umstands, dass Herr Bohlen augenscheinlich ein gleiches Verhalten bei öffentlichen Auftritten an den Tag legt und das Duzen zu seinen normalen Umgangsformen gehört, nur als Unhöflichkeit ohne ehrverletzenden Inhalt zu werten.«*

Auch im Job gilt übrigens: Ein Arbeitnehmer hat nicht unbedingt Anspruch darauf, gesiezt zu werden. So unterlag ein 45-jähriger Abteilungsleiter beim Textilhandelsunternehmen H&M vor dem Landesarbeitsgericht Hamm. Das Gericht entschied, dass er sich von seinen Kollegen weiter duzen lassen müsse. Weder liege eine Beleidigung noch ein Eingriff in das allgemeine Persönlichkeitsrecht vor. Immerhin habe die gesamte

Belegschaft mit Zustimmung des Betriebsrats das generelle »Firmen-Du« beschlossen. Dies habe auch der Abteilungsleiter zunächst 22 Monate lang akzeptiert.[33]

Damit ist klar: Ob ein »Du« als Beleidigung zu werten ist oder nicht, hängt nicht davon ab, ob der Geduzte die Anrede als störend empfindet. Entscheidend ist nur, ob das »Du« auch tatsächlich als Beleidigung gemeint ist. Daher kann man in rechtlicher Hinsicht auch niemandem das »Du« wieder entziehen. Wer jemanden duzt, der nicht geduzt werden will, ist nur unhöflich, aber nicht in jedem Fall gleich ein Straftäter.

Bei Interesse siehe hierzu:
§ 185 StGB (Strafgesetzbuch), »Beleidigung«

Cannabis

Irrtum:
Besitz, Erwerb, Import etc. von bis zu 10 Gramm Cannabis sind legal.

Richtig ist:
Ob ein strafbares Drogendelikt vorliegt oder nicht, hängt nicht nur von der Menge der Drogen ab.

Ein bei Kiffern beliebtes Märchen lautet: »Bis zu zehn Gramm Gras darf ich haben, da kann mir nichts passieren.«

Ursache dieses Missverständnisses ist eine Entscheidung des Bundesverfassungsgerichts. Das Gericht bestimmte 1994, dass Polizei und Staatsanwaltschaften Drogendelikte nicht mehr verfolgen sollen, wenn es ausschließlich um den gelegentlichen Gebrauch geringer Mengen von Cannabisprodukten geht[34].

Dass eine Tat nicht mehr verfolgt werden soll, heißt aber noch lange nicht, dass sie deswegen legal ist. Anbau, Einfuhr, Besitz, Erwerb, Abgabe und alles andere, was man mit Drogen machen kann, ist immer eine Straftat. Einzige Ausnahme ist der Konsum der Droge selbst. Dieser ist immer erlaubt, egal, was und wie viel man konsumiert (siehe dazu *Drogenkonsum strafbar?*).

Nur bei jemandem, der sich gelegentlich geringe Mengen Cannabis zum Eigenkonsum verschafft, wird in der Regel von der Strafverhängung abgesehen. Was aber ist eine geringe Menge? Jedenfalls nicht pauschal »10 Gramm«. Denn entscheidend ist nicht allein das Gewicht, sondern vor allem der Wirkstoffgehalt der Droge, also ihr THC-Anteil. 30 Gramm eines fast wirkungslosen Krautes können also durchaus noch eine geringe Menge sein. Wer dagegen das Pech hat, mit Cannabis von sehr guter Qualität erwischt zu werden, der sollte nicht mehr als drei Konsumeinheiten, also maximal sechs Gramm, dabeihaben.

Wo genau die Grenze gezogen wird, hängt jedoch auch davon ab, in welchem Bundesland das Strafverfahren läuft. Hier ist ein gewisses Nord-Süd-Gefälle zu beobachten; das heißt, in Bremen mag der Täter im Einzelfall auf etwas größere Milde hoffen können als zum Beispiel in Bayern.

Einige Staatsanwaltschaften machen sich diesen Umstand zunutze und stellen zum Beispiel bayerische Täter, die an der nordrhein-westfälisch-niederländischen Grenze aufgegriffen werden, vor die Wahl: Entweder die Täter kooperieren und nennen zum Beispiel Auftraggeber und Abnehmer der geschmuggelten Drogen, dann wird das Strafverfahren am Tatort, also in Nordrhein-Westfalen geführt. Alternativ gibt es auch die Möglichkeit, ein solches Strafverfahren am Wohnort der Täter zu führen. Manch bayerischer Täter wird angesichts dieser Aussicht erstaunlich auskunftsfreudig.

Bei Interesse siehe hierzu:
§ 29 BtMG (Betäubungsmittelgesetz), »Straftaten«

Erste Hilfe am Unfallort

Irrtum:
Wer keine Erste-Hilfe-Ausbildung hat, muss bei einem Unfall nicht helfen.

Richtig ist:
Jeder muss bei einem Unglücksfall helfen.

Wenn es im Straßenverkehr zu einem Unfall kommt, glauben erstaunlich viele Menschen, sie seien nicht zur Hilfe verpflichtet, weil sie nicht über eine Erste-Hilfe-Ausbildung verfügen. Sie meinen also, ihr Nichtwissen, was bei einem Unfall zu tun ist, befreie sie von jeder Verantwortung.

Dieser Rechtsirrtum kann nicht nur zu einer Verurteilung wegen unterlassener Hilfeleistung führen, sondern er ist vor allem auch gefährlich für den Verunglückten. Selbstverständlich ist jeder Mensch verpflichtet, anderen Menschen in Unglücksfällen zumutbare Hilfe zu leisten. Zumutbar wird es immer sein, den Notruf 112 zu wählen und auf diese Weise professionelle Hilfe herbeizuholen. Darüber hinaus ist man jedoch auch ohne Erste-Hilfe-Ausbildung verpflichtet, dem Verunglückten auch vor Ort die Hilfe zu leisten, die man leisten kann. Und das ist oft mehr, als mancher ahnt. Jegliche Scheu ist hier also fehl am Platze.

Übrigens ist Erste Hilfe gar nicht so schwierig zu erlernen. Im Internet – zum Beispiel auf der Internetseite des Deutschen Roten Kreuzes (www.drk.de) – sind die wichtigsten Maßnahmen übersichtlich erklärt. In wenigen Minuten kann man hier das Wissen erwerben, mit dem man dann vielleicht einmal ein Leben retten kann – eventuell sogar das Leben eines Angehörigen.

Bei Interesse siehe hierzu:
§ 323c StGB (Strafgesetzbuch), »Unterlassene Hilfeleistung«

Fahrerflucht I

Irrtum:
Nach einem Unfall reicht ein Zettel an der Windschutzscheibe, um nicht wegen Fahrerflucht bestraft zu werden.

Richtig ist:
Der Unfallbeteiligte muss eine angemessene Zeit auf jemanden warten, der bereit ist, seine Personalien festzustellen.

Das vom Volksmund als »Fahrerflucht« oder auch als »Unfallflucht« bezeichnete Delikt heißt korrekt »Unerlaubtes Entfernen vom Unfallort«. Die entsprechende Vorschrift bestraft unter anderem jeden Unfallbeteiligten, der sich vom Unfallort entfernt, ohne dort eine angemessene Zeit gewartet zu haben, während der sich jemand hätte bereit finden können, seine Person, sein Fahrzeug und die Art seiner Unfallbeteiligung festzustellen.

So weit die Theorie. Aber was bedeutet das in der Praxis?

Noch immer glauben viele, es genüge, wenn man nach einem Unfall mit einem parkenden Fahrzeug einfach seine Visitenkarte oder einen Zettel an der Windschutzscheibe hinterlässt, auf dem Name und Adresse festgehalten sind. Man kann es daher gar nicht oft und deutlich genug wiederholen: Ein Zettel an der Windschutzscheibe genügt *nicht*!

Wer an einem Unfall beteiligt ist, muss vielmehr auf jeden Fall eine angemessene Zeit am Unfallort warten. Was eine »angemessene Zeit« ist, lässt sich nicht allgemein gültig sagen. Es hängt zum Beispiel von der Tages- oder Nachtzeit, der Schwere des Unfalls und anderen Faktoren ab. Von wenigen Minuten (bei geringer Beschädigung des geparkten Autos des Nachbarn) bis zu mehreren Stunden (zum Beispiel bei Unfällen mit Toten) wird alles vertreten.[35] Wenn also niemand vor Ort bereit ist, die Personalien des Unfallbeteiligten festzustellen, dann sollte er so schnell wie möglich die Polizei rufen und ihr gegenüber die erforderlichen Angaben machen. Anderenfalls läuft er Gefahr, wegen unerlaubten Entfernens vom Unfallort bestraft zu werden.

Am Unfall beteiligt und damit wartepflichtig ist übrigens nicht nur der Fahrer des Unfallfahrzeugs. Vielmehr gilt jeder als Unfallbeteiligter, dessen Verhalten zur Verursachung des Unfalls beigetragen haben kann. Das kann zum Beispiel auch der Beifahrer sein, der den Fahrer vor dem Unfall abgelenkt hat. Auch ein Fußgänger, der plötzlich auf die Straße läuft und so einen Unfall provoziert, ist natürlich ein Unfallbeteiligter und muss warten.

Bei Interesse siehe hierzu:
§ 142 StGB (Strafgesetzbuch), »Unerlaubtes Entfernen vom Unfallort«
§ 34 Abs. 1 Nr. 5–7 StVO (Straßenverkehrsordnung), »Unfall«

Fahrerflucht II

Irrtum:
Nur Fahrer, die einen Unfall verschuldet haben, können sich wegen »Fahrerflucht« strafbar machen.

Richtig ist:
Jeder Unfallbeteiligte muss am Unfallort bleiben, auch wenn seine Schuld nicht feststeht.

Dass nicht nur Fahrer sich wegen »Fahrerflucht« strafbar machen können, sondern zum Beispiel auch Beifahrer oder Fußgänger, wurde bereits im *Neuen Lexikon der Rechtsirrtümer* aufgeklärt. Aber noch eine weitere Ausrede hören Strafrichter immer wieder, wenn jemand vor ihnen steht, der wegen dieses Delikts angeklagt ist: »*Aber ich hatte doch gar keine Schuld an dem Unfall. Dann muss ich doch auch nicht warten!*« Irrtum! Denn jeder Unfallbeteiligte muss am Unfallort warten und es ermöglichen, dass seine Personalien festgestellt werden. Ob er Schuld an dem Unfall hat oder nicht, spielt keine Rolle. Denn wer will diese Frage am Unfallort schon zuverlässig beurteilen? Die Schuldfrage muss später der Richter klären. Erst einmal haben *alle* Unfallbeteiligten am Unfallort zu bleiben, damit überhaupt gründlich untersucht werden kann, was eigentlich passiert ist. Und als Unfallbeteiligter gilt man schon dann, wenn man nur möglicherweise zum Unfall beigetragen haben könnte. Das galt zum Beispiel für einen Monteur, der bei einer Reparatur einen Fehler gemacht hatte. Der Mann saß als Beifahrer im Unfallwagen, und da nicht auszuschließen war, dass sein Reparaturfehler den Unfall verursacht hatte, musste er erst einmal an der Unfallstelle warten.[36] Er durfte also nicht einfach gehen und darauf verweisen, dass er weder selbst gefahren war noch den Fahrer abgelenkt hatte. Selbst wenn sich später herausgestellt haben sollte, dass sein Reparaturfehler rein gar nichts mit dem Unfall zu tun hatte, hat er sich strafbar gemacht. Denn die bloße Möglichkeit einer Mitursächlichkeit reichte hierfür schon aus.

Fazit: Wer in einen Unfall verwickelt wird, bleibt im Zweifel lieber am Unfallort, bis die Polizei seine Personalien aufgenommen hat. Wenn die nicht ganz entfernte Möglichkeit besteht, dass man mit dem Geschehen etwas zu tun habe, riskiert man eine Bestrafung, wenn man einfach verschwindet, ohne die Feststellung seiner Identität zu ermöglichen.

Bei Interesse siehe hierzu:
§ 142 StGB (Strafgesetzbuch), »Unerlaubtes Entfernen vom Unfallort«

Kuppelei

Irrtum:
Kuppelei ist heute nicht mehr strafbar.

Richtig ist:
Auch heute noch kann »Kuppelei« in bestimmten Fällen bestraft werden.

Im Jahre 1954 musste der Bundesgerichtshof (BGH) über die Rechtsfrage entscheiden, in welchen Fällen »Kuppelei gegenüber Verlobten« strafbar ist. Folgendes war geschehen:

Eine 20-jährige Frau war von ihrem Verlobten im achten Monat schwanger. Der Mann wollte sich von seiner ersten Frau scheiden lassen und seine neue Partnerin heiraten. Die Mutter der jungen Frau stand der geplanten Heirat zunächst ablehnend gegenüber. Sie stellte ihre Bedenken erst zurück, nachdem der Pfarrer ihr erklärt hatte, dass auch eine kirchliche Eheschließung möglich sein werde. Trotzdem duldete die Mutter zunächst nicht, dass der Verlobte im Zimmer ihrer Tochter übernachtete. Sie gestattete nur Besuche am Tag und gegen Abend. Erst nach der Scheidung des Mannes von seiner ersten Frau erlaubte die Mutter, dass er eine Nacht bei ihrer Tochter – also seiner zukünftigen Ehefrau – verbringen dürfe.

Die ganze Sache flog auf, und die Mutter wurde wegen Kuppelei strafrechtlich verurteilt. Der Große Senat für Strafsachen des BGH bestätigte, dass das Verhalten des verlobten Paares gegen die geschlechtliche Zucht verstoßen habe. Sie hätten erst nach der Hochzeit miteinander verkehren dürfen. Das Gericht bestätigte außerdem, dass Eltern nur in unzumutbaren Ausnahmesituationen straflos ausgehen, wenn sie dulden, dass zwei Verlobte im selben Zimmer übernachten.[37]

Die Entscheidung erlangte traurige Berühmtheit als ein Paradebeispiel für die unglaublichen Moralvorstellungen der fünfziger Jahre. Heute sind derart haarsträubende Urteile natürlich nicht mehr möglich. Der Kuppeleitatbestand wurde im Jahre 1973 aus dem Strafgesetzbuch entfernt.

So weit ist den meisten die aktuelle Rechtslage bekannt. Denn wie wohl jeder weiß, ist das Sexualstrafrecht als Folge der sogenannten sexuellen Revolution erheblich liberalisiert worden. Weit weniger bekannt ist jedoch, dass bestimmte Formen der Kuppelei auch heute noch strafbar sind, auch wenn sie nicht mehr ausdrücklich unter diesen Begriff gefasst werden.

So ist es zum Beispiel verboten, Jugendlichen unter 18 Jahren eine Wohnung zu vermieten, wenn anzunehmen ist, dass sie dort als Prostituierte arbeiten werden. Der Vermieter macht sich ansonsten wegen Ausbeutung von Prostituierten strafbar.

Noch strenger ist das Gesetz, sobald Minderjährige unter 16 Jahren betroffen sind. Wer Jugendlichen unter 16 Jahren die

Gelegenheit gewährt, sexuelle Handlungen an anderen vorzunehmen, macht sich strafbar. Ein Lehrer darf einen 15-jährigen Schüler während einer Klassenfahrt also nicht im Zimmer der gleichaltrigen Freundin unterbringen. Er könnte nämlich sonst wegen der Förderung sexueller Handlungen Minderjähriger belangt werden.

Für Eltern gelten weniger strenge Regeln. Sie stehen nicht gleich mit einem Bein im Gefängnis, wenn sie ihrem minderjährigen Nachwuchs erlauben, den Freund oder die Freundin bei sich übernachten zu lassen. Denn ihnen wird ein gewisses Verantwortungsbewusstsein zugetraut.

Eltern machen sich erst dann strafbar, wenn sie durch ihre Erlaubnis ihre »Erziehungspflicht gröblich verletzen«. In der juristischen Literatur wird teilweise allen Ernstes vertreten, dass dies zum Beispiel dann der Fall sein soll, wenn sie dulden, dass ihre Kinder sich »pervers oder homosexuell betätigen« oder wenn sie der Tochter »wechselnden Geschlechtsverkehr« gestatten.[38]

Das Gesetz selbst definiert dagegen nicht genau, wann eine »gröbliche Verletzung der Erziehungspflicht« vorliegt. Und das ist wohl auch sinnvoll. Denn auf diese Weise bleibt den Gerichten ein gewisser Spielraum, ihre Rechtsprechung den sich ändernden Moralvorstellungen im Bereich der Sexualität anzupassen. Und den Eltern bleibt es erspart, regelmäßig kontrollieren zu müssen, ob ihr Nachwuchs auch ja keine »perversen« Handlungen vornimmt, sondern nur anständigen heterosexuellen Geschlechtsverkehr mit nicht zu oft wechselnden Sexualpartnern praktiziert.

Bei Interesse siehe hierzu:
§ 180 StGB (Strafgesetzbuch), »Förderung sexueller Handlungen Minderjähriger«
§ 180a Abs. 2 StGB, »Ausbeutung von Prostituierten«

Heimliche Tonbandaufnahmen

Irrtum:
Heimliche Tonbandaufnahmen sind sehr nützliche Beweismittel.

Richtig ist:
Heimliche Tonbandaufnahmen sind als Beweismittel in aller Regel nicht verwertbar.

Immer wieder kommt es vor, dass Mandanten bei ihrem Anwalt erscheinen und ihm versteckt gemachte Tonbandaufnahmen präsentieren, mit denen sie zum Beispiel beweisen wollen, dass ihr Nachbar sie ständig unflätig beleidigt. Andere schneiden heimlich Telefongespräche mit, um so zum Beispiel belegen zu können, dass der Gesprächspartner ihnen Geld schuldet. Und nun solle der Anwalt mal schön Anzeige erstatten oder klagen – Beweismittel genug habe er ja jetzt.

Ganz so einfach ist es jedoch nicht. Wer heimlich das nicht öffentlich gesprochene Wort eines anderen auf einen Tonträger aufnimmt, macht sich strafbar. Der entsprechende Tatbestand im Strafgesetzbuch heißt »Verletzung der Vertraulichkeit des Wortes«. Selbst Richter, Staatsanwaltschaft und Polizei dürfen Gespräche nur unter strengen Voraussetzungen abhören und aufzeichnen. Nur schwere Straftaten, die im Gesetz ausdrücklich aufgezählt sind, können solche Maßnahmen rechtfertigen.

Das rechtswidrige Anfertigen von Tonaufnahmen ist nicht nur strafbar. Es ist obendrein auch noch völlig nutzlos. Denn vor Gericht dürfen rechtswidrig angefertigte Tonaufnahmen des nicht öffentlich gesprochenen Wortes nicht verwertet werden. Der Richter muss so tun, als gebe es die Aufnahme gar nicht. Wenn es außer der Aufnahme keine weiteren Beweismittel gibt, sind ihm daher die Hände gebunden. Für die oben genannten

Beispiele heißt das: Der wegen Beleidigung angeklagte Nachbar muss freigesprochen und der säumige Schuldner kann nicht zur Zahlung verurteilt werden.

Wie so viele Irrtümer beruht wohl auch die falsche Vorstellung von der Verwertbarkeit heimlicher Tonaufnahmen auf dem Konsum amerikanischer Filme und Fernsehsendungen. Zahlreiche Grundrechte und Freiheiten, die in Europa selbstverständlich sind, gelten in den USA gar nicht oder nur in sehr eingeschränktem Maße. Dies gilt auch für den Schutz jedes Bürgers vor der Verletzung der Vertraulichkeit des Wortes.

Bei Interesse siehe hierzu:
§ 201 StGB (Strafgesetzbuch), »Verletzung der Vertraulichkeit des Wortes«

Kampfsportarten

Irrtum:
Kampfsportarten darf man zur Selbstverteidigung nur anwenden, wenn man den Gegner vorher warnt.

Richtig ist:
Eine Vorwarnpflicht für Kampfsportler gibt es nicht.

Kampfsportler erklären anderen häufig mit wichtiger Miene, dass sie ihre furchtbar gefährlichen Kampfkünste im Ernstfall nur anwenden dürfen, wenn sie den Gegner vorwarnen («»Vorsicht, ich kann Karate!«). Manche sind sogar der Meinung, sie dürften ihre einstudierten Schläge und Tritte im wirklichen Leben überhaupt nicht einsetzen, sondern nur im Rahmen ihres Trainings bzw. bei Wettkämpfen.

Möglicherweise ist es gar nicht so schlecht, dass dieser unsinnige Irrglaube so weit verbreitet ist. Wer weiß, wie es sonst auf unseren Straßen zuginge. Man fragt sich jedoch unwillkürlich, weshalb so viele Nachwuchs-Bruce-Lees sich mit dem Erlernen von Tae-Kwon-Do, Ving Chun & Co. beschäftigen, wenn sie allen Ernstes glauben, sie dürften das Erlernte gar nicht, auch nicht zur Selbstverteidigung, oder nur dann anwenden, wenn sie den Angreifer vorher auch noch ausdrücklich darauf aufmerksam machen, dass sie vorhaben, ihm gleich die Nase einzuschlagen. Wer so dumm ist, riskiert selbst einen Nasenbeinbruch.

Grundsätzlich gilt: Wer sich in einer echten Notwehrsituation befindet, das heißt wer sich zum Beispiel gegen einen tätlichen Angriff auf Leib oder Leben zur Wehr setzen muss, der hat prinzipiell die Möglichkeit, den Angriff mit allen erdenklichen Mitteln abzuwehren. Er darf seine Kampfkünste anwenden; er darf auch Waffen benutzen und er darf den Angreifer sogar töten, wenn der Angriff nur so beendet werden kann. Denn es gilt der Grundsatz: »Das Recht braucht dem Unrecht nicht zu weichen.«

Selbstverständlich gibt es keinen Grundsatz ohne Ausnahme. Das gewählte Verteidigungsmittel muss »erforderlich und geboten« sein. Es darf daher kein unerträgliches Missverhältnis zwischen dem angegriffenen Rechtsgut und der gewählten Verteidigungsform liegen. Wer einmal eine leichte Ohrfeige einstecken muss, hat also nicht das Recht, den Ohrfeigenden gleich mit einem Karate-Todestritt ins Jenseits zu befördern. Im Falle eines ernsthaften, brutalen Angriffs hat der Verteidiger jedoch das Recht, den Angreifer mit allen Mitteln, auch durch die Anwendung von Kampfsportarten, abzuwehren. Eine Vorwarnung muss er nicht aussprechen. Wenn der Angreifer sein Opfer unterschätzt hat, ist das sein eigenes Pech.

Ganz anders sieht es allerdings aus, wenn man sich nicht in einer Notwehrsituation befindet. Dann nämlich darf man ohnehin überhaupt keine körperliche Gewalt anwenden, also erst recht keine Kampfsportarten. Kampfsportler müssen in einem solchen Fall damit rechnen, dass sie nicht nur wegen *einfacher* Körperverletzung verurteilt werden, sondern sogar wegen *gefährlicher* Körperverletzung. Eine gefährliche Körperverletzung liegt vor, wenn sie zum Beispiel mittels einer Waffe oder einer lebensgefährlichen Behandlung erfolgt. Die Wucht der Tritte eines Kampfsportlers kann aus einem leichten Turnschuh ein gefährliches Werkzeug machen, das einer Waffe gleichzustellen ist. Auch ganz ohne weitere Hilfsmittel wie Schuhe oder Schlagringe können die Schläge, Tritte oder Würgegriffe eines Kampfsportlers lebensgefährlich sein. Er hat dann unter Umständen eine weit höhere Strafe zu erwarten als ein kampfunerfahrener Schläger.

Bei Interesse siehe hierzu:
§ 223 StGB (Strafgesetzbuch), »Körperverletzung«
§ 224 StGB, »Gefährliche Körperverletzung«

Mord und Totschlag

Irrtum:
Ein Mord ist geplant, ein Totschlag geschieht im Affekt.

Richtig ist:
Die Abgrenzung zwischen einem »Mord mit Überlegung« und einem »Totschlag im Affekt« gibt es in Deutschland seit 1941 nicht mehr.

»Das war kein Totschlag, sondern Mord, denn die Tat geschah nicht im Affekt, sondern war geplant!« Nichts an diesem Satz ist richtig. Dennoch würden ihn die meisten wohl so als zutreffend unterschreiben. Es ist erstaunlich: Obwohl Mord und

Totschlag zu den schlimmsten Verbrechen gehören, die unsere Rechtsordnung kennt, ist kaum jemandem der tatsächliche Unterschied zwischen den beiden Delikten klar. Stattdessen hält sich mit einer geradezu faszinierenden Hartnäckigkeit die oben zitierte falsche Abgrenzung. Sie hat sich so fest in das Bewusstsein der breiten Öffentlichkeit eingegraben, dass selbst Gerichtsreporter in ihren Berichten über Strafprozesse immer wieder fälschlicherweise behaupten, es sei in der mündlichen Verhandlung um die Frage gegangen, ob ein »geplanter Mord« oder ein »Totschlag im Affekt« vorgelegen habe – ungeachtet der Tatsache, dass diese Frage in den vergangenen Jahrzehnten mit Sicherheit in keinem deutschen Gerichtssaal diskutiert wurde.

Wie ist es zu diesem Beispiel »juristischen Aberglaubens« gekommen? Und was ist der wirkliche Unterschied zwischen Mord und Totschlag? Der Reihe nach:

Das römische Recht kannte tatsächlich eine Unterscheidung zwischen »Mord mit Überlegung« und »Totschlag im Affekt«. Auch in Deutschland gab es sie einmal, aber nur bis 1941. Dann wurde diese Abgrenzung abgeschafft, allerdings ohne dass sich dies jemals herumgesprochen hätte. Was den Mord bereits seit 1941 wirklich vom Totschlag unterscheidet, sind die sogenannten Mordmerkmale. Sie sind im Strafgesetzbuch einzeln aufgeführt:

– Tötung aus Mordlust;
– Tötung zur Befriedigung des Geschlechtstriebs;
– Tötung aus Habgier;
– Tötung aus sonstigen niedrigen Beweggründen;
– heimtückische Tötung;
– grausame Tötung;
– Tötung mit gemeingefährlichen Mitteln;
– Tötung, um eine andere Straftat zu ermöglichen oder zu verdecken.

Wenn eines dieser Mordmerkmale erfüllt ist, liegt ein Mord vor, selbst wenn die Tat im Affekt geschah. Umgekehrt kann ein Totschlag genauso lange und minutiös geplant sein wie ein Mord.

Zwei Beispiele: Ein Einbrecher, der einen überraschend auftauchenden Zeugen erschießt, um zu verhindern, dass dieser ihn bei der Polizei identifiziert, begeht einen Mord, auch wenn er im Affekt handelt (»Tötung, um eine andere Straftat zu verdecken«). Eine misshandelte Ehefrau, die ihren Mann (weder heimtückisch noch grausam) tötet, um sich nach Jahren von ihrem Peiniger zu befreien, begeht dagegen »nur« einen Totschlag, auch wenn sie die Tat seit langem geplant hatte.

Diese beiden Beispiele zeigen, dass es für die Abgrenzung von Mord und Totschlag heute keine Rolle mehr spielt, ob die Tat geplant war oder im Affekt geschah.

Bei Interesse siehe hierzu:
§ 211 StGB (Strafgesetzbuch), »Mord«
§ 212 StGB, »Totschlag«

Mundraub

Irrtum:
Wer Lebensmittel aus Hunger stiehlt, begeht nur einen straflosen Mundraub.

Richtig ist:
Der Mundraubtatbestand wurde schon 1976 abgeschafft. Der Diebstahl von Lebensmitteln war schon immer strafbar und ist es auch heute noch.

Den Kirschenklau aus Nachbars Garten oder den Ladendiebstahl aus Hunger halten viele für ein Kavaliersdelikt. »Das ist ja nur Mundraub!«, heißt es dann. Und der Dieb glaubt, er könne nicht bestraft werden. Das stimmt so nicht und hat auch noch nie gestimmt.

Früher gab es im Strafgesetzbuch tatsächlich einmal den Tatbestand des »Mundraubes«. Der Täter eines Mundraubes ging jedoch auch schon damals nicht straffrei aus. Die Strafe fiel lediglich geringer aus als bei einem gewöhnlichen Diebstahl.

Als Mundraub galt damals das Entwenden von »Nahrungs- oder Genussmitteln in geringer Menge oder von unbedeutendem Wert zum alsbaldigen Verzehr«. Diese mussten allerdings nicht unbedingt aus Hunger entwendet worden sein. Mit »Genussmitteln« waren noch nicht einmal ausschließlich Lebensmittel gemeint. Auch Zigaretten und Parfüm galten als Genussmittel, die unter den Mundraubtatbestand fielen.[39] Und Stallhasen betrachtete das Reichsgericht als Nahrungsmittel[40] – auch an ihnen konnte man also Mundraub üben. Der Diebstahl von Blumen und Torf (als Feuerungsmaterial) war dagegen nicht privilegiert.[41]

Schon Mitte der siebziger Jahre wurde der Mundraubtatbestand jedoch abgeschafft. Ob man Lebensmittel oder andere Dinge entwendet, macht seitdem keinen Unterschied mehr. In beiden Fällen wird der Täter wegen Diebstahls bestraft. Dies erscheint auch sinnvoll. Denn immerhin sind Lebensmittel heute ein Wirtschaftsgut wie jedes andere auch. Die Zeiten von Hunger und Not sind in Deutschland – hoffentlich für immer – vorbei. Es gibt also keinen Grund mehr, den Diebstahl von Lebensmitteln weniger hart zu bestrafen als den Diebstahl anderer Dinge. Darum: Aufgepasst beim Kirschenklau – »Mundraub« ist Diebstahl!

Bei Interesse siehe hierzu:
§ 242 StGB (Strafgesetzbuch), »Diebstahl«

Schwarzfahren strafbar?

Irrtum:
Fahren ohne Fahrkarte in öffentlichen Verkehrsmitteln ist immer strafbar.

Richtig ist:
»Schwarzfahrer« machen sich nur strafbar, wenn sie sich die Beförderung »erschlichen« haben.

Ein begrifflicher Irrtum sei vorab klargestellt: Das Delikt, das im Allgemeinen als »Schwarzfahren« bezeichnet wird, heißt juristisch korrekt »Erschleichen von Leistungen«. Diese Bezeichnung zeigt bereits, dass wegen »Schwarzfahrens« strafrechtlich nur belangt werden kann, wer sich die Beförderung »erschlichen« hat.

Das Merkmal des »Erschleichens« wirft ein Problem auf. Denn in den meisten öffentlichen Verkehrsmitteln finden heutzutage gar keine Zugangskontrollen mehr statt. Jeder kann ungehindert U- und S-Bahnen besteigen, unabhängig davon, ob er sich vorher eine Fahrkarte gekauft hat oder nicht. Wie also soll man sich heute überhaupt noch eine Beförderung »erschleichen«? Es ist schließlich niemand da, den man über seine Zugangsberechtigung täuschen könnte.

Einige Juristen haben aus diesem Umstand gefolgert, dass eine strafbare Beförderungserschleichung nur dann vorliegt, wenn jemand zumindest täuschungsähnliche Manipulationen vornimmt oder zum Beispiel Kontrollen umgeht.[42] Das Bundesverfassungsgericht hat anders entschieden. Es erachtet es als ausreichend, wenn »der Täter sich durch sein Verhalten mit dem Anschein der Ordnungsmäßigkeit umgibt«[43].

Das bedeutet allerdings im Umkehrschluss, dass jemand, der

sein Schwarzfahren demonstrativ zur Schau stellt, kaum wegen Beförderungserschleichung bestraft werden kann. Wer also einen Button oder ein T-Shirt mit der Aufschrift »Ich bin Schwarzfahrer!« trägt und diesen Umstand schon beim Einsteigen den umstehenden Fahrgästen offen kundtut (»Guten Tag allerseits, ich werde jetzt schwarzfahren!«), bei dem wird es sehr schwierig werden, zu begründen, dass er sich die Beförderungsleistung »erschlichen« und damit strafbar gemacht hat.[44]

In diesem Zusammenhang soll mit einem weiteren Irrtum aufgeräumt werden: Die Strafe für Schwarzfahren ist keineswegs das erhöhte Beförderungsentgelt, das der Kontrolleur vom Schwarzfahrer verlangt, wenn er erwischt wird. Bei dem erhöhten Beförderungsentgelt handelt es sich lediglich um einen zivilrechtlichen Anspruch des Verkehrsunternehmens gegen jeden, der ohne Fahrkarte in Bus oder Bahn angetroffen wird. Auch wer sich die Beförderung nicht erschlichen hat, muss dieses Entgelt bezahlen. Da er sich aber nicht strafbar gemacht hat, kann gegen ihn nicht obendrein noch eine Geld- oder gar Gefängnisstrafe verhängt werden. Er gilt also als nicht vorbestraft.

Wer dagegen den Tatbestand der Leistungserschleichung verwirklicht hat, haftet nicht nur *zivil*rechtlich auf Zahlung eines erhöhten Beförderungsentgelts, sondern muss zusätzlich noch mit *straf*rechtlichen Konsequenzen rechnen, nämlich mit der Einleitung eines Strafverfahrens.

Bei Interesse siehe hierzu:
§ 265a StGB (Strafgesetzbuch), »Erschleichen von Leistungen«

Schwarzhandel mit Eintrittskarten

Irrtum:
Wer Eintrittskarten verkauft, macht sich wegen Schwarzhandel strafbar.

Richtig ist:
Der Verkauf von Eintrittskarten ist grundsätzlich zulässig.

Wer sich privat ein Auto kauft, hat das gute Recht, es anschließend weiterzuverkaufen. Auch wer gewerbsmäßig mit neuen oder gebrauchten Autos handeln will, darf dies tun. Natürlich muss er in diesem Fall bei der zuständigen Behörde ein Gewerbe anmelden. Wie aber sieht es aus, wenn man mit Eintrittskarten für Fußballspiele oder Konzerte handeln will? Das geht natürlich nicht. Denn mit Eintrittskarten dürfen nur die jeweiligen Veranstalter selbst handeln. Jede Form von Schwarzhandel ist dagegen strafbar.

So oder so ähnlich stellt sich zumindest ein großer Teil der Bevölkerung die Rechtslage zum Schwarzhandel mit Eintrittskarten vor. Und tatsächlich ist es natürlich ein Ärgernis, wenn Schwarzhändler große Mengen von Eintrittskarten aufkaufen, um sie dann mit hohen Preisaufschlägen vor dem ausverkauften Stadion an den Mann zu bringen.

Ob der Verkauf von Eintrittskarten deshalb jedoch generell verboten ist, ist eine ganz andere Frage. Hier muss man genau unterscheiden: Wer gewerbsmäßig Waren anbietet, ohne eine feste Verkaufsstelle zu besitzen, benötigt eine Reisegewerbekarte. Jemand, der sich mit 50 Eintrittskarten vor ein Stadion stellt, um diese zu verkaufen, sollte also eine Reisegewerbekarte vorweisen können. Dies wird ihm jedoch nicht möglich sein. Denn das Gesetz verbietet den Verkauf von Wertpapieren durch

Reisegewerbetreibende. Nach einer Gerichtsentscheidung gelten auch Eintrittskarten als Wertpapiere. Daraus folgt, dass der gewerbsmäßige Verkauf von Tickets vor Stadien tatsächlich verboten ist.

Ganz anders sieht es jedoch aus, wenn ein gewerbsmäßiges Handeln nicht nachgewiesen werden kann. Wer plötzlich erkrankt und deshalb seine Eintrittskarten verkaufen will, der handelt nicht gewerbsmäßig und verhält sich daher auch nicht ordnungswidrig, wenn er versucht, sein Ticket zu verkaufen.

Unproblematisch ist es auch, wenn Eintrittskarten nicht im Reisegewerbe, das heißt nicht vor dem Stadion stehend aus der Manteltasche heraus verkauft werden, sondern beispielsweise von zu Hause aus. eBay-Auktionen sind keine Reisegewerbetätigkeit. Man benötigt für sie also auch keine behördliche Genehmigung in Form einer Reisegewerbekarte.

Von Gesetzes wegen ist der Verkauf von Eintrittskarten demnach in den meisten Fällen nicht verboten. Aus diesem Grund verbieten manche Sport- bzw. Konzertveranstalter die Weitergabe von Tickets ganz einfach in ihren allgemeinen Geschäftsbedingungen (dem »Kleingedruckten«). Solche pauschalen Weitergabeverbote sind jedoch unwirksam, weil sie den Kartenkäufer unangemessen benachteiligen.

Dieser muss grundsätzlich die Möglichkeit haben, eine einmal erworbene und bezahlte Karte wieder zu verkaufen. Schließlich könnte er hierfür ja gute Gründe haben – zum Beispiel Krankheit oder Verhinderung. Daher verurteilte das Amtsgericht Frankfurt vor der Fußballweltmeisterschaft 2006 den DFB zur Umschreibung von Eintrittskarten auf einen Kläger, der die Tickets zum Achtfachen des regulären Preises bei eBay erstanden hatte (AG Frankfurt a.M., Urteil vom 20. 04. 2006, Az. 31 C 3120/05 – 17). Der DFB habe seine Zustimmung zur Weitergabe der Karte nicht unbillig verweigern dürfen. Der bloße Wunsch, den Schwarzmarkthandel einzudämmen, reicht nach dieser Entscheidung nicht in allen Fällen aus, um den Weiterverkauf zu untersagen, und zwar selbst dann nicht, wenn die Tickets für ein Vielfaches des ursprünglichen Preises verkauft werden.

Etwas anderes hätte gegolten, wenn es sich bei dem eBay-Käufer etwa um einen polizeibekannten Hooligan gehandelt hätte. Auch die Weitergabe von Tickets zu Werbezwecken kann der DFB verbieten, um die offiziellen WM-Sponsoren zu schützen.

Bei Interesse siehe hierzu:
§ 307 Abs. 1 BGB (Bürgerliches Gesetzbuch), »Inhaltskontrolle von Allgemeinen Geschäftsbedingungen«
§ 55 Abs. 1, 2 GewO (Gewerbeordnung), »Reisegewerbekarte«
§ 56 Abs. 1 Nr. 1h GewO, »Im Reisegewerbe verbotene Tätigkeiten«

Spannen verboten?

Irrtum:
Spannen ist verboten.

Richtig ist:
Spanner können nur in Ausnahmefällen bestraft werden.

»Spanner«, die nachts mit Ferngläsern um die Häuser schleichen oder mit Spiegeln bewaffnet in Umkleidekabinen lauern, erregen zu Recht Empörung. Das gilt vor allem für technisch besonders gut ausgerüstete Voyeure, die in Solarien, Hotelzimmern oder Damentoiletten mit Handykameras oder gar Livecams Aufnahmen von ihren arglosen Opfern machen und diese ins Internet stellen.

Wer einen Spanner »auf frischer Tat« ertappt und die Polizei verständigt, um ihn seiner Bestrafung zuzuführen, wird jedoch in vielen Fällen feststellen müssen, dass eine Bestrafung gar nicht möglich ist. Denn das heimliche Beobachten von Menschen, selbst mit technischen Hilfsmitteln wie Spiegeln, verborgenen »Gucklöchern« oder Ferngläsern erfüllt keinen Straftatbestand. Selbst das Filmen und Fotografieren der Personen und der anschließende private Konsum der Aufnahmen war lange Zeit nicht strafbar. Erst seit 2004 ist es bei Strafe verboten, unbefugt Bildaufnahmen von einer anderen Person zu machen, wenn diese sich in ihrer Wohnung oder einem anderen »gegen Einblick besonders geschützten Raum« aufhält. Gemeint sind damit z.B. Umkleide- oder Sonnenstudiokabinen. Strafbar sind die Aufnahmen allerdings nur dann, wenn durch die Aufnahmen der »höchstpersönliche Lebensbereich« der gefilmten Person verletzt wird. Vor allem die massenhafte Verbreitung von Nacktaufnahmen heimlich gefilmter Opfer im Internet soll durch dieses neue Gesetz gestoppt werden.

Schon bisher war es darüber hinaus strafbar, wenn derlei Bildaufnahmen nicht nur privat »konsumiert«, sondern weiterverbreitet oder gar öffentlich zur Schau gestellt wurden. Auch heimliche Tonaufnahmen waren bereits früher strafbar. Aus diesem Grund tun Fernsehteams, die mit versteckter Kamera drehen, nachträglich immer so, als sei der Ton während des heimlichen Drehs abgeschaltet gewesen. Die wortwörtliche Nachvertonung beruht dann angeblich nicht auf einem Tonmitschnitt, sondern auf einem »Gedächtnisprotokoll« des Kameramannes, das in der Regel allerdings von ganz verblüffender Präzision ist.

Den eher traditionell ausgerüsteten Spanner, der sich auf klassische Beobachtungshilfen wie Spiegel, Fernglas oder Guckloch beschränkt, wird man übrigens auch nach der neuen

Gesetzlage künftig nicht belangen können. Solange er keine rechtsverletzenden Bild- oder Tonaufnahmen macht, handelt er nicht strafbar.

Bei Interesse siehe hierzu:
§ 201 StGB (Strafgesetzbuch), »Verletzung der Vertraulichkeit des Wortes«
§ 201a StGB, »Verletzung des höchstpersönlichen Lebensbereichs durch Bildaufnahmen«
§ 22 KUG (Kunsturhebergesetz), »Recht am eigenen Bilde«
§ 33 KUG, »Strafvorschrift«

Üble Nachrede

Irrtum:
Wenn ich Gerüchte nur weitererzähle, kann ich mich nicht strafbar machen.

Richtig ist:
Auch das bloße Weiterverbreiten fremder Gerüchte kann als üble Nachrede gelten und strafbar sein.

Unbewiesene Gerüchte über andere weiterzuerzählen halten viele für harmlosen Tratsch. Doch die Schwelle zu einer strafbaren üblen Nachrede ist erheblich niedriger, als die meisten ahnen.

Wegen übler Nachrede macht sich strafbar, wer Tatsachen über einen anderen weiterverbreitet, die nicht bewiesen sind, die diesen jedoch verächtlich machen oder ihn im öffentlichen Ansehen herabwürdigen können.

Dabei ist man auch dann nicht vor Strafe geschützt, wenn

man sich von dem Gerede distanziert und es nur unter dem Siegel der Verschwiegenheit (»Aber auf keinen Fall weitererzählen!«) verbreitet. Selbst wer ausdrücklich darauf hinweist, dass jemand anders das Gerücht in die Welt gesetzt habe und es völlig unglaubwürdig und überhaupt nicht bewiesen sei, kann sich strafbar machen. Denn auch dann trägt er ja immerhin dazu bei, dass die Geschichte weiterhin im Umlauf bleibt.[45] Die Klatschbasen dieser Welt sollten sich also darüber im Klaren sein, dass ihre Lieblingsfreizeitbeschäftigung sie irgendwann einmal vor den Strafrichter führen könnte.

Für die Medien gilt übrigens grundsätzlich nichts anderes. Die Presse hat genauso wenig ein generelles »Recht auf Tratsch« wie der Normalbürger. Allerdings können sich Zeitungen, Funk und Fernsehen in manchen Fällen auf das Grundrecht der Pressefreiheit berufen. Sie müssen die Möglichkeit haben, die Öffentlichkeit umfassend zu unterrichten. Für sie gilt daher der strafrechtliche Rechtfertigungsgrund der »Wahrnehmung berechtigter Interessen«. Unter diesen Rechtfertigungsgrund kann auch eine Berichterstattung über unbewiesene Gerüchte fallen. Dabei sind jedoch hohe Anforderungen an die journalistische Sorgfaltspflicht zu stellen. Tatsachen, die die Medien verbreiten wollen, müssen mit der nach den Umständen gebotenen Sorgfalt auf Inhalt, Herkunft und Wahrheit geprüft werden.

Diese Sorgfaltspflicht verletzte ein Journalist, der sich einmal vor dem Landgericht Hamburg für einen Artikel mit der Überschrift »Der Kneifer von Z.« verantworten musste. Er hatte in einer großen deutschen Wochenzeitschrift Folgendes geschrieben (Namen von Personen und Städten sind unkenntlich gemacht):

»Marie Luise W., Kanzlei-Angestellte des Amtsgerichts X., stieg die Treppe zu ihrem Bürozimmer hinauf, als sie sich plötzlich in die

Kehrseite gekniffen fühlte. Eine Stimme untermalte den Angriff im rheinischen Tonfall: »Wat gibt et hier leckere Mädchen!«
Fräulein W. sah sich bestürzt um, stürmte in ihren Amtsraum und klagte dort über den fremden Unhold. Zwei Bürokollegen wollten sich eben empören, als der Kneifer eintrat und sich vorstellte: Landgerichtspräsident Dr. Y., eben zur Visite bei dem ihm unterstellten Amtsgericht X. eingetroffen.
So jedenfalls wird der Z.-Besuch in einem Brief geschildert, den ein Bürger von X. unlängst dem nordrhein-westfälischen Justizminister geschrieben hat. Aufgebracht fragte der Absender: »Meinen Sie, dass dieser Herr viele Beamte und Angestellte führen kann?« [46]

Die angeblichen Verfehlungen des Landgerichtspräsidenten waren nicht erwiesen. Der Journalist wurde daher in erster Instanz wegen übler Nachrede verurteilt. Erst das Oberlandesgericht Hamburg hob die Verurteilung auf – jedoch nur, weil die Rechtsabteilung des Zeitschriftenverlages den Artikel irrtümlich für unproblematisch gehalten hatte. Der Journalist durfte nach Einschätzung des Gerichts auf die Aussage des Verlagsjuristen vertrauen. Er habe nicht wissen können, dass seine Äußerungen strafbar waren (→ *Unwissenheit schützt vor Strafe nicht*). Nur aus diesem Grund kam er letztlich mit einem Freispruch davon.

Bei Interesse siehe die Landespressegesetze der einzelnen Bundesländer, zum Beispiel:
§ 3 LPrG NW (Landespressegesetz Nordrhein-Westfalen), »Öffentliche Aufgabe der Presse«
§ 6 LPrG NW, »Sorgfaltspflicht der Presse«
§ 186 StGB (Strafgesetzbuch), »Üble Nachrede«
§ 193 StGB, »Wahrnehmung berechtigter Interessen«

Unwissenheit schützt vor Strafe nicht

Irrtum:
Unwissenheit schützt vor Strafe nicht.

Richtig ist:
In einer ganzen Reihe von Fällen schützt »Unwissenheit« sehr wohl vor Strafe.

Eine alte Volksweisheit lehrt uns: »Unwissenheit schützt vor Strafe nicht.« Doch sooft dieser Spruch auch wiederholt wird, so falsch ist er – jedenfalls in seiner Absolutheit. Denn wegen einer vorsätzlichen Straftat kann sich nur strafbar machen, wer alle relevanten Tatumstände kennt. Unwissende können also sehr wohl vor Strafe geschützt sein.

Ein Beispiel: Wer einen Stein durch eine fremde Fensterscheibe wirft, macht sich nicht wegen Sachbeschädigung strafbar, wenn er glaubte, das Fenster sei geöffnet gewesen. Denn ihm war überhaupt nicht klar, dass er eine Fensterscheibe zerstören würde. Er hatte also keinen Vorsatz. Und wer keinen Vorsatz hat, kann allenfalls wegen fahrlässiger Tatbegehung bestraft werden. Fahrlässige Sachbeschädigung ist jedoch vom Gesetz nicht mit Strafe bedroht. Der Täter muss zwar den angerichteten Schaden ersetzen, wenn er zumindest hätte erkennen *können*, dass das Fenster geschlossen war. (Hatte er diese Möglichkeit nicht, ist noch nicht einmal ein Schadensersatz fällig.) Strafrechtliche Sanktionen braucht er jedoch nicht zu befürchten. Seine Unwissenheit hat ihn also sehr wohl vor Strafe geschützt.

Das Gesetz geht mit der Privilegierung »Unwissender« sogar noch weiter. Täter, die einem sogenannten »unvermeidbaren

Verbotsirrtum« aufliegen, werden nicht bestraft. Ein Verbotsirrtum liegt vor, wenn der Täter zwar sämtliche relevanten Tatumstände kannte, ihm aber trotzdem nicht klar war, dass er etwas Verbotenes tut. Unvermeidbar kann ein solcher Verbotsirrtum zum Beispiel dann sein, wenn sich der Täter vor seiner Tat kompetenten Rechtsrat eingeholt hat. Wenn ein Jurist ein bestimmtes Verhalten eindeutig als rechtmäßig einstuft, kann der Ratsuchende in der Regel auf diese Auskunft vertrauen. Sein Irrtum ist unvermeidbar.

Auch hierfür ein Beispiel: Ein Bundeswehrleutnant hatte einen Unfall, bei dem er sich eine Querschnittslähmung zuzog. Gegen viele Widerstände setzte er durch, dass er trotz seiner Behinderung weiterhin als Reserveoffizier tätig sein und wieder an Wehrübungen teilnehmen durfte. Die Zeitschrift *Titanic* führte ihn daraufhin in einer Liste der »sieben peinlichsten Persönlichkeiten des Monats« auf und schrieb:

»*Noch obszöner ist freilich die Vorstellung, dass ein Querschnittsgelähmter im Rollstuhl zu einer Wehrübung einrückt. Nicht weil er müsste – nein, er wollte unbedingt. (…) M. freut sich nun ›unheimlich‹ aufs Kriegspielen. ›Dein Kopf ist doch völlig o.k.‹, will er sich gesagt haben, ›warum solltest du der Bundeswehr nicht weiterhin als Reserveoffizier nützlich sein?‹ Eine müßige Frage, da schon die Voraussetzung offenbar falsch ist.*«[47]

Das Amtsgericht Frankfurt a.M. sah in diesem Text eine Beleidigung, da er die geistigen Fähigkeiten des Soldaten in Zweifel zog. Es bestrafte den Autor dennoch nicht. Es billigte ihm vielmehr einen unvermeidbaren Verbotsirrtum zu, der die Beleidigung entschuldigte. Denn eine Juristin des *Titanic*-Verlages hatte den Text vor der Veröffentlichung geprüft und für zulässig befunden. Auf ihre – falsche – Aussage durfte der *Titanic*-Journalist vertrauen, so das Amtsgericht.[48]

In vielen Fällen sind Verbotsirrtümer dagegen natürlich vermeidbar. Selbstverständlich kann niemand ein Kilo Drogen importieren und anschließend behaupten, er habe nicht gewusst, dass das strafbar ist. Selbst wenn der Richter ihm diesen Irrtum abnimmt, wird er den Importeur bestrafen. Denn ein solcher Verbotsirrtum war ganz sicher vermeidbar.

Bei Interesse siehe hierzu:
§ 16 StGB (Strafgesetzbuch), »Irrtum über Tatumstände«
§ 17 StGB, »Verbotsirrtum«

Zechprellerei strafbar?

Irrtum:
Wer ein Restaurant verlässt, ohne zu bezahlen, begeht »Zechprellerei« und macht sich stets strafbar – es sei denn, er hat vorher drei Mal nach der Rechnung gefragt oder eine halbe Stunde auf diese gewartet.

Richtig ist:
Den Straftatbestand der Zechprellerei gibt es überhaupt nicht. Man muss auch nicht drei Mal nach der Rechnung fragen oder eine halbe Stunde darauf warten.

Wenn ein Restaurant- oder Kneipengast seine Rechnung nicht bezahlen kann oder will, hat der Wirt natürlich die Möglichkeit, ihn auf Zahlung zu verklagen. Der Gast wird dann gerichtlich dazu gezwungen, die Rechnung zu begleichen. Viele Wirte begnügen sich jedoch nicht damit, eine zivilrechtliche Zahlungsklage anzudrohen. Häufig rufen sie gleich nach der Polizei. Sie verlangen nicht nur ihr Geld, sondern drohen dem

Gast außerdem noch mit einer Strafanzeige wegen »Zechprellerei«. So versuchen sie, zusätzlichen Druck auf ihn auszuüben. Tatsache ist jedoch: Ein Straftatbestand der Zechprellerei existiert in Deutschland nicht.

Und das ist auch sinnvoll. Denn warum sollte es immer gleich strafbar sein, ausgerechnet eine Restaurant-, Kneipen- oder Hotelrechnung nicht zu bezahlen? Schließlich käme auch niemand auf den Gedanken, dass es eine Straftat sei, Telefon- oder Handwerkerrechnungen nicht zu begleichen. Oder hat schon einmal jemand was von »Telefonrechnungsprellerei« gehört?

Gastronomen werden es nicht gern hören, aber sie haben gegenüber anderen Unternehmen oder Personen, die Rechnungen stellen, keine Sonderrechte. Es ist nicht die Aufgabe der Strafjustiz, ihnen beim Eintreiben ihrer Forderungen zu helfen.

Heißt das, man kann in Deutschland niemals bestraft werden, wenn man ein Restaurant verlässt, ohne zu zahlen? Ganz so einfach ist es natürlich nicht. Wer schon bei der Bestellung weiß, dass er die Rechnung nicht bezahlen kann oder will, der begeht einen Betrug. Denn er täuscht dem Gastwirt seine Zahlungsbereitschaft oder Zahlungsfähigkeit nur vor. Wer ein Restaurant also verlässt, ohne zu bezahlen, muss zwar nicht »drei Mal nach der Rechnung fragen« oder »eine halbe Stunde auf sie warten«, um straffrei auszugehen. Er sollte aber eine glaubhafte Erklärung dafür haben, warum er ursprünglich angeblich bezahlen wollte, es dann aber doch nicht getan hat. Wer sein Verhalten nicht erklären kann, muss damit rechnen, dass er bestraft wird – zwar nicht wegen »Zechprellerei«, aber wegen Betruges.

Viel gastronomenfreundlicher ist man übrigens in der Schweiz. Das Schweizerische Strafgesetzbuch kennt tatsächlich den Straftatbestand der Zechprellerei. Wer dort ein Restaurant verlässt, ohne zu zahlen, kann sich selbst dann strafbar machen, wenn er bei der Bestellung eigentlich noch bezahlen wollte. Bei unseren eidgenössischen Nachbarn macht es strafrechtlich also wirklich einen Unterschied, ob man eine Restaurantrechnung nicht bezahlt oder ob man lediglich eine Telefonrechnung nicht begleicht.

Bei Interesse siehe hierzu:
§ 263 StGB (Strafgesetzbuch), »Betrug«
Art. 149 Schweizerisches StGB, »Zechprellerei«

Straßenverkehr

Alkohol am Steuer verboten?

Irrtum:
Alkoholtrinken beim Autofahren ist verboten.

Richtig ist:
Auch am Steuer darf man Alkohol trinken.

Jedes Jahr sterben in Deutschland über tausend Menschen bei alkoholbedingten Verkehrsunfällen. Es ist daher gut und richtig, dass man im Allgemeinen keine Autofahrer sieht, die mit der Bier- oder Schnapspulle am Hals im Straßenverkehr unterwegs sind. Denn schon kleinste Mengen Alkohol können bekanntlich die Verkehrstauglichkeit herabsetzen. Viele wird es daher erstaunen, dass Alkoholgenuss am Steuer in Deutschland nicht verboten ist! Solange man die gesetzlich vorgeschriebene Promillegrenze von 0,5 Promille nicht übersteigt, darf man nach Herzenslust zur Flasche greifen – auch während der Fahrt. Nur wenn man Ausfallerscheinungen zeigt (zum Beispiel Schlangenlinienfahren), ist bereits bei 0,3 Promille Schluss. 0,3 l Bier können bei manchem dann schon zu viel sein. Eine weitere Ausnahme gilt für Fahranfänger. Wer jünger als 21 Jahre oder noch in der Probezeit ist, für den gilt schon bei Fahrtantritt die 0,0-Promille-Grenze und ein absolutes Alkoholverbot auch während der Fahrt. Wir lernen also: Das Handy am Ohr des Autofahrers ist eine Ordnungswidrigkeit, die Bierdose am Mund ist dagegen kein Problem. Der Gesetzgeber mag sich einmal Gedanken darüber machen, ob dies sinnvoll ist. Es dürfte doch einen Unterschied darstellen, ob man den Alkohol vor Fahrtantritt in geselliger Runde oder mitten im Straßenverkehr zu sich nimmt. Es gibt keinen vernünftigen Grund, den Alkoholkonsum am Steuer zu erlauben. Jedem dürfte es zuzumuten sein, sich wenigstens beim Fahren zurückzuhalten und gar nicht erst in die Versuchung zu geraten, die einmal angefangene Bierflasche auch bis zur Neige auszutrinken.

Bei Interesse siehe hierzu:
§ 23 Abs. 1a StVO (Straßenverkehrsordnung), »Sonstige Pflichten des Fahrzeugführers«
§ 24a StVG (Straßenverkehrsgesetz), »0,5-Promille-Grenze«
§ 24c StVG, »Alkoholverbot für Fahranfänger und Fahranfängerinnen«

Alkoholtest

Irrtum:
Auf Aufforderung der Polizei müssen Autofahrer einen Atemalkoholtest machen.

Richtig ist:
Einen Atemalkoholtest kann die Polizei nie verlangen und eine Blutprobenentnahme nur, wenn Verdacht auf eine Trunkenheitsfahrt besteht.

Was die Polizei sagt, das muss man tun, denken sich viele und glauben, sie seien verpflichtet, einen Atemalkoholtest mitzumachen, nur weil sie von einem Polizeibeamten angehalten und darum gebeten werden.

Tatsache ist jedoch, dass Polizeibeamte niemals verlangen können, dass ein Fahrer in das Alkoholtestgerät bläst. Denn eine Rechtsgrundlage für eine solche Anordnung gibt es schlichtweg nicht. Selbst wenn ein Fahrer offensichtlich sturzbetrunken ist, muss er also nicht »pusten«, wenn er nicht will.

Daher sind die Polizisten auch verpflichtet, immer zu fragen, ob man mit einem freiwilligen Test einverstanden sei. Wer dann einfach nein sagt, muss den Test nicht machen und dafür auch keine Begründung nennen. Vielen ist das nicht klar. Sie glauben, wenn sie sich dem Test verweigern, könne das zu ihren Lasten ausgelegt werden. Das Gegenteil ist jedoch der Fall.

Es sollte allerdings nicht verschwiegen werden, dass Fahrer, bei denen der Verdacht auf eine Trunkenheitsfahrt vorliegt, zu einer Blutentnahme gezwungen werden können. Wer also zum Beispiel extrem langsam oder in Schlangenlinien fährt, lallt und deutlich nach Alkohol riecht, darf sich zwar weigern, ins Atemalkoholtestgerät zu blasen. Eine Blutprobe kann er jedoch nicht verweigern. Wer dagegen keinerlei Anzeichen einer Alkoholisierung zeigt, kann auch zu nichts gezwungen werden.

Bei Interesse siehe hierzu:
§ 316 StGB (Strafgesetzbuch), »Trunkenheit im Verkehr«
§ 81a StPO (Strafprozessordnung), »Körperliche Untersuchung des Beschuldigten«

Ampeln »umgehen«

Irrtum:
Rote Ampeln dürfen Fußgänger nicht »umgehen«.

Richtig ist:
Grundsätzlich dürfen Fußgänger rote Ampeln umgehen und die Fahrbahn an einer anderen Stelle überqueren.

Ein Fußgänger möchte eine Straße überqueren. Doch leider zeigt die Fußgängerampel Rot. Da liegt es doch nahe, die Straße ganz einfach 20 Meter weiter zu überqueren, wo die Ampel nicht gilt. Aber ist das auch zulässig? Oder hat man zu Recht ein (mehr oder weniger) schlechtes Gewissen, weil man sich eigentlich gezwungen fühlt, die Straße an der Ampel zu überqueren?

Nun gibt es sicher kein Land auf der Welt, in dem Rotlichtverstöße von Fußgängern kritischer betrachtet und härter geahndet werden, als Deutschland. Nicht umsonst sagt man uns daher im Ausland nach, wir seien das einzige Volk der Erde, dessen Bewohner nachts um drei an einer menschenleeren Landstraße als Fußgänger vor einer roten Ampel stehen bleiben.

Umso erstaunlicher ist es, dass das »Umgehen« von Ampeln prinzipiell zulässig ist. Wenigstens dieses kleine Stückchen »Anarchie« wird uns also gelassen: Wer an einer Ampel nicht warten will, der darf die Straße grundsätzlich auch an einer anderen Stelle überqueren. Wegen eines Rotlichtverstoßes kann er dann nicht belangt werden. Denn das Rotlicht der Ampel gilt nur im näheren Bereich der Ampel.

Allerdings gibt es einen Ausnahmefall, in dem der Fußgänger gezwungen ist, die Fahrbahn an einer vorhandenen Ampel zu überqueren. Eine solche Pflicht besteht nämlich immer dann, wenn die Verkehrslage es erfordert, das heißt vor allem bei dicht und schnell befahrenen breiten Straßen. Wenn das Überqueren gefährlich ist oder wenn Fußgänger bei korrektem Verhalten erst lange warten müssten, bis die Straße frei ist, *müssen* sie den Ampelüberweg benutzen und dort ein eventuelles Rotlicht natürlich beachten.

Aber wie weit muss man laufen, um an solch einer Straße überhaupt erst einmal bis zur nächsten Ampel zu gelangen? Es gibt Gerichtsentscheidungen, wonach ein Weg von 30, 40 oder

50 Metern durchaus zumutbar ist.[49] Ein zusätzlicher Weg von 100 Metern bis zur Ampel und weiteren 100 Metern auf der gegenüberliegenden Straßenseite, insgesamt also 200 Metern, ist dagegen in der Regel nicht zuzumuten.[50]

Fazit: Wer »vergisst«, die Straße an einer roten Ampel zu überqueren und deshalb deutlich mehr als 50 Meter weiter geht, um erst dort die Fahrbahn zu überqueren, der kann selbst bei stärkerem Verkehr darauf hoffen, keine kostenpflichtige Verwarnung oder Geldbuße zu kassieren. Bei schwach befahrenen Straßen gilt dies erst recht. Voraussetzung ist in beiden Fällen natürlich immer, dass das Überqueren der Straße auch möglich ist, ohne andere dabei zu gefährden oder zu behindern.

Bei Interesse siehe hierzu:
§ 1 StVO (Straßenverkehrsordnung), »Grundregeln«
§ 25 Abs. 3 StVO, »Fußgänger«

Angst vorm Blaulicht

Irrtum:
Fahrzeugen mit Blaulicht muss man sofort freie Bahn verschaffen.

Richtig ist:
Nur Blaulicht mit Sirene gibt Einsatzfahrzeugen ein Wegerecht.

Sie fahren mit Ihrem Auto durch die Stadt. Plötzlich taucht hinter Ihnen ein Fahrzeug mit Blaulicht auf. Eilig fahren Sie an den Straßenrand und lassen das Fahrzeug vorbei. Sinnvoll ist das ohne Zweifel. Denn Polizei oder Ambulanz werden das Blaulicht schließlich nicht ohne Grund einschalten.

Erstaunlicherweise ist man in einer solchen Situation jedoch nicht ohne weiteres gezwungen, das Einsatzfahrzeug vorbeizulassen. Die »Angst vorm Blaulicht« ist also nicht gerechtfertigt. Denn das sogenannte Wegerecht können nur Fahrzeuge beanspruchen, die mit Blaulicht und Sirene gleichzeitig fahren. Das Blaulicht alleine reicht also nicht aus. In der Praxis schalten die Fahrer der Einsatzfahrzeuge daher zumindest kurz das Martinshorn ein und signalisieren so, dass man auf die Seite fahren soll. Tun sie das nicht, muss niemand damit rechnen, dass sie auf ihrem Vorrang bestehen. Wenn es daher zu einem Unfall kommt, kann der Unfallgegner sich darauf berufen, er habe nicht damit gerechnet, dass das Einsatzfahrzeug ein Vorrecht in Anspruch nehmen würde. Denn ohne Martinshorn bestand dieses schließlich nicht.

Allerdings heißt das nicht, dass man Einsatzfahrzeuge der Polizei nun mutwillig behindern darf, wenn sie zum Beispiel aus einsatztaktischen Gründen nur das Blaulicht benutzen. Denn dies könnte zumindest gegen das allgemeine Rücksichtnahmegebot im Straßenverkehr verstoßen.[51]

Fazit: Auch wenn man nicht immer dazu verpflichtet ist, sollte man Einsatzfahrzeugen auch dann den Weg frei machen, wenn sie nur das Blaulicht und kein Martinshorn eingeschaltet haben. Tut man es versehentlich jedoch einmal nicht oder wird man in einen Unfall mit einem solchen Fahrzeug verwickelt, sollte man sich unbedingt daran erinnern, dass Wegerechte nur bestehen, wenn auch die Sirene eingeschaltet ist. Dieses Wissen kann in solchen Situationen viel Geld und Punkte in Flensburg sparen.

Bei Interesse siehe hierzu:
§ 1 Abs. 2 StVO (Straßenverkehrsordnung), »Grundregeln«
§ 38 Abs. 1, 2 StVO, »Blaues Blinklicht und gelbes Blinklicht«

Anhänger und Wohnwagen parken

Irrtum:
Anhänger und Wohnwagen dürfen unbegrenzt geparkt werden.

Richtig ist:
Anhänger und Wohnwagen dürfen maximal 14 Tage an der gleichen Stelle parken.

Immer wieder sieht man, dass Anhänger ohne Zugfahrzeug oder Wohnwagen wochenlang auf öffentlichen Straßen geparkt werden. Oft haben die Besitzer dabei keinerlei Unrechtsbewusstsein. Sie kommen gar nicht auf die Idee, dass dies unzulässig sein könnte. Denn schließlich darf man Autos ja auch so lange parken, wie man will.

Für Anhänger – und dazu gehören auch Wohnanhänger – gibt es jedoch eine Sonderregelung. Ohne Zugfahrzeug dürfen sie nicht länger als zwei Wochen geparkt werden. Einzige Ausnahme sind entsprechend gekennzeichnete Parkplätze. Wer ein Bußgeld vermeiden will, sollte den (Wohn-)Anhänger also entweder nur zusammen mit dem dazugehörigen Auto parken oder ihn ab und zu wenigstens für eine gewisse Zeit »bewegen« und anschließend möglichst an anderer Stelle wieder abstellen. Wer leider wieder nur denselben Parkplatz findet, sollte darauf achten, dass die Stellung der Ventile an den Rädern eine andere ist als zuvor. Denn die Ventilstellung wird von den Politessen häufig notiert, um nachweisen zu können, dass der Anhänger zwischendurch keineswegs, wie behauptet, entfernt und »ganz zufällig« wieder am gleichen Platz abgestellt wurde wie vorher.

Bei Interesse siehe hierzu:
§ 12 Abs. 3b StVO (Straßenverkehrsordnung), »Halten und Parken«

Auffahrunfälle

Irrtum:
Wer auffährt, hat Schuld.

Richtig ist:
Nicht immer hat der Auffahrende Schuld.

Die wohl bekannteste Schuldregel bei Auffahrunfällen im Straßenverkehr lautet: »Wer auffährt, hat Schuld.« Doch so bekannt diese Regel ist, so häufig wird sie auch missverstanden. Denn der simple Grundsatz vom Auffahrenden, der angeblich immer Schuld hat, gilt bei weitem nicht in allen Fällen.

Wenn sich zwischen zwei Verkehrsteilnehmern ein Unfall ereignet hat, muss das Gericht zunächst einmal rekonstruieren, was eigentlich passiert ist. Schuld am Unfall hat derjenige, der vorsätzlich oder fahrlässig gegen Verkehrsregeln verstoßen und so den Unfall verursacht hat. Möglicherweise ist dies nur einer der beiden Verkehrsteilnehmer. Dann muss dieser den vollen Schaden tragen. Denkbar ist aber auch, dass beide Verkehrsteilnehmer einen Fehler gemacht haben. Dann müssen sie gemeinsam für den Schaden aufkommen. Das Gericht muss lediglich eine Haftungsquote festlegen, zum Beispiel im Verhältnis 50/50 oder 70/30. Als dritte Möglichkeit kommt in Betracht, dass keiner der beiden Unfallbeteiligten etwas falsch gemacht hat, sondern ein Dritter ausschließlich für den Unfall verantwortlich ist. Dann muss dieser sämtliche Kosten übernehmen.

Man kann es sich also nicht so einfach machen, immer pauschal dem Auffahrenden die Schuld am Unfall zu geben. Zuzugeben ist jedoch, dass eine zu hohe Geschwindigkeit des Auffahrenden oder ein zu geringer Sicherheitsabstand die häufigsten Unfallursachen sind. Wenn sich ein Auffahrunfall ereignet hat, dann spricht deshalb zunächst einmal der sogenannte »Beweis des ersten Anscheins« dafür, dass der Hintermann zu schnell war oder nicht genügend Sicherheitsabstand einhielt. Betrüger machen sich diesen Umstand mitunter zunutze. Sie provozieren bewusst Auffahrunfälle, indem sie zum Beispiel ganz plötzlich und unerwartet bremsen.

Doch ein bloßer »Beweis des ersten Anscheins« ist noch lange kein endgültiger Beweis. Der erste Anschein kann vielmehr auch widerlegt werden. Wenn der Vordermann zum Beispiel grundlos eine Vollbremsung hingelegt hat, kann er nicht damit rechnen, dass ihm sein gesamter Schaden ersetzt wird.

Recht erhielt daher eine Fahrerin, die auf ein Auto auffuhr, weil sich dieses an einer grünen Ampel zunächst in Bewegung setzte, dann aber plötzlich und unerwartet wieder bremste.

Schlechte Karten haben auch die allseits beliebten Verkehrserzieher, die dem Hintermann nur einmal eine Lehrstunde in Straßenverkehrsrecht erteilen wollten. Wer aus solch hobbypädagogischen Gründen bremst, verstößt selbst gegen die Straßenverkehrsordnung und muss nicht nur mit einem Bußgeld und Punkten in Flensburg rechnen, sondern auch mit einem Zivilverfahren auf Schadensersatz und Schmerzensgeld oder gar mit einer Strafanzeige wegen fahrlässiger Körperverletzung bzw. Tötung, falls beim Unfall Menschen zu Schaden gekommen sind.

Tierfreunde mögen es verzeihen: Auch für Igel, Eichhörnchen oder sonstige Kleintiere darf man keine gefährliche Vollbremsung machen. Tut man es doch, so muss man im Falle eines Unfalles zumindest einen Teil des Schadens selbst tragen. Anders sieht es allerdings aus, wenn man sich auf der Straße plötzlich einem kapitalen Rehbock gegenübersieht. In diesem Fall ist man natürlich nicht gezwungen, einfach »draufzuhalten«.

Und noch ein letztes Beispiel soll zeigen, dass nicht immer der Auffahrende Schuld hat. Eine Autofahrerin fädelte sich von einer Autobahnauffahrt kommend direkt auf die Überholspur ein. Ein sehr schnell fahrendes Auto konnte dort nicht mehr rechtzeitig bremsen und fuhr hinten auf. Auch diese Fahrerin musste natürlich für den kompletten Schaden aufkommen. Der Auffahrende musste nichts bezahlen.

Bei Interesse siehe hierzu:
§ 4 Abs. 1 StVO (Straßenverkehrsordnung), »Abstand«

Benutzungspflicht für Radwege?

Irrtum:
Radfahrer müssen vorhandene Radwege in jedem Fall benutzen.

Richtig ist:
In vielen Fällen dürfen Radfahrer trotz vorhandener Radwege auch auf der Fahrbahn fahren.

Radwege sind eine feine Sache – vor allem dann, wenn sie nicht von Autos zugeparkt, mit Schnee oder Laub bedeckt, von Fußgängern frequentiert, mit Schlaglöchern übersät, von Baumwurzeln hochgedrückt oder nach jeder Einmündung von zu hohen Bordsteinkanten unterbrochen sind.

Hieraus ergibt sich im Umkehrschluss, dass es auch eine feine Sache sein kann, mit dem Fahrrad ganz einfach *neben* dem Radweg auf der glatt asphaltierten, von Schnee und Laub geräumten und von Fußgängern und Stolperfallen völlig freien Fahrbahn schnell und sicher voranzukommen.

Nur: Darf man das überhaupt? Oder sind Radwege in jedem

Fall benutzungspflichtig? Muss man unbefahrbare Radwege notfalls verlassen und sein Rad über den Bürgersteig schieben, wenn es gar nicht anders geht? Grundsätzlich gilt: Nicht jeder Radweg muss benutzt werden. Eine Benutzungspflicht besteht nur dann, wenn es eines dieser Schilder ausdrücklich vorschreibt:

Zeichen 237　　　　Zeichen 240　　　Zeichen 241

Wie für jede Regel gelten jedoch auch hier Ausnahmen. Zum Beispiel müssen Radwege, die zu weit von der Hauptfahrbahn entfernt verlaufen, nicht benutzt werden. Auch wenn man links abbiegen möchte und ein Abbiegen vom Radweg aus an der nächsten Kreuzung durch die dortige Verkehrsführung nicht vorgesehen ist, darf man auf die Fahrbahn ausweichen. Und natürlich muss kein Radfahrer den Radweg benutzen, wenn er dort Slalom um Fußgänger, Mülltonnen, Baustellen oder ähnliche Hindernisse fahren muss oder Laub oder Schnee ein Befahren unmöglich machen. Der Radweg muss also problemlos befahrbar sein. Ist er es nicht, darf der Radfahrer die Fahrbahn benutzen. Er muss nicht etwa absteigen und sein Rad über den Bürgersteig schieben; er *dürfte* es noch nicht einmal, wenn dadurch die dortigen Fußgänger behindert würden.

Wenn sich die Hindernisse nur alle paar Hundert Meter wiederholen, muss der Radfahrer auch nicht etwa ständig zwischen Fahrbahn und Radweg hin- und herwechseln. Er darf sich dann dauerhaft für eine der beiden Möglichkeiten entscheiden.

Bei Interesse siehe hierzu:
§ 2 Abs. 4 StVO (Straßenverkehrsordnung), »Straßenbenutzung durch Fahrzeuge«

§ 41 Abs. 2 Ziffer 5, Zeichen 237, 240, 241 StVO, »Vorschriftzeichen, Sonderwege«

Haltverbot, eingeschränktes

Irrtum:
Im »Parkverbot« (eingeschränktes Haltverbot) darf ich maximal drei Minuten halten.

Richtig ist:
Zum Ein- und Aussteigen und für Ladegeschäfte gibt es im eingeschränkten Haltverbot keine zeitliche Begrenzung.

»Im Parkverbot darf man nur zum Be- und Entladen anhalten und dann auch nur maximal drei Minuten lang stehen bleiben.« So glauben jedenfalls viele. Tatsache ist, dass an diesem Satz wirklich alles falsch ist.

Mit der Begrifflichkeit fängt es schon an. Das im Volksmund »Parkverbot« genannte Zeichen 286 der Straßenverkehrsordnung (rot umfasster blauer Kreis mit einem diagonalen roten Strich von oben links nach unten rechts) heißt richtig »eingeschränktes Haltverbot« – und zwar ohne »e« zwischen »Halt« und »verbot«.

Wie das Schild korrekt zu bezeichnen ist und ob man es mit oder ohne »e« schreibt, mag zugegebenermaßen von untergeordneter Wichtigkeit sein. Was es bedeutet, sollte aber jedem Autofahrer klar sein. Dass man im eingeschränkten Haltverbot nur maximal drei Minuten stehen darf, um ein- oder auszuladen, ist ein immer wieder gehörtes Missverständnis.

Tatsächlich darf man im eingeschränkten Haltverbot aus jedem beliebigen Grund anhalten. Wer also neben dem Zeichen

Nr. 286 stoppt, um die schöne Natur zu bewundern, eine schnelle Mahlzeit einzunehmen oder die CD zu wechseln, der darf dies tun. Er muss allerdings nach drei Minuten weiterfahren. Wer dagegen das Fahrzeug be- oder entladen will, für den gilt die Dreiminutenregel nicht. Zwar müssen Ladevorgänge ohne Verzögerung durchgeführt werden; man sollte also zwischendurch nicht gerade Mittag essen gehen. Wenn dieses Gebot zur Eile beachtet wird, ist es jedoch überhaupt kein Problem, wenn der Ladevorgang länger als drei Minuten dauert.

Nichts anderes gilt beim Ein- und Aussteigen: Natürlich muss ein Fahrzeug nicht nach drei Minuten weiterfahren, wenn es einmal etwas länger dauert, bis beispielsweise ein Rollstuhlfahrer oder eine feuchtfröhliche Busladung schwankender Kegelbrüder sicher ein- oder ausgestiegen ist.

Bei Interesse siehe hierzu:
§ 41 Abs. 2, Zeichen 286 StVO (Straßenverkehrsordnung), »Vorschriftszeichen, Eingeschränktes Haltverbot«

Handy am Steuer I

Irrtum:
Nur das Telefonieren mit dem Handy ist während der Fahrt verboten.

Richtig ist:
Während der Fahrt darf gar keine Handyfunktion benutzt werden.

Dass man beim Autofahren nicht mit dem Handy am Ohr telefonieren darf, hat sich inzwischen herumgesprochen. Wie weitgehend das Handyverbot jedoch in Wirklichkeit ist, wissen die wenigsten. Viele benutzen das Handy zum Beispiel, um die Uhrzeit abzulesen. Vielleicht wollen sie es auch nur ausschalten, weil das Klingeln bei der Fahrt sie nervt. Manch einer liest sogar SMS und glaubt, das sei legal.

Dabei sind all diese Verhaltensweisen verboten. Denn das Gesetz macht keinen Unterschied, welche Funktion eines Handys man benutzt. Es reicht schon, dass man es zur Benutzung aufnimmt oder in der Hand hält. Es spielt also juristisch keine Rolle, ob man damit telefoniert, eine Nachricht liest,[52] es als Diktiergerät verwendet[53] oder nur kurz auf das Display guckt, um die Uhrzeit abzulesen.[54] Alle diese Handlungen sind ordnungswidrig und können geahndet werden! Erlaubt wäre es dagegen, das Handy lediglich deshalb in die Hand zu nehmen, um es an einen anderen Ablageort zu legen.[55] Und auch, wer ein Handy – entgegen seiner vorgesehenen Funktion – als Ohrwärmer benutzt, wird ohne Geldbuße davonkommen. Sofern ihm das Gericht diese Geschichte glaubt, sollte man hinzufügen ...[56]

Bei Interesse siehe hierzu:
§ 23 Abs. 1a StVO (Straßenverkehrsordnung), »Sonstige Pflichten des Fahrzeugführers«

Handy am Steuer II

Irrtum:
Wenn das Fahrzeug steht, darf man das Handy benutzen.

Richtig ist:
Das Handy darf man nur benutzen, wenn das Fahrzeug steht und der Motor ausgeschaltet ist.

Noch ein weiterer Handy-am-Steuer-Irrtum ist weit verbreitet: Kaum jemandem ist klar, dass das Handyverbot am Steuer nicht nur während der Fahrt gilt, sondern auch, wenn das Fahrzeug steht. Und zwar nicht nur an einer Ampel oder im Stau, wenn die Fahrt jederzeit wieder losgehen kann, sondern sogar dann, wenn man im Winter auf einem Parkplatz steht und den Motor laufen lässt, damit die Heizung funktioniert.

Schon wer in einer solchen Situation das Handy bloß in die Hand nimmt, um die Uhrzeit abzulesen (siehe dazu das vorige Kapitel), begeht eine Ordnungswidrigkeit. Denn die Formulierung des Gesetzes ist eindeutig:

»Wer ein Fahrzeug führt, darf ein Mobil- oder Autotelefon nicht benutzen, wenn hierfür das Mobiltelefon oder der Hörer des Autotelefons aufgenommen oder gehalten werden muss. Dies gilt nicht, wenn das Fahrzeug steht und bei Kraftfahrzeugen der Motor ausgestellt ist.«

Der Motor muss also ausgeschaltet sein. Der Wortlaut des Gesetzes lässt hier keinen Spielraum.

Dass dies im Einzelfall wie oben beschrieben zu absurden Ergebnissen führen kann, steht außer Frage. Es bleibt daher abzuwarten, ob Gesetzgeber oder Rechtsprechung künftig mehr Milde walten lassen.

Bei Interesse siehe hierzu:
§ 23 Abs. 1a StVO (Straßenverkehrsordnung), »Sonstige Pflichten des Fahrzeugführers«

Handynummer als »Abschleppschutz«

Irrtum:
Wer falsch parkt, hat keine Chance, sich vor dem Abschleppen zu schützen.

Richtig ist:
Die Handynummer hinter der Windschutzscheibe kann Abschleppschutz bieten.

Wer falsch parkt und andere behindert, kann abgeschleppt werden und muss die Abschleppkosten tragen. Das ist bekannt. Doch ist es eigentlich angemessen, ein Auto abschleppen zu lassen, wenn sich hinter der Scheibe gut sichtbar ein Zettel befindet, auf dem es zum Beispiel heißt:

> »Nachricht an die Politesse: 18. Juli 2008, 14:30 Uhr. Ich bin kurz im Friseursalon Schmitz (Schillerstraße 7), vor dem mein Auto hier gerade steht. Mein Name ist Gisela Schulze, ich trage ein auffälliges grünes Kleid, meine Handynummer ist 0123/4567890, und wenn Sie mich anrufen oder in das Friseurgeschäft kommen und mich ansprechen, werde ich diesen Wagen auf der Stelle wegfahren. Versprochen!«

Müsste eine Politesse in einem solchen Fall nicht ganz einfach ins Geschäft gehen und darum bitten, dass der Wagen weggesetzt wird, anstatt ihn gleich abschleppen zu lassen? Der Aufwand wäre viel geringer und obendrein wäre die Straße auch schneller wieder frei.

In der Tat können sich Autofahrer, die einen solchen Zettel hinter ihrer Windschutzscheibe anbringen, auf ein Urteil des

Oberverwaltungsgerichts (OVG) Hamburg berufen.[57] Das Gericht meint, dass Polizeibedienstete durchaus verpflichtet sein können, den Fahrer des Autos erst einmal zu suchen, bevor sie das Fahrzeug abschleppen lassen. Allerdings nur unter strengen Voraussetzungen:

– Im Auto befindet sich ein deutlicher Hinweis auf den Aufenthaltsort des Fahrers.
– Der Aufenthaltsort liegt in unmittelbarer Nähe des Autos.
– Es ist erkennbar, dass der Fahrer dort aktuell erreichbar ist.
– Der Hinweiszettel ist auf die konkrete Situation bezogen und nicht allgemein gehalten.

Ergänzen sollte man, dass andere Gerichte auch einen ausdrücklichen Hinweis darauf verlangen, dass man sofort wegfahren würde, wenn man angerufen oder aufgesucht werde.

Die »Nachricht an die Politesse« ganz oben erfüllt alle diese Voraussetzungen. Sie ist vor allem kein allgemein gehaltener Vordruck. Man merkt dem Zettel an, dass er genau für diese konkrete Situation geschrieben wurde – für den Parkverstoß am 18.07.08 vor dem Friseursalon Schmitz. Die Politesse weiß also, dass genau sie mit dem Zettel gemeint ist und dass die Straße schneller wieder frei ist, wenn sie erst einmal die Fahrerin sucht. Jedenfalls in Hamburg käme Frau Schulze mit diesem Zettel also wohl um die Abschleppkosten herum, wenn die Politessen ihr Auto dennoch einfach abschleppen lassen.

Das wäre anders bei einem vorgefertigten Zettel, den man immer im Handschuhfach hat und auf dem es ganz allgemein für jede Situation passend heißt:

»Liebe Politesse, ich bin ganz in der Nähe. Wenn ich wegfahren soll, rufen Sie mich bitte an, Telefonnummer: 0123/4567890.«

Hier weiß die Politesse nicht, ob der Zettel nicht vielleicht schon vor einem Jahr hinter die Windschutzscheibe gelegt und dann dort vergessen wurde. Sie muss ihn daher nicht beachten, denn der Bezug zur konkreten Situation fehlt.

Als höhere Instanz hat das Bundesverwaltungsgericht in einer älteren Entscheidung übrigens einmal erkennen lassen, dass es Hinweisschilder mit Handynummer hinter der Windschutzscheibe in der Regel *gerade nicht* als »Abschleppschutz« betrachtet. Denn es sei nicht sicher, ob die Nachforschungen nach dem Fahrer Erfolg hätten. Außerdem verzögere sich der Abschleppvorgang dadurch möglicherweise.[58] Allerdings betraf auch diese Entscheidung ein vorgefertigtes, allgemein gehaltenes Hinweisschild, das für viele Situationen gepasst hätte und dem Gericht daher zu unkonkret war.

Erwähnt sei schließlich noch, dass andere Gerichte die Zettel hinter der Windschutzscheibe ebenfalls kritisch sehen.[59] Auch sie bestreiten jedoch nicht, dass es Fälle geben kann, in denen die Politessen zunächst nach dem Fahrer suchen müssen.

Welche Rechtsprechung sich langfristig in Deutschland durchsetzt, bleibt abzuwarten. Dennoch gilt folgendes Fazit: Natürlich sollte man überhaupt nicht falsch und behindernd parken. Aber wenn es in einem »Notfall« doch einmal sein »muss«, können individuell auf die Situation zugeschnittene Hinweiszettel hinter der Windschutzscheibe einen doppelten Schutz bieten:

Zum Ersten bieten sie einen tatsächlichen Schutz. Denn je freundlicher und präziser der Zettel formuliert ist, desto größer ist die Wahrscheinlichkeit, dass die Politesse erst einmal den Fahrer sucht, bevor sie den Abschleppwagen ruft.

Zum Zweiten bieten sie auch einen gewissen rechtlichen Schutz vor Abschleppkosten. Denn bei höchstrichterlich noch nicht abschließend entschiedenen Rechtsfragen wie dieser ist es besser, die Rechtsprechung eines Oberverwaltungsgerichts an der Hand zu haben als gar keine.

Kinder als Fahrradfahrer

Irrtum:
Wenn die Eltern dabei sind, dürfen Kinder mit dem Fahrrad auf dem Radweg oder der Fahrbahn fahren.

Richtig ist:
Erst ab acht Jahren dürfen Kinder mit dem Fahrrad den Radweg oder die Fahrbahn benutzen, egal, ob die Eltern dabei sind oder nicht.

Viele Eltern unterschätzen noch immer die Gefahren, die einem Kind drohen, wenn es mit seinem Rad auf dem Radweg oder gar auf der Fahrbahn fährt. Jedenfalls solange sie ihr Kind vorne und hinten sozusagen im Konvoi eskortieren, halten sie diese Gefahren für beherrschbar und ihr Tun für legal. Doch dies ist ein Irrtum.

Die Straßenverkehrsordnung hält für Rad fahrende Kinder im Straßenverkehr eine eindeutige Regelung bereit: Kinder bis zu sieben Jahren *müssen* mit ihrem Fahrrad den Gehweg benutzen. Dabei spielt es überhaupt keine Rolle, ob ihre Eltern dabei sind oder nicht – wobei die Eltern ihrerseits den Gehweg auch in diesem Fall nicht zum Fahrradfahren benutzen dürfen, sondern auf der Straße oder dem Radweg fahren müssen. Acht- und neunjährige Kinder haben die Wahl: Sie *dürfen* noch den Gehweg benutzen, haben aber auch schon das Recht auf dem Radweg oder der Fahrbahn zu fahren. Kinder ab zehn Jahren dürfen dagegen überhaupt nicht mehr auf dem Gehweg fahren. Sie müssen also den Radweg oder die Fahrbahn benutzen.

Was viele Eltern ebenfalls nicht wissen: Beim Überqueren einer Fahrbahn müssen die Kinder absteigen. Sie dürfen also nicht einfach von einem Gehweg auf den nächsten fahren.

Bei Interesse siehe hierzu:
§ 2 Abs. 5 StVO (Straßenverkehrsordnung), »Straßenbenutzung durch Fahrzeuge«

Lichthupe

Irrtum:
Man darf die Lichthupe nicht benutzen, um auf der Autobahn den Vordermann zu einem Wechsel auf die rechte Fahrspur zu veranlassen.

Richtig ist:
Außerhalb geschlossener Ortschaften ist es sogar eine Hauptaufgabe der Lichthupe, Überholabsichten anzukündigen.

Die Lichthupe ist ein Warnzeichen. Sie darf verwendet werden, wenn ein Fahrer sich oder einen anderen gefährdet sieht.

Viele benutzen die Lichthupe jedoch auch zu einem anderen Zweck. Auf der Autobahn kündigen schnellere Fahrzeuge ihre Überholabsicht an, indem sie einige Male kurz aufblenden. Das vorausfahrende Fahrzeug wird damit aufgefordert, von der linken auf die rechte Spur zu wechseln.

Nun hat jeder schon einmal irgendwo gelesen, dass Drängeln auf der Autobahn als →*Nötigung* bestraft werden kann. Bestärkt durch dieses rudimentäre verkehrsstrafrechtliche Hintergrundwissen, reagieren viele recht allergisch, wenn der Hintermann es wagt, ihnen per Lichthupe mitzuteilen, dass sie zu langsam fahren. Um dem vermeintlichen Rowdy eine Lektion in Verkehrserziehung zu erteilen, bleiben sie dann absichtlich noch etwas länger auf der linken Spur und überholen auch noch den allerletzten LKW, bis sie sich endlich – ganz gemächlich – nach rechts bequemen.

Was die wenigsten wissen: Es ist keineswegs verboten, Hupe und Lichthupe zu benutzen, um langsamere Fahrzeuge von der linken Spur herunterzukomplimentieren. Es ist sogar eine wesentliche Aufgabe von Hupe und Lichthupe, Überholabsichten anzukündigen. Das Gesetz gestattet ausdrücklich die Verwendung von Schall- und Leuchtzeichen, wenn ein Fahrer außerhalb geschlossener Ortschaften überholen will.

Hupe und Lichthupe dürfen allerdings immer nur kurz und stoßweise und insgesamt nicht länger als einige Sekunden betätigt werden. Denn das reicht, um den Vordermann darauf aufmerksam zu machen, dass man überholen will.

Wer Hupe oder Lichthupe dagegen übertrieben oft und lange betätigt oder gar zudem zu dicht auffährt, verlässt den Bereich des rechtlich Zulässigen und verhält sich zumindest ordnungswidrig. In besonders extremen Fällen kann der grundsätzlich erlaubte Gebrauch dieser Warninstrumente auch als Nötigung oder versuchte Nötigung bestraft werden.

Bei Interesse siehe hierzu:
§ 5 Abs. 5 StVO (Straßenverkehrsordnung), »Überholen«
§ 16 Abs. 1 StVO, »Warnzeichen«
§ 240 StGB (Strafgesetzbuch), »Nötigung«

Motor warmlaufen lassen

Irrtum:
Es ist sinnvoll und zulässig, den Motor im Stand warmlaufen zu lassen.

Richtig ist:
Das Warmlaufenlassen des Motors im Stand ist nicht nur schädlich für Motor und Umwelt, sondern auch eine Ordnungswidrigkeit.

Eine unausrottbare Unsitte bei manchen Autofahrern ist das Warmlaufenlassen des Motors im Stand. Während der Motor läuft, wird das Auto von Schnee und Eis frei gekratzt und vielleicht noch eine Zigarette geraucht. Allen Aufklärungsbemühungen zum Trotz gibt es immer noch Zeitgenossen, die glauben, ihr Auto auf diese Weise am schonendsten auf Betriebstemperatur zu bringen. Dass sie eine Ordnungswidrigkeit begehen, kommt ihnen dabei gar nicht in den Sinn!

Man kann es gar nicht oft genug wiederholen: Sowohl für den Motor als auch für die Umwelt ist diese Praxis höchst schädlich. Aus diesem Grund ist sie auch verboten. Sie kann als Ordnungswidrigkeit mit erheblichen Bußgeldern geahndet werden.

Bei Interesse siehe hierzu:
§ 30 Abs. 1 StVO (Straßenverkehrsordnung), »Umweltschutz und Sonn- und Feiertagsfahrverbot«

Nebelscheinwerfer und Nebelschlussleuchte

Irrtum:
Nebelscheinwerfer darf man anmachen, wann man will, die Nebelschlussleuchte nur bei schlechter Sicht.

Richtig ist:
Nebelscheinwerfer darf man nur bei erheblich behinderter Sicht durch Nebel, Schneefall oder Regen benutzen, die Nebelschlussleuchte nur bei weniger als 50 m Sichtweite durch Nebel, nicht aber durch Schneefall oder Regen.

Der oben beschriebene Irrtum ist nur ein Beispiel unter vielen falschen Vorstellungen zum Thema »Wann darf ich eigentlich Nebelscheinwerfer und Nebelschlussleuchten einschalten?«.

Wohl die meisten deutschen Autofahrer geraten bei dieser Frage reichlich ins Schwimmen und produzieren die unterschiedlichsten Antworten. Man weiß natürlich, dass schlechte Sicht herrschen muss, und vielleicht erinnert man sich auch noch vage daran, dass die Grenze von 50 Metern Sichtweite irgendeine Rolle spielt. Alles Weitere ist in der Regel Spekulation und jahrelanges »Durchwurschteln nach Gefühl« in der täglichen Fahrpraxis: Man macht die Lichter halt an, wenn man es selbst für sinnvoll hält, und bisher hat es einem auch noch kein Polizist verboten.

Man sollte jedoch nicht darauf vertrauen, dass das immer so bleibt. Denn wer Nebelscheinwerfer oder -schlussleuchte einschaltet, ohne es zu dürfen, begeht eine Ordnungswidrigkeit und kann kostenpflichtig verwarnt werden oder sogar ein Bußgeld auferlegt bekommen.

Wann also darf man die Lichter einschalten?

Besonders streng ist das Gesetz bei der Nebelschlussleuchte. Sie darf man tatsächlich nur bei Nebel einschalten, also nicht etwa auch bei Regen oder Schneefall. Grund hierfür ist ihre sehr starke Blendwirkung. Außerdem gilt die schon zitierte 50-Meter-Regelung: Als Folge des Nebels darf die Sichtweite nicht mehr als 50 Meter betragen. Das ist der Abstand, der auf der Autobahn in der Regel zwischen zwei Leitpfosten besteht. Übrigens darf man in solchen Situationen auch nicht schneller als 50 km/h fahren.

Für die Nebelscheinwerfer gilt eine andere Regelung. Anders als ihr Name vermuten lässt, darf man sie nicht nur bei Nebel benutzen. Sie dürfen vielmehr auch bei Regen oder Schneefall eingeschaltet werden. Allerdings muss die Sicht durch schlechte Wetterverhältnisse erheblich beeinträchtigt sein. Und dazu gehört mehr als nur ein bisschen Spritzwasser des vorausfahrenden Fahrzeuges.

Hat man zwei funktionierende Nebelscheinwerfer eingeschaltet, ist es übrigens empfehlenswert, nur mit Standlicht zu fahren. Denn bei gleichzeitiger Verwendung von Abblend- oder gar Fernlicht und Nebelscheinwerfern besteht die Gefahr, dass man sich selbst blendet. Außerdem geht die Wirkung von Nebelscheinwerfern im Abblendlicht leicht unter. Die Straßenverkehrsordnung erlaubt daher ausdrücklich, dass man in solchen Fällen außer den Nebelscheinwerfern nur das Standlicht einschaltet.

Bei Interesse siehe hierzu:
§ 3 Abs. 1 Satz 3 StVO (Straßenverkehrsordnung), »Geschwindigkeit«
§ 17 Abs. 3 StVO, »Beleuchtung«

Parklücken blockieren

Irrtum:
Fußgänger dürfen Parklücken blockieren.

Richtig ist:
Das Blockieren von Parklücken ist ordnungswidrig.

Diese Situation kennt wohl jeder: Man möchte mit dem Auto in eine Parklücke einfahren, muss aber feststellen, dass ein Fußgänger sie für das Auto eines Freundes oder Verwandten, der ganz bestimmt gleich kommt, freihält.

Um es ganz deutlich zu sagen: Ein solches Verhalten ist nicht nur in hohem Maße unsozial, sondern stellt sogar eine Ordnungswidrigkeit dar. Es ist Fußgängern nicht erlaubt, Parklücken für Autos freizuhalten, die noch nicht selbst vor Ort und im Begriff sind, in die Parklücke einzufahren. Denn Parklücken sind nicht für Fußgänger gemacht, sondern für Autos. Und für die Autos gilt der alte Sinnspruch: »Wer zuerst kommt, mahlt zuerst.« Das erste Auto, das sich einer Parklücke nähert, die in Wildwest-Manier von einem Fußgänger besetzt gehalten wird, darf also in die Parklücke einfahren. Immer wieder kommt es in solchen Situationen zu Konflikten. Das Oberlandesgericht des Landes Sachsen-Anhalt hatte über folgenden Fall zu entscheiden[60]:

Eine Polizeianwärterin hatte nach dem Einkaufen keine Lust, einen Pappkarton mit Safttüten zu dem Auto ihres Begleiters zu tragen, das in einer hinteren Parkreihe stand. Sie stellte sich deshalb samt Karton in eine gerade frei werdende Parklücke und blockierte sie für ihren Begleiter. Eine Autofahrerin wollte in diese Parklücke einfahren. Die angehende Polizistin jedoch wich nicht von der Stelle, was die Autofahrerin nicht davon abhielt, dennoch in die Parklücke zu fahren. Nach mehrfachem kurzem Anhalten und Weiterfahren berührte sie die stur an ihrem Platz verharrende Polizeianwärterin schließlich am Knie. Der Karton mit den Safttüten ging dabei zum Teil zu Bruch und seine Besitzerin verließ schließlich die Parklücke, so dass die Autofahrerin einparken konnte. Die angehende Ordnungshüterin zeigte die Autofahrerin wegen Nötigung an. Letztinstanzlich wurde die Angeklagte freigesprochen. Das Gericht war der Auffassung, die Nötigungshandlung sei nicht verwerflich, das heißt sozialethisch nicht zu missbilligen gewesen. Denn immerhin sei die Autofahrerin maßvoll in die Parklücke hineingefahren. Sie habe immer wieder angehalten und der Blockiererin so die Möglichkeit gegeben, sich zu entfernen. Abgesehen davon habe der Autofahrerin ein Notwehrrecht zugestanden, da die Blockade rechtswidrig war.

An dieser Stelle soll klargestellt werden, dass es natürlich ganz anders ausgesehen hätte, wenn die Autofahrerin schnell in die Parklücke hineingefahren wäre und die Polizistin sogar verletzt hätte. In einem solchen Fall wäre eine Verurteilung wegen Nötigung und Körperverletzung durchaus in Betracht gekommen. Anders sieht es auch aus, wenn ein Fußgänger ein Auto in die Parklücke einweist, das tatsächlich als Erstes dort angekommen ist. In diesem Fall gilt wieder der oben zitierte Grundsatz, dass die Parklücke dem Autofahrer zusteht, der sie als Erster erreicht.

Bei Interesse siehe hierzu:
§ 12 Abs. 5 StVO (Straßenverkehrsordnung), »Halten und Parken«

Rechts überholen bei Stau

Irrtum:
Motorräder dürfen bei Stau auf der Autobahn zwischen den Kolonnen hindurch fahren.

Richtig ist:
Auch für Motorradfahrer und auch bei Stau gilt das Rechtsüberholverbot.

Motorradfahrer schildern gerne, dass sie beim Fahren ein »Gefühl der Freiheit« empfinden. Mit manch einem von ihnen scheint der »Freiheitsdrang« jedoch mitunter ein wenig durchzugehen. Jedenfalls geschieht es immer wieder, dass Motorradfahrer sich bei Stau oder zähfließendem Verkehr zwischen den Fahrzeugschlangen hindurchschlängeln und so die vor ihnen stehenden oder langsam fahrenden Fahrzeuge auf derselben Spur rechts überholen.

Diese Freiheit gewährt ihnen die Straßenverkehrsordnung jedoch nicht. Denn das Rechtsüberholverbot gilt für alle Fahrzeuge, also auch für Motorräder. Wenn der Verkehr so dicht ist, dass sich Schlangen gebildet haben, darf man zwar auch rechts überholen. Das gilt jedoch nur, wenn der Überholende auch einen freien Fahrstreifen zur Verfügung hat. Ist das nicht der Fall, müssen auch Motorradfahrer geduldig in der Schlange warten. Sie dürfen den Vordermann auf keinen Fall auf dessen Spur rechts überholen.

Es liegt letztlich im eigenen Interesse der Motorradfahrer, dass sie sich auch bei Stau an das Rechtsüberholverbot halten. Denn das Hindurchfahren zwischen Kolonnen ist außerordentlich gefährlich. Auch für Motorräder kann es bereits dann sehr eng werden, wenn die überholten Fahrzeuge sich innerhalb ihrer Spur nach rechts oder links bewegen.

Noch gefährlicher wird es natürlich, wenn vorausfahrende Fahrzeuge die Spur sogar wechseln. Kommt es in derartigen Situationen zu einem Unfall mit einem Motorrad, das gerade unerlaubt zu überholen versucht, haftet der Motorradfahrer – sofern er den Zusammenstoß überlebt – allein für den gesamten Schaden. Denn das vorausfahrende Fahrzeug muss keinesfalls damit rechnen, dass sich von hinten Motorräder nähern, die unerlaubt überholen wollen.[61]

Bei Interesse siehe hierzu:
§ 5 Abs. 1 StVO (Straßenverkehrsordnung), »Überholen«
§ 7 Abs. 2, 2a StVO, »Benutzung von Fahrstreifen durch Kraftfahrzeuge«

Reißverschlussverfahren

Irrtum:
Wenn eine Fahrspur wegfällt, müssen sich alle Fahrzeuge so früh wie möglich auf den benachbarten freien Fahrstreifen einordnen.

Richtig ist:
Das Reißverschlussverfahren erfordert, dass alle Fahrzeuge so nah wie möglich an das Hindernis heranfahren und erst dann auf die frei bleibende Spur wechseln.

Es scheint ein vollkommen hoffnungsloses Unterfangen zu sein. Allen Aufklärungsbemühungen zum Trotz versteht der überwiegende Teil der deutschen Autofahrer nach wie vor weder den Sinn noch die Funktionsweise des berühmten Reißverschlusssystems.

Wo eine Schlange ist, da muss man sich hinten anstellen – nach diesem völlig unsinnigen Prinzip verfährt leider immer noch die Mehrheit der Verkehrsteilnehmer, wenn eine Fahrspur wegfällt, quasi nach dem Motto: »Was am Sparkassenschalter richtig ist, kann im Straßenverkehr nicht verkehrt sein.«

Schon Hunderte von Metern vor dem Hindernis bildet sich so auf der frei bleibenden Spur eine gigantische Schlange, während der Platz auf der wegfallenden Spur überhaupt nicht genutzt wird. Nur vereinzelt fahren einige Autos an dem Stau vorbei und ordnen sich – vorschriftsmäßig – erst kurz vor dem Hindernis auf die frei bleibende Fahrspur ein.

Diese Fahrer haben das Reißverschlusssystem verstanden. Nicht verstanden haben es dagegen all diejenigen Zeitgenossen, die sich scheinbar brav schon einen halben Kilometer zu früh hinten anstellen und auf diese Weise den Verkehr unnötig behindern. Denn natürlich ist es sinnvoller, wenn auch die wegfallende Fahrspur so lange wie möglich, das heißt bis kurz vor dem Hindernis, genutzt wird. Der Stau könnte auf diese Weise erheblich verkürzt werden. Stattdessen werden diejenigen Autofahrer, die sich korrekt verhalten, als rücksichtslose Vordrängler betrachtet. Gerne geben einige besonders motivierte »Verkehrserzieher« in diesen Fällen noch einmal extra viel Gas, um das überholende Fahrzeug kurz vor dem Hindernis nur ja nicht hereinzulassen. Dabei sind sie es selbst, die durch ihr Verhalten gegen die Straßenverkehrsordnung verstoßen. Denn diese schreibt eindeutig vor, dass den am Weiterfahren gehinderten Fahrzeugen der Wechsel des Fahrstreifens zu ermöglichen ist, und zwar im Reißverschlussverfahren: Jedes Auto auf der rechten Spur muss also eines von der linken hereinlassen.

Bei Interesse siehe hierzu:
§ 7 Abs. 4 StVO (Straßenverkehrsordnung), »Benutzung von Fahrstreifen durch Kraftfahrzeuge«

Trunkenheit im Straßenverkehr

Irrtum:
Nur betrunkene Kraftfahrer riskieren ihren Führerschein.

Richtig ist:
Auch betrunkene Fahrradfahrer, Rollstuhlfahrer und sogar Fußgänger können ihre Fahrerlaubnis verlieren.

Dass betrunkene Autofahrer ihren Führerschein riskieren, weiß wohl jeder. Vor allem Fahrradfahrer und Fußgänger fühlen sich dagegen meist sicher. Sie kommen in der Regel gar nicht auf den Gedanken, dass auch ihnen die Fahrerlaubnis entzogen werden kann, wenn sie betrunken am Straßenverkehr teilnehmen. Genau das kann ihnen aber passieren!

Ein betrunkener Fahrradfahrer muss ab 1,6 Promille damit rechnen, dass die Führerscheinstelle ihn zum berühmten »Idiotentest« (der sogenannten medizinisch-psychologischen Untersuchung, kurz MPU) schickt. Der Führerschein wird ihm entzogen, wenn die Untersuchung zu dem Ergebnis kommt, dass er sich in betrunkenem Zustand nicht genügend im Griff hat, so dass sich die Tat wiederholen könnte.

Aber selbst Fußgänger laufen Gefahr, dass man ihnen die Fahrerlaubnis entzieht, wenn Anhaltspunkte dafür vorliegen, dass sie ein Alkoholproblem haben. Ein Beispiel soll dies zeigen:

Ein Taxifahrer war in 33 Jahren Dienstzeit nicht ein einziges Mal alkoholisiert am Steuer aufgegriffen worden. 1995 erschien er jedoch als Fußgänger sturzbetrunken auf einer Polizeiwache. Mehr als fünf Jahre später – am Rosenmontag 2001 – fand man ihn erneut in ebenfalls stark angeheitertem Zustand auf einem Bürgersteig liegen. Er hatte mehr als zwei Promille Alkohol im Blut. Diese beiden Vorfälle reichten aus, um von ihm die Teilnahme an einer MPU zu verlangen. Die Führerscheinstelle argumentierte, dass der Mann stark an Alkohol gewöhnt sein müsse, sonst hätte er diesen Promillewert überhaupt nicht erreichen können. Die Kosten der MPU sollte er selbst tragen. Der Mann weigerte sich jedoch, die sehr teure Untersuchung vornehmen zu lassen, und verlor schon allein aufgrund dieser Weigerung seine Fahrerlaubnis. Er klagte gegen diese Entscheidung und unterlag auch vor Gericht.

Jeder, dem es auch schon passiert ist, dass er als Fußgänger innerhalb von fünfeinhalb Jahren zweimal betrunken war – davon einmal im Karneval (!) –, sollte sich also zukünftig sehr in Acht nehmen. Nur allzu leicht kann man sich mit einem derart »maßlosen« Lebenswandel böse Konsequenzen einhandeln.

Bei Interesse siehe hierzu:
§ 2 Abs. 2 Nr. 3 StVG (Straßenverkehrsgesetz), *»Fahrerlaubnis und Führerschein«*
§ 3 Abs. 1 FeV (Fahrerlaubnis-Verordnung), *»Einschränkung und Entziehung der Zulassung«*

Unfall: Immer die Polizei rufen?

Irrtum:
Nach einem Unfall muss man unbedingt die Polizei rufen, um die Beweise zu sichern. Die Versicherungen verlangen das.

Richtig ist:
Nicht für jeden Blechschaden muss man die Polizei alarmieren.

Wie selbstverständlich rufen viele Menschen nach jedem Unfall, sei er auch noch so klein, die Polizei herbei. Sie glauben, es könne ansonsten Schwierigkeiten mit der Versicherung geben. Denn nur die Polizei sei in der Lage, die Beweise zu sichern, mit denen später die Schuld des Unfallverursachers nachgewiesen werden kann.

Bei einem bloßen Blechschaden kann die Polizei jedoch in aller Regel nicht viel mehr tun, als die Personalien der Unfallbeteiligten festzustellen, ihnen tröstende Worte zukommen zu lassen und dem Unfallverursacher eine kostenpflichtige Verwarnung zu erteilen. Darauf, dass die Polizei darüber hinaus irgendwelche Beweise sichert oder gar aufbewahrt, sollte man sich lieber nicht verlassen. Dies erledigt man besser selbst. Wofür gibt es schließlich Handykameras? Soweit ersichtlich verlangt daher auch keine Versicherung, dass nach jedem Unfall unbedingt die Polizei herbeizurufen ist.

Insbesondere bei kleinen Blechschäden sollte man sich deshalb überlegen, ob man die Polizeibeamten wirklich beim Pizzaessen stören und zum Unfallort zitieren muss. Der unschuldige Geschädigte jedenfalls hat meist keinen wirklichen Vorteil davon. Und der Unfallverursacher hat sogar einen Nachteil. Denn er riskiert eine kostenpflichtige Verwarnung oder gar Punkte in Flensburg. Für ihn kann es also durchaus sinnvoll sein, sich großzügig zu zeigen und mit dem Unfallgegner zu einer gütlichen Einigung zu gelangen. Für beide Seiten kann es sich so lohnen, die Angelegenheit ohne die Polizei zu regeln. Und auch die »Freunde und Helfer« werden es in aller Regel zu schätzen wissen, wenn man ihnen unnötige Mehrarbeit erspart.

Unnützes Hin-und-her-Fahren

Irrtum:
»Cruisen« ist legal.

Richtig ist:
Unnützes Hin-und-her-Fahren ist eine Ordnungswidrigkeit.

Man möchte annehmen, dass jeder Autofahrer selbst entscheiden darf, wann und aus welchem Grund er sein Auto benutzt. Doch weit gefehlt! Die Straßenverkehrsordnung enthält eine ganz erstaunliche Regelung, die kaum jemand kennt. Danach ist unnützes Hin-und-her-Fahren (so steht es tatsächlich wörtlich im Gesetz!) innerhalb geschlossener Ortschaften verboten, wenn andere dadurch belästigt werden. Die Vorschrift verbietet außerdem das unnötige Laufenlassen des Motors sowie ein übermäßig lautes Schließen der Fahrzeugtüren. Die Umwelt soll auf diese Weise vor überflüssigen Abgas- und Lärmimmissionen geschützt werden.

Wer jemals an einem Samstagabend gegen Mitternacht über den Kölner Ring zwischen Rudolfplatz und Friesenplatz spaziert ist, weiß also nun, dass das, was sich dort abspielt, in höchstem Maße illegal ist. Denn so dramatisch ist die Parksituation dort schließlich auch nicht, dass man immer wieder den gleichen, mit nur geringer Bodenfreiheit versehenen Mittelklassefahrzeugen eines bayerischen Automobilbauers begegnen müsste, die ihre Umgebung lautstark mit nahöstlicher Musik unterhalten.

Für Köln wie auch für den Rest der Republik gilt also: Wer sich hinters Steuer setzt, sollte sich immer im Klaren darüber sein, warum er das tut – ansonsten könnte die Fahrt teuer werden!

Bei Interesse siehe hierzu:
§ 30 Abs. 1 StVO (Straßenverkehrsordnung), »Umweltschutz und Sonn- und Feiertagsfahrverbot«

Verkehrserziehung mit der Hupe

Irrtum:
Es ist zulässig, andere Verkehrsteilnehmer mit der Hupe darauf aufmerksam zu machen, dass sie gerade einen Verkehrsverstoß begehen.

Richtig ist:
Hupen darf nur, wer außerhalb geschlossener Ortschaften überholt oder wer sich oder andere gefährdet sieht.

Verkehrserziehung war und ist vor allem in Deutschland schon immer ein beliebter Breitensport. Hinz und Kunz fühlen sich hierzulande bemüßigt und berechtigt, wildfremden Menschen ungefragt Lektionen in Straßenverkehrsrecht zu erteilen. »So etwas kostet 30 Euro!«, rufen sie zum Beispiel Fahrradfahrern zu, die den Radweg auf der falschen Seite befahren. »Ein tolles Vorbild für die Kinder sind Sie!«, ist ein anderer Klassiker, mit dem Spaziergänger beim Überqueren einer roten Fußgängerampel selbst auf den verlassensten Landstraßen gerne angegangen werden.

Es sei einmal dahingestellt, ob nicht auch schlechte Vorbilder pädagogisch sinnvoll eingesetzt werden können: »Das, was der Mann da macht, darfst du auf keinen Fall nachmachen. Das ist sehr gefährlich!« Hierüber mögen sich die Pädagogen streiten. Tatsache ist jedenfalls, dass Verkehrsverstöße anderer Personen niemanden etwas angehen. Jeder Mensch muss selbst entscheiden, ob er 30 Euro Geldbuße riskieren oder ein schlechtes Vorbild abgeben will. Über die Einhaltung gesetzlicher Vorschriften hat alleine der Staat zu wachen. Ein Grundrecht, anderen Menschen besserwisserische Lektionen in Verkehrserziehung aufzuzwingen, besteht daher nicht.

In besonderem Maße gilt dies für die verbreitete Unsitte, andere Verkehrsteilnehmer mittels Hupe oder Lichthupe wegen eines Verkehrsverstoßes zu ermahnen. Hupe und Lichthupe dürfen außerhalb geschlossener Ortschaften verwendet werden, um eine Überholabsicht anzukündigen. Im Übrigen darf sie nur benutzen, wer sich oder andere akut gefährdet sieht.

Niemand hat also das Recht, Fußgänger, die gerade eine rote Ampel überquert haben, nun aber keinerlei Gefahr mehr darstellen, empört anzuhupen. Dagegen ist es sehr wohl zulässig, einen Fußgänger, der ganz offensichtlich nicht auf den Straßenverkehr achtet, zu warnen, bevor er einen Rotlichtverstoß begeht und sich und andere auf diese Weise in Gefahr bringt.

Zusammengefasst heißt das: Hobbypolizisten, die Hupe oder Lichthupe nicht dazu benutzen, um andere vor einer akut drohenden Gefahr zu warnen, sondern sie als Erziehungsmittel oder Instrument zum Druckablassen missbrauchen, verhalten sich nicht nur dreist und anmaßend, sondern begehen sogar selbst eine Ordnungswidrigkeit, die mit Verhängung einer Geldbuße geahndet werden kann.

Bei Interesse siehe hierzu:
§ 16 Abs. 1 StVO (Straßenverkehrsordnung), »Warnzeichen«

Verbraucherfragen

Anfassen von Lebensmitteln verpflichtet zum Kauf?

Irrtum:
Angefasste oder ausgepackte Lebensmittel müssen gekauft werden.

Richtig ist:
Auch bei Lebensmitteln besteht kein Kaufzwang.

Studenten kennen die vom Mensapersonal liebevoll selbstgebastelten Hinweisschilder an der Nachtischtheke: »Herausgenommene Lebensmittel müssen gekauft werden«. Für »herausgenommene« und selbst für angefasste Lebensmittel gilt jedoch das Gleiche wie für durchgeblätterte Zeitschriften (siehe Seite 266): Man muss sie nicht kaufen, und zwar auch dann nicht, wenn Schilder im Geschäft oder im Selbstbedienungslokal etwas anderes behaupten. Selbst wer so weit geht, im Supermarkt eine Chipstüte aufzureißen, um »mal zu probieren«, ist nicht gezwungen, diese Chips nun zur Kasse zu tragen, zu bezahlen und mitzunehmen. Warum auch? Vielleicht schmecken die Chips ja gar nicht!

Wer sich nun schon auf ein hemmungs- und kostenloses Durchprobieren beim nächsten Supermarkt- oder Mensabesuch freut, der sei jedoch gewarnt: Auch wenn es keinen Kaufzwang für angefasste oder ausgepackte Lebensmittel gibt, so muss man dem Händler doch den Schaden ersetzen, den man angerichtet hat. Dass überhaupt ein Schaden entstanden ist, steht allerdings keineswegs immer fest. Wenn man an der Obsttheke einen Pfirsich lediglich sacht anfasst und sich die Fingernägel beim »Frischetest« nicht gerade einen halben Zentimeter ins Fruchtfleisch bohrt, dürfte die Ware weiterhin gut verkäuflich sein. Gleiches gilt für eine mit Klarsichtfolie überzogene Schüssel

Schokopudding in der Mensa. In beiden Fällen wäre kein Schaden entstanden. Man dürfte den Pfirsich beziehungsweise den Pudding zurücklegen und müsste nichts bezahlen.

Wer dagegen eine Chipstüte aufreißt, macht die Ware unverkäuflich. Auch das heißt jedoch noch lange nicht, dass man nun den vollen Ladenpreis als Schadensersatz leisten muss. Denn der Schaden des Händlers ist in aller Regel geringer als der Ladenpreis! Zwar wird man ihm den Händlereinkaufspreis erstatten müssen, also die Summe, die er selbst bei seinem Lieferanten für die Chipstüte bezahlt hat. Den vollen Ladenpreis – also einschließlich der Gewinnmarge – müsste man dagegen nur erstatten, wenn dem Händler durch das Aufreißen der Verpackung der Gewinn entgangen ist, den er eingestrichen hätte, wenn er die Tüte verkauft hätte. Das wäre zum Beispiel der Fall, wenn man die letzte Chipstüte aufgerissen hat, die der Händler auf Lager hatte. Wenn dann fünf Minuten später ein Kunde kommt, der genau diese Tüte gekauft hätte, wäre dem Händler tatsächlich ein Gewinn entgangen. »Geschickter« wäre es also, sich zum Probieren eine Tüte auszusuchen, von der noch so viele im Regal liegen, dass auch die nachfolgenden Kunden problemlos bedient werden können und dem Händler nicht ein Cent Umsatz entgeht. Es würde ihm dann sehr schwerfallen, zu begründen, weshalb ihm ein Schaden entstanden ist.

Und wie sieht es mit den Chips aus, die man probiert, also gegessen hat? Um diese Chips ist man – wie es im Juristendeutsch heißt – ungerechtfertigt bereichert. Und eine ungerechtfertigte Bereicherung muss man wieder herausgeben. Dies sollte man jedoch nicht allzu wörtlich nehmen. Denn wer den Herausgabeanspruch des Händlers noch im Geschäft durch eine Umkehr des Verzehrvorganges erfüllt, macht sich zusätzlich schadensersatzpflichtig!

Wer im Supermarkt also nur Appetit auf einige wenige Chips hat, muss nach Wahl des Händlers entweder nur den anteiligen

Ladenverkaufspreis dieser paar Chips oder den Händlereinkaufspreis der gesamten Tüte bezahlen. Man kommt also in jedem Fall günstiger weg als beim Kauf der ganzen Tüte. Den Actionfilm zu seinen Chips bekommt er in vielen Fällen noch kostenlos dazu!

Das ist allerdings nur die zivilrechtliche Seite. Ungemach kann durchaus von strafrechtlicher Seite drohen. Denn selbstverständlich macht sich wegen Sachbeschädigung strafbar, wer fremde Chipstüten aufreißt. Und wer den Inhalt verspeist, begeht einen Diebstahl.

Daher: Lieber nicht ausprobieren!

Bei Interesse siehe hierzu:
§ 307 Abs. 1 S. 1 BGB (Bürgerliches Gesetzbuch), »Inhaltskontrolle von Allgemeinen Geschäftsbedingungen«
§ 309 Nr. 5 BGB, »Klauselverbote ohne Wertungsmöglichkeit: Pauschalierung von Schadensersatzansprüchen«
§ 433 Abs. 2 BGB, »Vertragstypische Pflichten beim Kaufvertrag«
§ 812 Abs. 1 S. 1, 2 BGB, »Herausgabeanspruch«
§ 823 Abs. 1 BGB, »Schadensersatzpflicht«

Angemessener Vorrat an Sonderangeboten

Irrtum:
Es ist Sache des Ladeninhabers, wie viele Artikel eines Sonderangebotes er vorrätig hält.

Richtig ist:
In der Regel müssen Sonderangebote mindestens zwei Tage lang vorrätig sein.

Es ist sehr ärgerlich, wenn man durch ein besonders günstiges Sonderangebot in ein Geschäft gelockt wird und dann dort feststellen muss, dass es bereits ausverkauft ist. Manchmal halten die Händler die Vorräte ihrer Schnäppchen ganz bewusst knapp. Sie spekulieren darauf, dass die Kunden dann eben eine andere Ware kaufen, die nicht im Sonderangebot ist. Und diese Rechnung geht oft genug auf.

Wer jedoch glaubt, das Vorgehen der Händler sei legal, der liegt daneben. Denn wer für eine Ware wirbt – egal, ob sie im Sonderangebot ist oder nicht –, der muss sicherstellen, dass sie auch in angemessener Menge und angemessen lange vorhanden ist. Als Faustregel gilt, dass der Vorrat für die zu erwartende Nachfrage mindestens zwei Tage halten muss.

Die Zweitagesfrist ist allerdings keine starre Regel. In Einzelfällen muss der Händler die Ware auch länger vorrätig halten. Wenn zum Beispiel ein Möbelhaus mit einem großen Einzugsbereich an einem Mittwoch überregional mit einem besonders preiswerten Sofa wirbt, dann kann ein Käufer, der von außerhalb kommt, auch am Samstag noch erwarten, dass er das Sofa vorfindet.

Ein Vorwurf kann dem Händler allerdings dann nicht gemacht werden, wenn er deutlich darauf hingewiesen hatte, dass von dem Sonderangebot nur wenige Einzelstücke vorhanden sind. Ein lapidarer Hinweis wie: »*Aufgrund der Vielzahl der Waren ist nicht immer alles sofort verfügbar, wir bestellen sofort für Sie. Keine Mitnahme-Garantie*« reicht im Zweifel jedoch nicht aus.[62]

Reicht der Vorrat nur für weniger als zwei Tage, dann muss der Händler schon gute Gründe nennen, wie dies passieren konnte. Eine unerwartet hohe Nachfrage oder vom Händler unverschuldete Lieferschwierigkeiten können Umstände sein, die ihn entlasten. Der Händler muss diese Tatsachen dann allerdings nachvollziehbar darlegen und beweisen.

Und was kann der enttäuschte Verbraucher tun, der nur wegen eines Sonderangebotes in einen Laden gekommen ist und dann leer ausgeht? Einen Anspruch auf Nachlieferung der Ware hat er leider nicht. Rechtlich kann er selbst also nichts unternehmen. Ein Hinweis an die Geschäftsführung, dass die unzureichende Vorratshaltung irreführend und damit wettbewerbswidrig ist, kann dennoch Wunder bewirken. Möglicherweise wird der ausverkaufte Artikel nach solch einem Hinweis ja doch noch nachbestellt. Die Ladenbesitzer haben schließlich kein Interesse daran, dass ihre Kunden sich bei Konkurrenzunternehmen oder den berühmt-berüchtigten Abmahnvereinen beschweren. Denn diese können die irreführende Werbung abmahnen und im Wiederholungsfall saftige Strafzahlungen verlangen.

Bei Interesse siehe hierzu:
§ 5 Abs. 1 S. 2 Nr. 1 UWG (Gesetz gegen den unlauteren Wettbewerb), »Irreführende geschäftliche Handlungen«
Anh. zu § 3 Abs. 3 Nr. 5 UWG, »Schwarze Listen«

Aufreißen von Verpackungen

Irrtum:
Das Aufreißen von Verpackungen verpflichtet zum Kauf.

Richtig ist:
Niemand muss einen Gegenstand kaufen, dessen Verpackung er aufgerissen hat.

Ein weiteres schönes Beispiel aus der unendlichen Liste falscher und irreführender Schilder in Geschäften ist die Behauptung: »Das Öffnen der Verpackung verpflichtet zum Kauf.«

Wenn es nur so einfach wäre, liebe Ladeninhaber! Natürlich ist es ärgerlich, wenn ein Kunde die Verpackung einer Ware aufreißt und sie dann nicht kaufen will. Aber es gilt der Grundsatz: Niemand kann gezwungen werden, etwas zu kaufen und mit nach Hause zu nehmen, was er nicht haben will.

Daran können auch all die beliebten Schilder nichts ändern. Das Oberlandesgericht Düsseldorf hat deshalb im Jahre 2000 einen Berliner Einkaufsmarkt dazu verurteilt, ein solches Schild wieder abzuhängen. Der Kunde werde unangemessen benachteiligt, wenn er verpflichtet werde, die ausgepackte Ware zu kaufen[63].

Heißt das, jedermann darf ab sofort im nächsten Supermarkt sämtliche Verpackungen aufreißen, ohne Konsequenzen fürchten zu müssen?

Natürlich nicht! Wer etwas beschädigt, muss für den Schaden aufkommen. Darüber sollten sich auch Supermarktkunden keine Illusionen machen. Es stellt sich aber die entscheidende Frage: Wie hoch ist der zu ersetzende Schaden?

Häufig wird sich die Verpackung problemlos wieder schließen und die Ware weiterhin verkaufen lassen. In einem solchen Fall ist der Kunde nur verpflichtet, den Klebestreifen zu bezahlen, mit dem die Verpackung wieder verschlossen wird. Denn ein größerer Schaden ist nun einmal nicht entstanden. Es wäre vollkommen unangemessen, vom Kunden zu verlangen, dass er das komplette – möglicherweise sehr teure – Gerät bezahlt und mit nach Hause nimmt.

Sollte die Ware ohne intakte Verpackung nicht mehr zum vollen Preis verkauft werden können, müsste der Kunde außerdem noch die Differenz zum ursprünglich ausgezeichneten Preis bezahlen. Kaufen und mitnehmen muss er das Gerät jedoch ebenfalls nicht.

In krassen Ausnahmefällen – zum Beispiel, wenn Lebensmittel ausgepackt werden – ist die Ware vielleicht überhaupt nicht mehr verkäuflich. Dann müsste der Kunde in der Tat den vollen Warenwert ersetzen. Selbst in diesem Extremfall gibt es jedoch immer noch keinen Grund, den Käufer darüber hinaus auch noch zum Kauf und damit auch zur Abnahme der Ware zu zwingen.

Wenn Ihnen also demnächst beim Auspacken der Espressomaschine im Geschäft einfällt, dass Ihr Arzt Ihnen weniger Kaffee zum Frühstück verordnet hat, dann packen Sie die Maschine einfach wieder ein. Wenn sie jetzt nur noch zu einem geringeren Preis verkauft werden kann, müssen Sie zwar für den notwendig gewordenen Preisnachlass aufkommen. Sie müssen das Gerät jedoch nicht mit nach Hause nehmen und sich so der Versuchung aussetzen, gegen den Rat Ihres Arztes zu verstoßen.

Bei Interesse siehe hierzu:
§ 307 Abs. 1 Satz 1 BGB (Bürgerliches Gesetzbuch), »Inhaltskontrolle von Allgemeinen Geschäftsbedingungen«
§ 309 Nr. 5 BGB, »Klauselverbote ohne Wertungsmöglichkeit: Pauschalierung von Schadensersatzansprüchen«
§ 433 Abs. 2 BGB, »Vertragstypische Pflichten beim Kaufvertrag«

Aufschrauben defekter Geräte

Irrtum:
Wer ein defektes Gerät aufschraubt, kann es anschließend nicht mehr reklamieren.

Richtig ist:
Gewährleistungsansprüche bestehen auch bei aufgeschraubten Geräten.

Vor allem an Elektronikartikeln finden sich häufig kleine Siegel, die zerstört werden müssen, wenn man das Gerät aufschrauben will. Auf diese Weise kann der Verkäufer oder Hersteller im Falle einer Reklamation feststellen, ob der Kunde möglicherweise schon selbst einen Reparaturversuch unternommen hat.

Bringt man ein solches Gerät zurück ins Geschäft, bekommt man häufig zu hören, dass eine Reklamation leider nicht mehr möglich sei. Schließlich sei das Gerät schon einmal geöffnet worden. Dadurch habe der Käufer bedauerlicherweise alle Gewährleistungsansprüche verloren. Denn immerhin sei es ja möglich, dass der beanstandete Defekt erst durch den Reparaturversuch hervorgerufen wurde.

Möglich mag dies ja sein, aber möglich ist schließlich vieles. Innerhalb der ersten sechs Monate nach Übergabe der Kaufsache an den Kunden kann sich der Verkäufer mit derlei Spekulationen daher nicht vor seiner Gewährleistungspflicht drücken. Wenn er meint, der Käufer selbst habe den Defekt verursacht, dann muss er das hieb- und stichfest beweisen.

Die bloße Tatsache, dass ein Gerät schon einmal aufgeschraubt wurde, dürfte in aller Regel kein Beweis dafür sein, dass es gerade dadurch kaputtging. Aus diesem Grund verliert natürlich niemand seine gesetzlichen Gewährleistungsansprüche, wenn er einen Computer oder einen sonstigen Artikel aufschraubt, um zunächst einmal selbst dessen Innenleben zu inspizieren.

Nach Ablauf der Sechsmonatsfrist muss umgekehrt der Käufer beweisen, dass der reklamierte Defekt nicht von ihm selbst hervorgerufen wurde, sondern schon von Anfang an bestand. Dies wird nun wiederum ihm schwerfallen, allerdings ganz unabhängig davon, ob er das Gerät irgendwann einmal aufgeschraubt hat oder nicht.

Zwei Jahre nach dem Kauf schließlich enden sämtliche Gewährleistungsansprüche des Käufers. Jetzt kann ihm allenfalls noch eine Herstellergarantie helfen, die über die gesetzliche Zweijahresfrist hinausgeht. Solch eine Herstellergarantie ist jedoch eine rein freiwillige Angelegenheit.

Wenn der Hersteller seinen Kunden Garantien einräumt, die ihnen von Gesetzes wegen nicht zustehen, dann kann er das Bestehen des Garantieanspruchs natürlich von allen erdenklichen Bedingungen abhängig machen, also auch davon, dass der gekaufte Artikel noch nicht aufgeschraubt wurde. In Garantiebestimmungen findet man diese Klausel daher tatsächlich häufiger. Hier – aber nur hier – ist sie für den Käufer in der Tat bindend. Er kann in einem solchen Fall nur noch auf die Kulanz des Herstellers hoffen.

Zusammenfassend heißt das: Gegenüber dem Verkäufer spielt es keine Rolle, ob man ein Gerät schon einmal aufgeschraubt hat oder nicht. Die Ansprüche gegen ihn sind in beiden Fällen die gleichen. Lediglich gegenüber dem Hersteller kann es einen Unterschied machen, ob die Kaufsache schon einmal geöffnet wurde oder nicht.

Bei Interesse siehe hierzu:
§ 437 BGB (Bürgerliches Gesetzbuch), »Rechte des Käufers bei Mängeln«
§ 439 BGB, »Nacherfüllung«
§ 440 BGB, »Besondere Bestimmungen für Rücktritt und Schadensersatz«
§ 441 BGB, »Minderung«
§ 476 BGB, »Beweislastumkehr«

Bankgeheimnis

Irrtum:
Es gibt ein gesetzlich vorgeschriebenes Bankgeheimnis.

Richtig ist:
Ein gesetzlich geregeltes Bankgeheimnis existiert in Deutschland nicht.

Ärzte sind zur Verschwiegenheit verpflichtet. Sie dürfen mit Dritten nicht über die Krankheiten ihrer Patienten reden. Tun sie es doch, machen sie sich strafbar. Das Gleiche gilt für Rechtsanwälte. Auch sie können bestraft werden, wenn sie geheime Daten ihrer Mandanten preisgeben. Und auch die Banken müssen sich an das Bankgeheimnis halten. Wenn sie es brechen, werden sie ebenfalls bestraft.

So oder so ähnlich stellen sich viele den gesetzlichen Schutz ihrer sensibelsten persönlichen Daten vor. Was Ärzte und Rechtsanwälte angeht, haben sie damit auch recht. Angehörige dieser Berufe sind nämlich tatsächlich gesetzlich verpflichtet, Patienten- und Mandantengeheimnisse für sich zu behalten. Sie müssen sie selbst als Zeugen in einem Strafprozess nicht preisgeben. Das Gleiche gilt zum Beispiel auch für Apotheker, Notare, Wirtschaftsprüfer, Steuerberater und Schwangerenberater.

Ein gesetzlich geregeltes Bankgeheimnis gibt es in Deutschland dagegen nicht. Vor allem macht sich ein Bankangestellter nicht strafbar, wenn er Kundendaten unerlaubt weitergibt. Bankangestellte haben in einem Strafprozess auch kein Zeugnisverweigerungsrecht. Sie müssen dem Gericht auch vertrauliche Kundendaten mitteilen. Lediglich im Zivilprozess können sie die Zeugenaussage verweigern.

Das vielbeschworene »Bankgeheimnis« ist im Grunde nichts weiter als eine vertragliche Verpflichtung der Bank gegenüber ihrem Kunden, seine Daten vertraulich zu behandeln. Diese Zusage steht in den Allgemeinen Geschäftsbedingungen (dem »Kleingedruckten«) der Bank. Verletzt die Bank ihre Verschwiegenheitpflicht, so kann sie verpflichtet sein, Schadensersatz zu leisten. In dem spektakulären Verfahren des Medienunternehmers Leo Kirch gegen die Deutsche Bank war dies der Fall. Der Vorstandsvorsitzende der Deutschen Bank, Rolf Breuer, hatte in einem Interview Angaben zur Bereitschaft der Banken gemacht, weitere Kredite an die Kirch-Gruppe zu vergeben. Die Gerichte sahen darin eine Verletzung des Bankgeheimnisses und stellten die Schadensersatzverpflichtung der Deutschen Bank fest.

Sehr viel mehr bringt das sogenannte Bankgeheimnis dem Bankkunden jedoch nicht. Gerade der Staat hat ausgerechnet in den wirklich interessanten Fällen ein Recht darauf, sich bei Banken genauestens über die finanziellen Verhältnisse einzelner Bürger zu informieren.

Wenn ein Verdacht auf strafbare Handlungen vorliegt, kann ein ermittelnder Staatsanwalt ebenso in die Konten eines Beschuldigten blicken wie die Steuerfahndung. Bei Todesfällen gibt es bestimmte Meldepflichten gegenüber dem Nachlassfinanzamt. Darüber hinaus müssen die Banken elektronische Listen aller Konten und Depots anlegen, die bei ihnen geführt werden. In den Listen sind der Name des Inhabers, sein Geburtsdatum, die Kontonummer und der Eröffnungs- und Auflösungstag gespeichert. Die Finanzämter können diese Listen seit dem 01. 04. 2005 elektronisch einsehen – ohne Zutun der Banken oder ihrer Kunden, die von dem staatlichen Zugriff gar nichts mitbekommen. Auf diese Weise können die Finanzämter überprüfen, ob die Angaben des Steuerpflichtigen zu seinen Konten stimmen. Wenn das Finanzamt Zweifel hat, lässt es sich von der Bank eine Kopie der »Jahresbescheinigung über Kapitalerträge« des Steuerpflichtigen vorlegen. Dabei handelt es sich um die jährlichen Bescheinigungen, die jeder Konto- oder Depotinhaber am Ende eines Jahres erhält. Das Finanzamt kennt dann alle steuerpflichtigen Erträge durch Zinsen oder Wertpapiergeschäfte. Nicht nur Finanzämter können übrigens auf die elektronischen Kontenlisten zugreifen. Auch das Sozialamt, die Bafög-Stellen und die Bundesagentur für Arbeit können sie einsehen und so herausfinden, ob jemand zu Unrecht Sozialleistungen beantragt oder erhalten hat. Wer in einem Antrag auf Arbeitslosengeld II nach Hartz IV also z.B. einen Teil seines Vermögens verschweigt, muss damit rechnen, dass er erwischt wird.

Schlechte Zeiten also für Steuersünder und Sozialbetrüger in Deutschland. Aber da gibt es doch noch das weltberühmte Schweizer Bankgeheimnis. Oder etwa auch nicht? Doch, noch verdient es seinen Namen. Die Schweiz ist eines der wenigen Länder, in denen es den Banken tatsächlich bei Strafe verboten ist, das Bankgeheimnis zu verletzen. Allerdings gibt es bereits heute Ausnahmen, und ob das Schweizer Bankgeheimnis im zusammenwachsenden Europa für immer Bestand haben wird, ist fraglich. Die EU jedenfalls hat bereits ihre Finger nach den Geldern ihrer Bürger auf Schweizer Konten ausgestreckt. Und an den Grenzen zur Schweiz wird eifrig nach den sprichwörtlichen dicken Koffern gesucht.

Bei Interesse siehe hierzu:
§ 383 Abs. 1 Nr. 6 ZPO (Zivilprozessordnung), »Zeugnisverweigerung aus persönlichen Gründen«
§ 30a AO (Abgabenordnung), »Schutz von Bankkunden«
Art. 47 Schweizerisches BankenG (Bundesgesetz über die Banken und Sparkassen), »Verantwortlichkeits- und Strafbestimmungen«

Beschädigte Pfandflaschen

Irrtum:
Beschädigte Pfandflaschen müssen nicht zurückgenommen werden.

Richtig ist:
Auch für beschädigte Pfandflaschen muss die Annahmestelle das Pfand ausbezahlen.

In manchen Geschäften hängen Schilder, auf denen behauptet wird, zerknüllte, verschmutzte oder beschädigte Pfandverpackungen würden nicht zurückgenommen. Von solchen Schildern sollte sich jedoch niemand beeindrucken lassen, denn sie sind schlicht falsch. Geschäfte, die sie dennoch aufhängen, riskieren es, von Konkurrenten oder Wettbewerbsvereinen kostenpflichtig abgemahnt und zur Entfernung des Schildes verpflichtet zu werden.

Dabei kommt es auch nicht darauf an, ob die Rücknahmeautomaten, die man in vielen Supermärkten findet, die zerknüllte Flasche noch erkennen. Wenn sie die Flasche wieder ausspucken, sollte man sie zum nächsten Verkaufsmitarbeiter oder notfalls zum Marktleiter bringen und verlangen, dass er sie entgegennimmt. Wenn anhand der Verpackungskennzeichnung noch ersichtlich ist, dass es sich um eine Pfandverpackung handelt, die der Händler im Sortiment führt, muss er sie zurücknehmen und das Pfand auszahlen. Übrigens spielt es auch keine Rolle, ob der Deckel der Flasche noch vorhanden ist oder nicht. Getränkehändler wissen von Kunden zu berichten, die sogar die Kronkorken wieder auf ihre leeren Bierflaschen drücken, weil sie meinen, dies müsse so sein. Rechtlich erforderlich ist das jedoch ganz sicher nicht.

Bei Interesse siehe hierzu:
§ 9 Abs. 1 VerpackV (Verpackungsverordnung), »Pfanderhebungs- und Rücknahmepflicht für Einweggetränkeverpackungen«

Bezahlen mit 500-Euro-Schein?

Irrtum:
Geld ist Geld. Auch 500-Euro-Scheine müssen als Zahlungsmittel akzeptiert werden.

Richtig ist:
Große Scheine müssen nicht immer akzeptiert werden.

Es ist ja verständlich, dass Kioske oder Tankstellen nicht gerade begeistert sind, wenn man das Päckchen Kaugummi oder die 10-Euro-Tankfüllung mit einem 500-Euro-Schein bezahlen möchte. Oft kriegt man daher vom Verkäufer zu hören: »Tut uns leid, wir nehmen nur kleine Scheine!« Doch ist das überhaupt zulässig? Oder sind die Verkäufer verpflichtet, Scheine jeglicher Größe anzunehmen?

Grundsätzlich ja. Denn es gilt der Satz: »Geld ist Geld.« Ein 500-Euro-Schein ist immerhin genauso ein gesetzliches Zahlungsmittel wie ein 10-Euro-Schein. Ein Verkäufer, der eine angebotene Kaufpreiszahlung nicht akzeptiert, gerät daher in sogenannten »Annahmeverzug«.

Von diesem Grundsatz gibt es allerdings Ausnahmen. Der Verkäufer hat tatsächlich die Möglichkeit, in seinen Allgemeinen Geschäftsbedingungen die Annahme großer Scheine auszuschließen. Er kann also ein Schild aufhängen, auf dem es beispielsweise heißt, dass Scheine nur bis zu einem Wert von 100 Euro angenommen werden. Selbst wenn ein solches Schild nicht aushängt, kann er die Annahme verweigern, wenn der Schein im Verhältnis zum Kaufpreis unüblich groß ist. Wenn man also versucht, das schon zitierte Päckchen Kaugummi im Wert von einem Euro mit einem 500-Euro-Schein zu bezahlen, wird jeder Verkäufer die Annahme verweigern können, egal, ob das in seinen Allgemeinen Geschäftsbedingungen steht oder nicht. Denn es ist ihm nicht zuzumuten, für solch kleine Einkäufe derart viel Wechselgeld vorzuhalten.

Im Umkehrschluss heißt das jedoch: Selbst die kleinste Tankstelle muss einen 500-Euro-Schein annehmen, wenn sie unvorsichtigerweise erstens kein Schild ausgehängt hat, auf dem die Annahme solcher Scheine verweigert wird, und wenn zweitens der Preis nicht völlig außer Verhältnis zum gewählten Zahlungsmittel steht.

Einen großen Tankstelleneinkauf von etwa 240 Euro wird man also mit einem 500-Euro-Schein bezahlen dürfen. Nimmt der Tankstellenbetreiber die Zahlung trotzdem nicht an, gerät er in Annahmeverzug. Das hat die interessante Folge, dass die sogenannte »Gefahr« an dem angebotenen Geldschein nun auf den Tankstellenbetreiber übergeht. Konkret heißt das: Wenn der Schein dem Kunden auf dem Nachhauseweg gestohlen wird, braucht er die Tankstellenrechnung nicht mehr zu bezahlen.

Verkäufer sollten also dreimal überlegen, bevor sie sich weigern, einen großen Schein anzunehmen!

Bei Interesse siehe hierzu:
§ 293 BGB (Bürgerliches Gesetzbuch), »Annahmeverzug«
§ 294 BGB, »Tatsächliches Angebot«
§ 300 BGB, »Wirkungen des Gläubigerverzuges«

Falsche Preisauszeichnung

Irrtum:
Ich habe ein Recht darauf, eine Ware zu dem Preis zu kaufen, mit dem sie ausgezeichnet ist.

Richtig ist:
Preisauszeichnungen sind keine verbindlichen Verkaufsangebote.

Diese Situation kennt wohl jeder: Man hat im Geschäft ein vermeintlich besonders günstiges Schnäppchen entdeckt, bringt es zur Kasse und muss plötzlich erfahren, dass der ausgezeichnete Preis falsch ist. In Wirklichkeit soll die Ware viel mehr kosten. Viele Geschäfte reagieren in dieser Situation kulant. Wenn die Differenz zum eigentlich gewollten Preis nicht allzu hoch ist, verkaufen sie das Stück preiswerter, damit der Kunde zufrieden ist.

Ganz so reibungslos läuft es jedoch nicht immer ab. Oft genug geraten Kunde und Verkäufer über den Preis in Streit. Denn viele Kunden glauben, sie hätten einen Rechtsanspruch darauf, eine Ware zu genau dem Preis zu kaufen, der auf dem Etikett steht. Dies ist jedoch ein Irrtum.

Ein Kauf kommt zustande, indem die eine Partei ein Kaufangebot abgibt und die andere Partei es annimmt. Ein Preisschild stellt im juristischen Sinne jedoch noch kein Angebot des Verkäufers an die Kunden dar, die Ware zum ausgezeichneten Preis zu verkaufen. Sie ist lediglich eine unverbindliche »invitatio ad offerendum«, das heißt eine Einladung des Ladeninhabers an die Kunden, die Ware zur Kasse zu tragen und dort ihrerseits ein Kaufangebot abzugeben. Dieses Kaufangebot des Kunden kann der Verkäufer an der Kasse immer noch ablehnen. Wenn er merkt, dass der Preis, zu dem der Kunde kaufen möchte, zu niedrig ist, hat er also ohne weiteres die Möglichkeit, einen Verkauf zu dem niedrigeren Preis zu verweigern.

Die Preisschilder sind daher lediglich eine Art Orientierungshilfe für die Kunden. Rechtsverbindlich sind sie nicht – und das ist auch sinnvoll so. Man stelle sich einmal vor, ein Autohändler vergisst bei der Preisauszeichnung versehentlich eine Null. Niemand kann ernsthaft glauben, dass man dann einen Anspruch darauf hat, einen Neuwagen für 3900 Euro zu kaufen anstatt für die eigentlich vorgesehenen 39000 Euro. Und wenn dies für Autos gilt, gibt es keinen Grund, weshalb für Joghurt, Rasierapparate oder T-Shirts etwas anderes gelten sollte.

Bei Interesse siehe hierzu:
§ 145 BGB (Bürgerliches Gesetzbuch), »Bindung an den Antrag«

300 Meter mit dem Taxi

Irrtum:
Taxifahrer dürfen kurze Fahrten verweigern.

Richtig ist:
Taxifahrer müssen auch kurze Strecken fahren.

Natürlich ist es ärgerlich, wenn ein Taxifahrer am Flughafen vier Stunden in der Taxischlange gewartet hat und dann gebeten wird, einen Passagier mitsamt seinen Koffern 300 Meter weit von Terminal 1 zu Terminal 2 zu fahren. Denn er verliert dadurch seinen Standplatz und muss sich in der Schlange anschließend wieder hinten anstellen. Ablehnen darf der Taxifahrer die Fahrt mit dieser Begründung dennoch nicht, auch wenn dies in der Praxis immer wieder geschieht. Denn im sogenannten »Pflichtfahrgebiet«, das jede deutsche Stadt oder Gemeinde für ihre Taxifahrer verbindlich festlegt, müssen Passagiere grundsätzlich mitgenommen werden. Nur in Ausnahmefällen dürfen Taxifahrer sich weigern, einen Fahrgast einsteigen zu lassen. Wer stark betrunken, verschmutzt, bewaffnet, aggressiv oder offensichtlich ansteckend erkrankt ist, muss nicht mitgenommen werden. Auch große oder nicht angeleinte Hunde müssen nicht transportiert werden, wenn der Taxifahrer befürchtet, dass das Tier die Betriebssicherheit des Fahrzeugs gefährden könnte.

Wenn wir einmal von einem nüchternen, sauberen, gesunden, unbewaffneten und friedlichen Fahrgast ohne Hund ausgehen, hat dieser also einen Beförderungsanspruch. Ob man diesen in der Praxis auch unbedingt ausüben muss, steht natürlich auf einem anderen Blatt. Eine schöne Kompromisslösung ist es sicher, gleich das Taxi am Ende der Schlange zu nehmen oder es vom Fahrer herbeirufen zu lassen, wenn man tatsächlich nur eine sehr kurze Strecke fahren will.

Bei Interesse siehe hierzu:
§ 22 PBefG (Personenbeförderungsgesetz), »Beförderungspflicht«

Durchblättern verpflichtet zum Kauf?

Irrtum:
Das Durchblättern von Zeitschriften verpflichtet zum Kauf.

Richtig ist:
Es gibt keinen Kaufzwang für gelesene Zeitschriften.

In Zeitschriftenläden hängen mitunter Schilder mit der Aufschrift »Das Durchblättern von Zeitungen oder Zeitschriften verpflichtet zum Kauf«. Dass Ladeninhaber diese Behauptung aufstellen, ist ja durchaus verständlich. »Wir sind doch keine Wärmestube!«, heißt es in diesem Zusammenhang gerne. Aber gibt es wirklich einen Kaufzwang für »angelesene« Druckerzeugnisse?

Selbstverständlich nicht! Denn niemand kann gezwungen werden, etwas zu kaufen, was er gar nicht haben will. Und dabei spielt es überhaupt keine Rolle, ob man eine Zeitschrift nur kurz durchblättert oder sogar die bei manchen Publikationen übliche Klarsichtverpackung aufreißt und das Blatt von vorne bis hinten durchliest. In keinem Fall besteht ein Kaufzwang! Denn ein Kaufvertrag kommt in Deutschland nach wie vor dadurch zustande, dass sich Käufer und Verkäufer darüber einigen, dass eine Sache zu einem bestimmten Preis verkauft werden soll. Dies kann durchaus auch wortlos durch sogenanntes »schlüssiges Handeln« geschehen. Wer zum Beispiel eine Zeitschrift aus dem Regal nimmt, auf den Verkaufstresen legt und dem Verkäufer 2,50 Euro in die Hand drückt, braucht nicht noch ausdrücklich zu sagen, dass er dieses Blatt käuflich erwerben möchte. Der Kaufvertrag kommt in einem solchen Fall auch ohne Worte zustande. Wer eine Zeitschrift jedoch nur durchblättert, bringt damit sicherlich nicht zum Ausdruck, dass er die Zeitschrift kaufen, bezahlen und mitnehmen möchte. Und das gilt selbst dann, wenn irgendwo ein Schild hängt, auf dem das Gegenteil behauptet wird. Ein solches Schild würde eine sogenannte »unangemessene Benachteiligung« darstellen und wäre damit unwirksam.

Wie können Ladeninhaber sich also gegen Dauerleser schützen, die nichts kaufen? Ganz einfach: Indem sie ihnen das Weiterlesen untersagen und sie notfalls aus dem Geschäft komplimentieren. Dieses Recht hat der Verkäufer in jedem Fall.

Falls Sie übrigens gerade in einer Buchhandlung stehen und dort in diesem Buch lesen: Die oben beschriebenen Regeln gelten bedauerlicherweise auch in diesem Fall. Aber bitte nicht weitersagen!

Bei Interesse siehe hierzu:
§ 307 Abs. 1 S. 1 BGB (Bürgerliches Gesetzbuch), »Inhaltskontrolle von Allgemeinen Geschäftsbedingungen«
§ 309 Nr. 5 BGB, »Klauselverbote ohne Wertungsmöglichkeit: Pauschalierung von Schadensersatzansprüchen«
§ 433 Abs. 2 BGB, »Vertragstypische Pflichten beim Kaufvertrag«

Getränkeverbot im Fitnessstudio

Irrtum:
Fitnessstudios dürfen den Verzehr mitgebrachter Getränke verbieten.

Richtig ist:
Jeder hat das Recht, sich seine eigenen Getränke ins Fitnessstudio mitzubringen und sie dort zu verzehren.

»Der Verzehr von mitgebrachten Speisen und Getränken ist nicht gestattet.« Aushänge wie dieser verbieten es den Besuchern vieler Fitnessstudios, sich vor dem Training mit eigenen preiswerten Speisen und Getränken nach ihrem Geschmack einzudecken. Die Studiobetreiber spekulieren natürlich darauf, dass die Freizeitsportler sich stattdessen an der studioeigenen Bar versorgen.

In vielen Fällen geht diese Rechnung auch auf: Statt eines gewöhnlichen deutschen Mineralwassers aus dem Supermarktregal kaufen die durstigen Studiogäste zähneknirschend französische Edelwässer in originell gestalteten Flaschen zu nicht weniger originellen Preisen. Schließlich haben sie ja keine andere Wahl. Oder etwa doch?

Sie haben! Durch ein obergerichtliches Urteil wurde nun endlich entschieden, dass die Getränkeverbotsklauseln in Fitnessstudioverträgen unwirksam sind. Mehrere Untergerichte hatten dies in der Vergangenheit schon genauso gesehen. Wenn auf der Trainingsfläche studioeigene Getränke zugelassen sind, dann gibt es keinen Grund, den Besuchern zu verbieten, dass sie dort auch ihre eigenen Getränke verzehren. Jeder soll die Möglichkeit haben, sich ein Getränk nach seinem Geschmack und zu einem vernünftigen Preis mit ins Studio zu bringen.

Ein generelles Verbot eigener Getränke stellt nach Auffassung des Oberlandesgerichts Brandenburg deshalb eine unangemessene Benachteiligung des Studiogastes dar.[64] Aus Sicherheitsgründen ist es wegen der Verletzungsgefahr allenfalls denkbar, Glasflaschen auf der Trainingsfläche zu verbieten.

Bei Interesse siehe hierzu:
§ 307 BGB (Bürgerliches Gesetzbuch), »Inhaltskontrolle«

Gewährleistung und Garantie

Irrtum:
Gewährleistung und Garantie sind das Gleiche.

Richtig ist:
Gewährleistungsansprüche gelten kraft Gesetzes und nur für ursprüngliche Mängel. Garantien sind freiwillig und gelten auch für später entstandene Mängel.

»Das Gerät können wir nicht umtauschen. Wir müssen es zuerst beim Hersteller einschicken, denn es hat ja noch Garantie.« – »Für reduzierte Ware können wir leider keine Gewährleistung übernehmen.« Grundfalsche Sätze wie diese hört und liest man immer wieder. Sie kommen zustande, wenn jemand nicht genau weiß, was unter den Begriffen Garantie und Gewährleistung eigentlich zu verstehen ist. Der Unterschied zwischen diesen beiden Rechtsinstituten ist wohl den wenigsten klar. Die meisten wissen nicht einmal, dass es überhaupt einen Unterschied gibt. Sie verwenden die Begriffe in etwa gleichbedeutend. Dabei haben Gewährleistung und Garantie nur eines gemeinsam: Sie regeln, dass der Verkäufer oder Hersteller einer Ware für deren Mängel geradestehen muss. Im Einzelnen gibt es jedoch große Unterschiede. Und genau diese führen immer wieder zu Missverständnissen, und zwar in der Regel zu Lasten der Verbraucher. Was also ist eine Garantie und was versteht man unter Gewährleistung?

Wer zum Beispiel einen kaputten Fernseher kauft, hat das Recht, ihn noch bis zu zwei Jahre nach dem Kauf ins Geschäft zurückzubringen und Reparatur oder wahlweise ein neues Gerät als Ersatz zu verlangen. Dieser Anspruch besteht jedoch nur, wenn der Mangel bereits beim Kauf vorhanden war, auch wenn man ihn möglicherweise noch nicht bemerken konnte. Innerhalb der ersten sechs Monate nach dem Kauf spricht eine sogenannte »gesetzliche Vermutung« dafür, dass der Mangel bereits beim Kauf vorlag. Der Verkäufer muss also beweisen, dass der Fernseher ursprünglich völlig in Ordnung war. Dies wird in der Regel nur schwer gelingen. Nach Ablauf von sechs Monaten kehrt sich die Beweislast um. Jetzt muss der Käufer beweisen, dass der Fehler schon zum Zeitpunkt des Kaufes bestand.

Die Ansprüche auf Nachlieferung bzw. Nachbesserung bestehen kraft Gesetzes, ohne dass der Händler sie gegenüber dem Verbraucher ausschließen könnte. Man bezeichnet diese

Ansprüche daher als gesetzliche Gewährleistungsansprüche. Sie beziehen sich nur auf die *ursprüngliche* Fehlerfreiheit der Kaufsache und haben nichts mit einer freiwilligen Garantie des Verkäufers oder Herstellers zu tun.

Nun ist dem Verbraucher mit der Verkäuferhaftung allein nicht immer gedient. Wenn sich nach sechs Monaten die Beweislast umkehrt, wird er in der Regel große Schwierigkeiten haben, zu beweisen, dass die Kaufsache schon von Anfang an einen Fehler hatte. Manche Hersteller und auch manche Verkäufer übernehmen für ihre Waren daher eine freiwillige Garantie. Sie dehnen ihre Haftung auch auf solche Mängel aus, die nicht schon von Anfang an existierten, sondern die erst im Laufe der Zeit entstanden sind.

Der Unterschied zwischen Gewährleistung und Garantie ist also, dass die Gewährleistung *kraft Gesetzes* besteht und nur für *ursprünglich vorhandene Fehler* gilt, während die Garantie *freiwillig* übernommen wird und auch für erst *später entstehende Fehler* gilt. Außerdem sind aus Sicht des Verbrauchers die Anspruchsgegner in der Regel verschieden. Gewährleistungsansprüche gelten gegenüber dem Verkäufer, Garantien dagegen meistens gegenüber dem Hersteller.

Dass die Begriffe Garantie und Gewährleistung in der allgemeinen Vorstellung häufig verschwimmen, kann für uninformierte Verbraucher zu erheblichen Nachteilen führen. Das gilt zum Beispiel, wenn Verkäufer versuchen, ihre eigenen Gewährleistungsverpflichtungen hinter der Garantie des Herstellers zu verstecken, frei nach dem Motto: Der Kunde merkt den Unterschied schon nicht. Wenn der Verkäufer aufgrund seiner Gewährleistung selbst haftet, muss der Käufer nicht dulden, dass die Sache erst einmal zum Hersteller eingeschickt wird. Aus diesem Grund ist der erste der beiden eingangs zitierten Sätze falsch.

Der zweite Satz ist falsch, weil die gesetzlichen Gewährleistungsansprüche gegenüber einem Verbraucher nicht ausgeschlossen werden können. Sie gelten, egal, ob die Ware reduziert ist oder nicht. Der Verkäufer hätte lediglich die Möglichkeit, bei reduzierter Ware eine freiwillig gewährte *Garantie* zu beschränken, die er auf nicht reduzierte Ware gibt. Hinsichtlich der gesetzlichen *Gewährleistungsansprüche* hat er diese Möglichkeit nicht.

Bei Interesse siehe hierzu:
§ 437 BGB (Bürgerliches Gesetzbuch), »Rechte des Käufers bei Mängeln«
§ 439 BGB, »Nacherfüllung«
§ 440 BGB, »Besondere Bestimmungen für Rücktritt und Schadensersatz«
§ 441 BGB, »Minderung«

Haftung für die Garderobe

Irrtum:
Für Garderobe wird nicht gehaftet, wenn der Gastwirt ein entsprechendes Schild aushängt.

Richtig ist:
In vielen Fällen haften die Gastwirte trotz des obligatorischen Schildes für die Garderobe der Gäste.

In kaum einer Gaststätte fehlt das Schild mit der Aufschrift »Für Garderobe keine Haftung«. Es ist mindestens genauso bekannt und verbreitet wie das Schild → »Eltern haften für ihre Kinder«. Und es ist meistens genauso falsch und überflüssig. Denn nur in wenigen Fällen bringt dieser Hinweis dem Gastwirt irgendeinen Vorteil. Wenn der Wirt die Garderobe bewacht oder wenn das Bedienungspersonal dem Gast die Garderobe abnimmt und bei

Verlassen des Lokals wieder aushändigt, hilft dem Wirt das Schild »Für Garderobe keine Haftung« überhaupt nichts.[65] Nichts anderes gilt, wenn der Gast die Garderobe nur an einer Stelle ablegen kann, die für ihn nicht einsehbar ist.[66] In all diesen Fällen kann der Wirt seine Haftung durch ein solches Schild nicht ausschließen. Wenn der Gast seine Garderobe allerdings an einer Stelle ablegt, die er selbst gut einsehen kann, dann haftet auch nur er selbst. Ob der Gastwirt das Schild »Für Garderobe keine Haftung« aufgehängt hat oder nicht, ist auch dann vollkommen gleichgültig. Er haftet für die Kleidung seines unaufmerksamen Gastes mit Schild genauso wenig wie ohne.[67]

Nach alledem gibt es nur eine einzige Fallgestaltung, in der es für den Gastwirt Sinn machen kann, das Schild aufzuhängen: Es gibt Lokale, in denen die Gäste die Garderobe sowohl an einer für sie gut einsehbaren Stelle aufhängen können als auch an einer nicht einsehbaren Stelle. Wenn der Gast sich hier freiwillig dafür entscheidet, die Garderobe an einer Stelle abzulegen, an der er sie nicht im Auge behalten kann, ist er auch nicht schützenswert. Der Gastwirt kann in diesem Fall seine Haftung für die Garderobe durch einen – gut sichtbaren – Aushang ausschließen. Die Worte »gut sichtbar« sind dabei besonders zu betonen. Denn wenn das Schild so klein ist oder so ungünstig aufgehängt wurde, dass man es erst bei näherem Hinsehen oder Suchen entdeckt, entfaltet es ebenfalls keine Rechtswirkung.[68] Das Schild sollte also zum Beispiel nicht durch bereits aufgehängte Jacken und Mäntel verdeckt werden können.

Bei Interesse siehe hierzu:
§ 690 BGB (Bürgerliches Gesetzbuch), »Haftung bei unentgeltlicher Verwahrung«
§ 305 Abs. 2 BGB, »Einbeziehung Allgemeiner Geschäftsbedingungen in den Vertrag«
§ 307 Abs.1 BGB, »Inhaltskontrolle«

Gutscheine I: Einlöseberechtigung

Irrtum:
Wenn auf einem Geschenkgutschein ein bestimmter Empfänger genannt ist, kann nur dieser den Gutschein einlösen.

Richtig ist:
Geschenkgutscheine können auch von anderen Personen als dem Beschenkten eingelöst werden.

Geschenkgutscheine für einen Kinobesuch oder einen Einkauf in der Parfümerie sind bei einfallslosen Schenkern eine beliebte Alternative zu einem Umschlag mit Bargeld (»Du weißt doch selbst am besten, was du magst. Versprich mir aber, dass du dir auch etwas Schönes davon kaufst, ja?«) oder gar zu den berühmt-berüchtigten S.O.S.-Präsenten (**S**ocken, **O**berhemden, **S**chlips). Häufig finden sich auf den Gutscheinen Leerzeilen, in denen der Name des Beschenkten eingetragen werden kann – »Für die liebe Frau Stolze« oder »Herrn Dr. Widera zum 50. Wiegenfeste«.

Was aber, wenn Herr Dr. Widera oder die liebe Frau Stolze gar keine Lust auf einen Kino- oder Parfümeriebesuch haben? Viele glauben, dass ihnen in einer solchen Situation gar keine andere Wahl bleibt, als den Gutschein dennoch selbst einzulösen. Wie selbstverständlich gehen sie davon aus, dass sie den persönlich ausgestellten Gutschein nicht an andere weitergeben können.

Doch dies ist ein Irrtum. Wenn in einem Geschenkgutschein Schenker und Beschenkter namentlich genannt sind, dann soll damit nur die persönliche Beziehung der beiden zueinander dokumentiert werden. Es soll nicht bestimmt werden, dass nur der Beschenkte die Leistung in Anspruch nehmen darf[69].

Eine solche Beschränkung ergäbe auch gar keinen Sinn. Gutscheine sollen dem Beschenkten schließlich gerade die Freiheit einräumen, selbst über die Verwendung des Geschenks zu entscheiden. Er soll gerade nicht gezwungen sein, ein bestimmtes Geschäft aufzusuchen, um dort irgendetwas zu kaufen, was ihm nicht gefällt. Dem Aussteller des Geschenkgutscheins dürfte es im Übrigen in aller Regel auch gleichgültig sein, wer ihn einlöst.

Aus diesen Gründen sind Geschenkgutscheine als Papiere zu betrachten, die von jedermann eingelöst werden können, egal, wer auf ihnen als »Berechtigter« vermerkt ist.

Bei Interesse siehe hierzu:
§ 307 Abs. 1 BGB (Bürgerliches Gesetzbuch), »Inhaltskontrolle von Allgemeinen Geschäftsbedingungen«
§ 807 BGB, »Inhaberkarten und -marken«

Gutscheine II: Gültigkeitsfristen

Irrtum:
Abgelaufene Gutscheine können nicht mehr eingelöst werden.

Richtig ist:
Zu kurze Gültigkeitsfristen von Gutscheinen lassen sich nicht ohne weiteres vereinbaren.

Der Anspruch auf Einlösung eines entgeltlichen Kino- oder Einkaufsgutscheins verjährt innerhalb dreier Jahre gerechnet ab dem Ende des Ausstellungsjahres. Oft ist auf dem Gutschein aber ein deutlich früheres Ablaufdatum vermerkt, nach welchem eine Einlösung nach dem Willen des Ausstellers nicht mehr möglich sein soll.

Zwar kann die Gültigkeit entgeltlich erworbener Gutscheine tatsächlich befristet werden. Das gilt vor allem dann, wenn die Befristung individuell zwischen dem Aussteller und dem Empfänger des Gutscheins ausgehandelt wurde. Ein solcher Fall ist jedoch natürlich die Ausnahme. Denn in der Regel wird die Befristung zwischen den Beteiligten nicht verhandelt, sondern vom Gutscheinaussteller einseitig vorgegeben, indem er auf dem Gutschein zum Beispiel vermerkt: »Gültig bis 30. 06. 2018«.

Wenn der Aussteller die Gültigkeitsdauer des Gutscheins auf diese Weise einseitig vorschreibt, muss er gewisse Grenzen beachten. Er kann den Gutschein nicht zu jedem beliebigen Datum ablaufen lassen. Es gibt zeitliche Mindestlaufzeiten, die nicht unterschritten werden dürfen. Genau dies passiert in der Praxis jedoch häufig.

Das Landgericht München I zum Beispiel erklärte eine Gutscheinlaufzeit von zehn Monaten für zu kurz[70]. Sie stelle eine unangemessene Benachteiligung des Kunden dar. Das Oberlandesgericht Hamburg war sogar der Meinung, eine Befristung von weniger als zwei Jahren bei einem Kinogutschein sei zu kurz bemessen[71].

Wer also noch »abgelaufene« Gutscheine besitzt, sollte sie nicht wegwerfen. Wenn die Ablauffrist weniger als zwei Jahre beträgt, sind die Chancen, den Gutschein doch noch einlösen zu können, recht hoch.

Und wie sieht es aus, wenn der Besitzer des Gutscheins ihn gar nicht einlösen will? Nicht jeder freut sich, wenn er einen Bungee-Sprung zum Geburtstag geschenkt bekommt. Eine Barauszahlung des Gutscheinbetrages ist nach einer Entscheidung des Amtsgerichts Northeim in solchen Fällen jedoch nicht möglich. Sie kommt höchstens in Betracht, wenn der Aussteller des Gutscheins innerhalb der Gültigkeitsdauer nicht mehr in der Lage ist, die geschuldete Leistung zu erbringen[72]. Wenn also zum Beispiel ein Kino seine Pforten für immer schließt, muss es am letzten Tag alle noch nicht abgelaufenen Gutscheine zurücknehmen und den dafür gezahlten Preis an den Besitzer des Gutscheins zurückerstatten.

Bei Interesse siehe hierzu:
§ 307 Abs. 1 BGB (Bürgerliches Gesetzbuch), »Inhaltskontrolle«

Gutscheine III: Gutschrift statt Gewährleistung?

Irrtum:
Wer eine mangelhafte Ware reklamiert, muss eine Gutschrift als Ersatz akzeptieren.

Richtig ist:
Bei einer berechtigten Reklamation muss niemand eine Gutschrift als Ersatz annehmen.

Immer wieder kommt es vor, dass Verkäufer versuchen, ihre Kunden im Falle einer Reklamation mit Gutschriften als Ersatz für die mangelhafte Kaufsache abzuspeisen. Sie nehmen die Ware zwar zurück. Der Käufer soll jedoch nicht seine gesetzlichen Gewährleistungsansprüche ausüben, sondern lediglich eine Gutschrift erhalten, mit der er sich irgendwann im Sortiment des Verkäufers eine andere Ware aussuchen kann.

Wer wirklich einen Grund zur Beschwerde hat, das heißt, wer eine tatsächlich mangelhafte Ware gekauft hat, sollte sich keinesfalls mit einer bloßen Gutschrift zufriedengeben. Er sollte stattdessen auf die Erfüllung seiner gesetzlichen Gewährleistungsansprüche bestehen. Innerhalb der gesetzlichen Gewährleistungsfrist von zwei Jahren muss der Verkäufer einer von

Anfang an fehlerhaften Sache die Ware reparieren oder ersetzen. Wenn zwei Reparaturversuche fehlschlagen, kann der Käufer vom Kaufvertrag zurücktreten. Das heißt, er gibt die Ware zurück und erhält sein Geld wieder. Alternativ kann er sich dazu entscheiden, die Kaufsache zu behalten und den Preis angemessen zu mindern. Der Verkäufer muss ihm dann einen Teil des Kaufpreises zurückerstatten.

Eine bloße Gutschrift reicht in Fällen berechtigter Reklamationen also niemals aus. Wer sie dennoch akzeptiert, verzichtet damit gleichzeitig endgültig auf seine gesetzlichen Gewährleistungsansprüche auf Neulieferung bzw. Nachbesserung.

Bei Interesse siehe hierzu:
§ 437 BGB (Bürgerliches Gesetzbuch), »Rechte des Käufers bei Mängeln«
§ 439 BGB, »Nacherfüllung«
§ 440 BGB, »Besondere Bestimmungen für Rücktritt und Schadensersatz«
§ 441 BGB, »Minderung«

Kühlschrankkauf im Kleingedruckten

Irrtum:
Was in allgemeinen Geschäftsbedingungen steht, ist auf jeden Fall bindend.

Richtig ist:
Viele Klauseln in allgemeinen Geschäftsbedingungen sind unwirksam. Man muss sie nicht befolgen.

Manch einer wird nicht müde, jeden, dem er ein beliebiges Dokument zur Unterschrift hinhält, augenzwinkernd zu beruhigen: »Keine Angst! Im Kleingedruckten steht nicht drin, dass Sie einen Kühlschrank kaufen müssen!«

So wenig phantasievoll der reichlich abgedroschene Kühlschrankhinweis ist, so sinnlos ist er auch. Denn Klauseln in allgemeinen Geschäftsbedingungen (dem Kleingedruckten), die den Verbraucher überrumpeln, weil sie so ungewöhnlich und überraschend sind, dass kein Mensch mit ihnen rechnen muss, sind unwirksam. Dies gälte mit Sicherheit für Kühlschrankkaufklauseln zum Beispiel in Fitnessstudio-, Handy- oder Zeitschriftenabonnementverträgen. Sie wären daher null und nichtig und niemand müsste sich an sie halten.

Was in allgemeinen Geschäftsbedingungen (AGBs) wirksam vereinbart werden kann und was nicht, ist auch ansonsten vor allem zugunsten von Verbrauchern gesetzlich streng geregelt. Weil in der Praxis normalerweise kein Mensch eine Lupe zur Hand nimmt, um die oft in winzigen Lettern gehaltene Vertragsrückseite zu entziffern, hat der Gesetzgeber hohe Hürden für die Verwender der AGBs aufgestellt. Nicht nur überraschende Bestimmungen wie die Kühlschrankklausel sind unwirksam. Auch mehrdeutige Bestimmungen oder solche, die den Verpflichteten »entgegen den Geboten von Treu und Glauben unangemessen benachteiligen«, sind nicht bindend. Das Gesetz nennt einige Beispiele, wann dies der Fall ist. Einseitige Rücktrittsrechte oder Preiserhöhungsklauseln zum Beispiel können in den meisten Fällen nicht so ohne weiteres im Kleingedruckten vereinbart werden.

Die meisten Verbraucher machen sich überhaupt keine Vorstellung davon, wie häufig es in der Praxis vorkommt, dass allgemeine Geschäftsbedingungen von den Gerichten für unwirksam erklärt werden. Sie gehen ganz einfach davon aus, dass die Bank, die Versicherung oder die Telefongesellschaft nur hundertprozentig wasserdichte und geprüfte Vertragsklauseln in ihre AGBs aufnehmen werden. Schließlich verfügen solche Unternehmen ja über große Rechtsabteilungen, die genau wissen, was sie tun.

Zunächst einmal sei dahingestellt, ob Rechtsabteilungen wirklich immer wissen, was sie tun. Wie überall im Leben gibt es hier Licht und Schatten. Wie fähig oder unfähig der individuelle Jurist war, der die AGBs für ein bestimmtes Unternehmen oder einen Dachverband entworfen hat, ist jedoch häufig noch nicht einmal von entscheidender Bedeutung. Denn eines muss man sich klar vor Augen halten: Jeder Verwender von AGBs ist grundsätzlich bemüht, die rechtlichen Möglichkeiten, die ihm das Gesetz bietet, bis zum Äußersten auszuschöpfen. Viele AGB-Klauseln bewegen sich daher in einer rechtlichen Grauzone und laufen ständig Gefahr, von der Rechtsprechung für nichtig erklärt zu werden. Den Verwendern der AGBs ist dies durchaus bewusst. Sie vertrauen jedoch darauf, dass jedermann sich der Autorität und »offiziellen Wirkung« ihres Vertragswerks beugen wird. Und allzu häufig haben sie mit dieser Strategie auch Erfolg.

Wer Zweifel hat, ob eine allgemeine Geschäftsbedingung, mit der er konfrontiert wird, wirklich wirksam ist, für den kann es sich also lohnen, den Vertrag zunächst einmal anwaltlich überprüfen zu lassen.

Bei Interesse siehe hierzu:
§ 305 c BGB (Bürgerliches Gesetzbuch), »Überraschende und mehrdeutige Klauseln«
§ 307 BGB, »Inhaltskontrolle«
§ 308 BGB, »Klauselverbote mit Wertungsmöglichkeit«
§ 309 BGB, »Klauselverbote ohne Wertungsmöglichkeit«

Nicht passende Kleidung als Reklamationsgrund?

Irrtum:
Wenn die gekaufte Kleidung nicht passt, kann man sie reklamieren.

Richtig ist:
Wer zu kleine oder zu große Kleidung kauft, hat in der Regel selbst Schuld und kann sie nicht reklamieren.

Immer wieder erleben es Verkäufer, dass Kunden im Laden stehen und eine gestern erst gekaufte Hose wieder zurückbringen wollen, weil sie zu Hause gemerkt haben, dass der Bund halt doch ein wenig spannt. Wenn das Geschäft kulant ist, tauscht es die Hose um. Verpflichtet ist es dazu aber in aller Regel nicht! Denn wer nicht wahrhaben will, welche Hosengröße er sich in den letzten Jahren tatsächlich angefuttert hat, der leidet nicht an einem mangelhaften Kleidungsstück, sondern eher an mangelhafter Selbstwahrnehmung. Reklamieren kann man aber nur mangelhafte Ware. Nicht anders sieht es natürlich aus, wenn man ein Kleidungsstück verschenkt. Das Geschäft, in dem man Papas Hemd gekauft hat, kann nichts dafür, wenn dieser unter dem Weihnachtsbaum feststellt, dass das gute Stück drei Nummern zu klein ist.

Wer vor allem bei teuren Anschaffungen juristisch auf der sicheren Seite sein will, sollte sich vom Verkäufer also ausdrücklich ein Umtauschrecht gewähren lassen – entweder mündlich in Gegenwart eines Zeugen oder noch besser schriftlich auf der Rechnung oder dem Kassenbon. Wenn der Zobel dann partout nicht passt, kann man ihn zurückbringen und sein Geld zurückverlangen.

Bei Interesse siehe hierzu:
§ 433 Abs. 1 BGB (Bürgerliches Gesetzbuch), »Vertragstypische Pflichten beim Kaufvertrag«
§ 434 Abs. 3 BGB, »Sachmangel«

Rechtsweg ausgeschlossen?

Irrtum:
Wenn es in einem Preisausschreiben heißt: »Der Rechtsweg ist ausgeschlossen«, kann der Gewinn nicht eingeklagt werden.

Richtig ist:
Der Rechtsweg kann nicht einseitig ausgeschlossen werden.

Ein fast nicht mehr zu überbietendes Beispiel dreister Volksverdummung ist der Satz »Der Rechtsweg ist ausgeschlossen«, den man in jedem Preisausschreiben findet. Der Autor dieses Buches gibt zu, dass er selbst lange gerätselt hat, was die Veranstalter der Preisausschreiben mit diesem Satz eigentlich aussagen wollen. Ich konnte mir einfach nicht vorstellen, dass sie allen Ernstes glauben, man könne das deutsche Recht einfach mal so durch einen schlichten Satz auf einem Gewinnspielcoupon ausschließen.

Genau so scheint es jedoch tatsächlich zu sein. Und weil alle Preisausschreibenveranstalter bei dem Spielchen mitmachen und diesen Spruch schon seit Jahrzehnten voneinander abschreiben, hat sich die deutsche Öffentlichkeit so an das juristische Phantom des angeblich ausgeschlossenen Rechtsweges gewöhnt, dass kaum noch jemand seine Rechtswirksamkeit hinterfragt.

Dies könnte sich jedoch lohnen, denn natürlich ist der einseitige Ausschluss des Rechtsweges durch einen Gewinnspielveranstalter nicht möglich[73]. Wer also zum Beispiel eine Gewinnbenachrichtigung erhält (»Sie haben bereits garantiert 25 000 Euro gewonnen!«) und dann auf Auszahlung des Gewinnes klagt, braucht sich vom Veranstalter des Preisausschreibens nicht entgegenhalten zu lassen, dass der Rechtsweg in den Spielbedingungen ausgeschlossen ist.

Eine Klausel in allgemeinen Teilnahmebedingungen, die gegenüber den Spielern einseitig den Rechtsweg ausschließt, ist demnach zwar eine lustige und pfiffige Idee. Sie ist jedoch ungefähr genauso wirksam wie ein Vermerk auf Ihrer Steuererklärung, mit dem Sie, lieber Leser, gegenüber dem Finanzamt die Geltung des deutschen Steuerrechts ausschließen – mit der Folge, dass Sie keine Steuern mehr zahlen müssen. Sie können ja mal ausprobieren, ob Sie damit durchkommen.

Bei Interesse siehe hierzu:
§ 661 a BGB (Bürgerliches Gesetzbuch), »Gewinnzusagen«

Reklamieren von selbstaufgebauten Möbeln

Irrtum:
Selbstaufgebaute Möbel kann man nicht mehr reklamieren.

Richtig ist:
Die gesetzliche Gewährleistung gilt auch für selbstaufgebaute Möbel.

Ob man auch selbstaufgebaute Möbel noch reklamieren könne, ist eine Leserfrage, die den Autor dieses Buches gleich mehrfach erreichte. Ganz offensichtlich glauben viele Kunden eines großen schwedischen Möbelhändlers, dass ihre gesetzlichen Gewährleistungsansprüche schon deshalb verlorengingen, weil sie die Schrankwand Örebro selbst zusammengesteckt und erst dann gemerkt haben, dass sie völlig schief steht.

Dem ist natürlich nicht so. Warum auch? Wenn das Möbelstück nicht gerade deshalb schief steht, weil der Boden uneben ist oder weil man bei der Montage durch eigenes Verschulden einen Fuß abgebrochen hat, gelten natürlich die üblichen Gewährleistungsansprüche. Das heißt, der Kunde hat das Recht, die fehlerhafte Ware zu reklamieren und nach seiner Wahl entweder Reparatur oder Lieferung einer neuen Ware zu verlangen. Sämtliche Transport-, Wege-, Arbeits- und Materialkosten muss der Möbelhändler tragen.

Also: Keine Angst beim Möbelaufbau. Die Verantwortung des Händlers endet nicht in dem Moment, in dem der Käufer Hammer und Schraubenzieher zur Hand nimmt.

Bei Interesse siehe hierzu:
§ 437 BGB (Bürgerliches Gesetzbuch), »Rechte des Käufers bei Mängeln«
§ 439 BGB, »Nacherfüllung«

Reklamationen nur gegen Kassenbon?

Irrtum:
Mangelhafte Ware kann ich nur reklamieren, wenn ich den Kassenzettel noch habe.

Richtig ist:
Ein Kassenzettel ist nicht nötig, wenn ich andere Beweise für den Kauf bei einem bestimmten Händler habe.

Wer im Geschäft eine Ware kauft, kann sie noch bis zu zwei Jahre nach dem Kauf zurückbringen, wenn sich herausstellt, dass sie mangelhaft ist. Der Verkäufer muss dann eine neue, fehlerfreie Ware als Ersatz liefern. Der Kunde kann auch fordern, dass die defekte Ware repariert wird. Nach zwei fehlgeschlagenen Reparaturversuchen kann der Käufer entweder sein Geld zurückverlangen oder er behält die fehlerhafte Ware und mindert den Kaufpreis.

Wer eine mangelhafte Kaufsache reklamiert, wird in aller Regel nach dem Kassenbon gefragt. Denn natürlich möchte der Verkäufer sichergehen, dass die Ware auch tatsächlich bei ihm gekauft wurde. Wer keinen Kassenzettel mehr hat, kommt deshalb meistens gar nicht erst auf die Idee, zu reklamieren. Schließlich hat er ohne den Bon ja ohnehin keine Chance, die Ware umzutauschen oder sein Geld zurückzubekommen.

So denkt jedenfalls die Mehrheit. Und auch die meisten Verkäufer – die es eigentlich besser wissen müssten – schütteln häufig nur bedauernd mit dem Kopf, wenn ein Kunde versucht, ohne Kassenbon eine Ware zu reklamieren. Sie übersehen, dass ein Kassenzettel nicht die einzige Möglichkeit ist, den Kauf in ihrem Geschäft zu beweisen.

Eine Zeugenaussage ist zum Beispiel ein mindestens genauso gutes Beweismittel wie ein Kassenzettel. Wer also beim Kauf eines neuen Teppichs von seiner Ehefrau begleitet wurde, der braucht sich nicht zu sorgen, wenn er dem Teppichhändler keinen Kassenbon mehr vorlegen kann. Die Ehefrau kann schließlich bezeugen, dass das gute Stück gerade bei diesem Händler gekauft wurde.

Selbstverständlich können auch Kontoauszüge dabei helfen, den Kauf nachzuweisen. Wer per EC- oder Kreditkarte bezahlt hat, wird möglicherweise noch die entsprechenden Belege finden. Vielleicht findet sich auf der Ware ja auch noch ein Preisschild oder ein sonstiger Hinweis, der zeigt, dass sie in dem betreffenden Geschäft gekauft wurde.

Verkäufer dürfen den Umtausch von Waren nur dann an bestimmte Bedingungen knüpfen, wenn sie gesetzlich nicht verpflichtet sind, die Ware umzutauschen. Wenn die Frist von zwei Jahren ab Kaufdatum abgelaufen ist oder wenn die Ware nicht defekt ist, sondern dem Käufer lediglich nicht mehr gefällt, muss kein Verkäufer die Ware zurücknehmen. Tut er es aus Kulanz dennoch, dann kann er für sein Entgegenkommen natürlich Bedingungen aufstellen. Er kann zum Beispiel verlangen, dass ihm der Kassenbon vorgelegt wird oder dass die Ware noch original verpackt ist.

Bei Interesse siehe hierzu:
§ 437 BGB (Bürgerliches Gesetzbuch), »Rechte des Käufers bei Mängeln«
§ 439 BGB, »Nacherfüllung«
§ 440 BGB, »Besondere Bestimmungen für Rücktritt und Schadensersatz«
§ 441 BGB, »Minderung«

Reparaturen und kein Ende?

Irrtum:
Verkäufer dürfen beliebig oft versuchen, mangelhafte Ware nachzubessern.

Richtig ist:
Nach zwei erfolglosen Nachbesserungsversuchen ist in der Regel Schluss.

Wer mangelhafte Ware kauft, hat das Recht, sie zurück ins Geschäft zu bringen und stattdessen eine intakte Ware zu verlangen. Dieser Anspruch nennt sich »Recht auf Nacherfüllung«. Dabei kann sich grundsätzlich der Käufer aussuchen, welche Form der Nacherfüllung er wünscht. Der Käufer entscheidet also, ob der Verkäufer die Ware reparieren oder gegen eine einwandfreie Ersatzware eintauschen soll.

In der Praxis kommt es häufig vor, dass die Reparatur- oder Austauschversuche des Verkäufers nicht von Erfolg gekrönt sind – und das oft gleich mehrmals hintereinander. Immer wieder von neuem muss der Kunde die Ware – zum Beispiel einen Fernseher – also zurückbringen, weil er nach wie vor nicht in Ordnung ist.

Viele Käufer sind in einer solchen Situation erstaunlich geduldig. Dabei müssten sie das gar nicht sein. Denn wenn der Fernseher nach dem zweiten Austausch oder Reparaturversuch immer noch nicht fehlerfrei funktioniert, muss der Kunde – von seltenen Ausnahmefällen abgesehen – keine weiteren Nachbesserungsversuche abwarten. Er kann das defekte Gerät einfach zurückgeben und sein Geld zurückverlangen. Eine Gutschrift als Ersatz muss er nicht akzeptieren. Alternativ kann er sich auch dafür entscheiden, die fehlerhafte Ware zu behalten und den Kaufpreis zu mindern. In keinem Fall muss er aber endlose Nachbesserungsversuche dulden. Verkäufer, die ihren Kunden so etwas zumuten, kennen die Rechtslage nicht. Möglicherweise wollen sie sie auch gar nicht kennen. Man sollte ihnen selbstbewusst entgegentreten und auf seinem Recht bestehen.

Der Verkäufer kann die Rechte der Verbraucher übrigens auch nicht durch seine Allgemeinen Geschäftsbedingungen – das berühmt-berüchtigte »Kleingedruckte« – ausschließen. Eine solche Klausel wäre unwirksam.

Bei Interesse siehe hierzu:
§ *437 BGB (Bürgerliches Gesetzbuch), »Rechte des Käufers bei Mängeln«*
§ *439 BGB, »Nacherfüllung«*
§ *440 BGB, »Besondere Bestimmungen für Rücktritt und Schadensersatz«*
§ *475 BGB, »Abweichende Vereinbarungen«*

Schäden in Supermärkten

Irrtum:
Kunden, die in einem Supermarkt Ware beschädigen, müssen nicht dafür aufkommen.

Richtig ist:
Auch in Supermärkten gilt: Was man kaputtmacht, muss man bezahlen.

Eine häufige Leserfrage, die den Autor dieses Buches erreichte, ist die Frage danach, ob man Gegenstände, die man in einem Geschäft versehentlich beschädige, bezahlen müsse. Eine Dame wollte zum Beispiel wissen, ob sie tatsächlich eine Weinflasche hätte bezahlen müssen, die ihr auf dem Weg zur Kasse unbeabsichtigt aus der Hand gerutscht war. Sie hatte den Supermarktleiter verständigt, damit dieser die Überreste der Flasche und ihres Inhalts beseitigte, und sich eine neue Flasche aus dem Regal genommen. An der Kasse wunderte sie sich dann, dass sie beide Flaschen bezahlen sollte. Dafür hatte sie wenig Verständnis, denn die erste Flasche war ja noch *vor* Erreichen der Kasse und nicht etwa erst *nach* dem Kauf kaputtgegangen. Wenn sie also nur eine Flasche kaufte, weshalb sollte sie dann zwei bezahlen? So etwas habe sie noch nie erlebt.

Eine andere Leserin fragte, wie die Rechtslage sei, wenn sie aus Versehen ein Marmeladenglas mit dem Ellenbogen aus dem Regal stoße: Könne sie hierfür haftbar gemacht werden?

In der Praxis ist es meist so, dass die Geschäftsinhaber in solchen Situationen Kulanz zeigen und selbst für den Schaden aufkommen. Der Kunde hat ja schließlich nicht mit Absicht gehandelt. Offensichtlich hat diese Kulanz bei einigen Kunden dazu geführt, dass sie nun glauben, Supermärkte seien eine rechtsfreie Zone, in der sie Dinge kaputtmachen dürften, ohne dafür bezahlen zu müssen. Ein ähnliches Phänomen ist der feste Glaube an ein 14-tägiges Rückgaberecht, das jedem Kunden zustehe. Auch dieser Rechtsirrtum hat sich in den Köpfen vieler Menschen festgesetzt, weil sie eine Kulanzregelung mit einer gesetzlichen Regelung verwechseln (vgl. hierzu das erste *Lexikon der Rechtsirrtümer*). Natürlich besteht jedoch kein Rechtsanspruch auf kulante Behandlung, wenn man im Geschäft etwas beschädigt! Denn auch dort gilt, was überall gilt: Wer vorsätzlich oder fahrlässig fremdes Eigentum beschädigt, muss den Schaden ersetzen. Wer die Weinflasche also nicht fest genug in der Hand hält und sie deshalb fallen lässt, hat Pech gehabt. Er hat fahrlässig gehandelt und muss für den Schaden aufkommen. Nichts anderes gilt für einen Kunden, der aus mangelnder Vorsicht mit dem Ellenbogen die Regale ausräumt. Weshalb sollte er dies folgenlos tun dürfen? Selbstverständlich muss er dafür zahlen.

Bei Interesse siehe hierzu:
§ 311 Abs. 2 BGB (Bürgerliches Gesetzbuch), »Rechtsgeschäftliche und rechtsgeschäftsähnliche Schuldverhältnisse«
§ 823 Abs. 1 BGB, »Schadensersatzpflicht«

Taschenkontrollen im Supermarkt

Irrtum:
Das Kassenpersonal im Supermarkt hat ein Recht auf Taschenkontrollen.

Richtig ist:
Ein Recht auf Taschenkontrollen besteht nicht.

Schilder wie diese kann man auch heute noch in manchen Geschäften lesen: »Sehr geehrte Kunden, wir bitten Sie höflich, Ihre Taschen an der Information abzugeben. Anderenfalls weisen wir darauf hin, dass wir an der Kasse gegebenenfalls Taschenkontrollen durchführen müssen.«

Und selbst wenn keine solchen Schilder aushängen, zeigen viele Kunden ihre Taschen an der Kasse freiwillig vor, weil sie von einem Kontrollrecht des Supermarktes ausgehen. Dabei hat der Bundesgerichtshof (BGH) schon vor Jahren entschieden, dass man solche stichprobenartigen Taschenkontrollen nicht dulden muss. Und zwar auch dann nicht, wenn große Hinweisschilder am Eingang den Kunden darauf hinweisen, dass er mit dem Betreten des Geschäfts die Taschenkontrollen akzeptiert.[74]

Natürlich haben Ladeninhaber ein berechtigtes Interesse daran, sich vor Ladendiebstählen zu schützen. Und natürlich liegt dieser Schutz letztlich auch im Interesse der Allgemeinheit. Denn die Schäden durch Ladendiebstähle werden über höhere Warenpreise auf alle Kunden umgelegt. Trotzdem ist eine Taschenkontrolle ein erheblicher Eingriff in das Persönlichkeitsrecht eines Menschen. Selbst die Polizei darf derartige Kontrollen nur dann vornehmen, wenn ein Verdacht auf eine Straftat vorliegt.

Wenn also ein Ladendieb im Supermarkt auf frischer Tat ertappt wird, hat der Supermarktinhaber natürlich das Recht, den Täter festzuhalten und ihn von der herbeigerufenen Polizei durchsuchen zu lassen (→ *Festnahmerecht bei Straftaten*). Ein eigenes Recht zur Durchsuchung von Kunden hat er jedoch nicht. Anderslautende Hinweisschilder müssen nicht beachtet werden. Sie stellen eine unzulässige Allgemeine Geschäftsbedingung dar. Sollte das Supermarktpersonal versuchen, den Kunden zur Duldung einer Taschenkontrolle zu zwingen, so macht es sich unter Umständen selbst wegen Nötigung strafbar.

Dem Ladeninhaber bleibt daher nichts anderes übrig, als die Kunden aufzufordern, größere Taschen an der Information abzugeben und im Übrigen darauf zu hoffen, dass die Kundschaft ihre Taschen weiterhin »freiwillig« vorzeigt.

Bei Interesse siehe hierzu:
§ 307 Abs. 2 Nr. 1 BGB (Bürgerliches Gesetzbuch), »Inhaltskontrolle«
§ 102 StPO (Strafprozessordnung), »Durchsuchung beim Verdächtigen«
§ 127 StPO, »Vorläufige Festnahme«

Taxischlange

Irrtum:
Man muss immer das erste Taxi in der Warteschlange nehmen.

Richtig ist:
Jeder Fahrgast hat das Recht, sich sein Taxi nach Belieben auszuwählen.

Wer schon einmal versucht hat, nicht in das erste Fahrzeug einer Schlange wartender Taxis einzusteigen, sondern in eines der hinteren, dürfte auf Schwierigkeiten gestoßen sein. Zwischen den Fahrern besteht eine stillschweigende Übereinkunft, dass immer der erste in der Schlange den nächsten Fahrgast aufnehmen darf. Fair ist diese Regelung natürlich, denn schließlich warten die vorderen Taxis schon am längsten auf Kundschaft. Und Taxifahrer wissen ein Lied davon zu singen, dass die Standzeiten vor allem an besonders lukrativen Standorten wie Flughäfen im Extremfall mehrere Stunden betragen können. Da kann es schon ärgerlich sein, wenn einem der gerade erst hinzugekommene Kollege eine Fahrt vor der Nase wegschnappt.

Dem Fahrgast, der keine Lust hat, bis zum Anfang der Schlange zu laufen, werden die weiter hinten wartenden Fahrer daher mitteilen, dass sie ihn nicht fahren dürfen. Er müsse sich schon zu dem Wagen ganz vorne in der Schlange bemühen. Doch haben die Fahrer tatsächlich recht mit dieser Behauptung? Natürlich nicht! Ihr Fahrgastverteilungssystem mag aus Sicht der Fahrer ja sinnvoll und fair sein. Es ist trotzdem eine rein interne Regelung, an die die Fahrgäste in keiner Weise gebunden sind. Das Leben ist eben nicht immer fair!

Wenn ein Passagier daher nicht in das vordere Fahrzeug einsteigen will, weil es ihm beispielsweise zu altersschwach und schmuddelig aussieht, er ein Nichtrauchertaxi wünscht oder ihm ganz einfach die Fahrzeugmarke nicht zusagt (»Ich fahre nur Mercedes!«), ist es sein gutes Recht, sich jedes beliebige Taxi in der Schlange auszusuchen. Eine Begründung für diesen Wunsch muss er nicht liefern. Es reicht der Satz: »Ich möchte aber lieber mit Ihnen fahren!« Der so auserkorene Taxifahrer ist dann verpflichtet, den Fahrgast mitzunehmen. Er darf die Beförderung nicht mit dem Hinweis verweigern, dass man ja das Taxi ganz vorne in der Schlange nehmen könne.

Letztlich liegt diese Wahlfreiheit auch im Interesse eines freien Wettbewerbs. Schließlich steht es jedem Taxiunternehmer frei, sich ein neues, sauberes Nichtrauchertaxi einer beliebten Automarke zuzulegen, wenn sein altes Gefährt bei den Kunden nicht mehr ankommt. So funktioniert eben die Marktwirtschaft. Auch aus diesem Grund sollten die Fahrgäste entschlossen und selbstbewusst von ihrem Recht der freien Taxiwahl Gebrauch machen.

Bei Interesse siehe hierzu:
Art. 2 Abs. 1 GG (Grundgesetz), »Persönliche Freiheitsrechte«

Umtausch I: Reduzierte Ware

Irrtum:
Reduzierte Ware kann man nicht umtauschen, auch wenn sie fehlerhaft ist.

Richtig ist:
Fehlerhafte Ware kann man immer reklamieren, egal, ob sie preisreduziert ist oder nicht.

In Bekleidungsgeschäften hängen häufig Schilder mit der Aufschrift »Reduzierte Ware ist vom Umtausch ausgeschlossen«. Viele Käufer und leider auch einige unerfahrene Verkäufer missverstehen die Bedeutung dieses Hinweises.

Manch einer, der zum Beispiel im Sommerschlussverkauf

eine reduzierte Hose kauft, deren schlecht verarbeitete Naht beim ersten Tragen aufreißt, kommt gar nicht auf den Gedanken, die Hose zurückzubringen. Denn reduzierte Ware ist ja schließlich vom Umtausch ausgeschlossen. Wer es trotzdem versucht, wird nicht selten auf Verkäufer stoßen, die einen Umtausch mit ebendieser Begründung ablehnen. Zu Recht?

Natürlich nicht! Wer eine fehlerhafte Ware kauft, kann sie immer zurück ins Geschäft bringen und verlangen, dass der Fehler beseitigt wird. Wahlweise kann der Käufer auch verlangen, dass er eine ganz neue, diesmal fehlerfreie Ware als Ersatz bekommt. Wenn eine Reparatur oder Neulieferung nicht gelingt oder dem Käufer nicht zumutbar ist, hat er zwei weitere Möglichkeiten: Er kann zum einen ganz vom Kaufvertrag zurücktreten; er bekommt dann sein Geld wieder und gibt die kaputte Ware zurück. Oder er behält die Ware und mindert ihren Preis; der Verkäufer muss ihm dann einen angemessenen Teil der Kaufsumme zurückzahlen.

Weshalb hängen diese Schilder trotzdem in so vielen Geschäften aus? Die Antwort ist einfach: Sie gelten nur für den Umtausch von *fehlerfreier* Ware. Wer eine tadellose Ware kauft, muss sie im Allgemeinen auch behalten. Er hat keinen Rechtsanspruch darauf, sie umzutauschen, wenn sie ihm zu Hause aus irgendeinem Grund doch nicht gefällt. Denn es gilt der Grundsatz »pacta sunt servanda« – Verträge müssen eingehalten werden (→*Rücktritt vom Vertrag*).

Aus Kulanz tauschen viele Geschäfte zwar auch fehlerfreie Waren um, wenn das Kaufdatum noch nicht allzu lange zurückliegt und die Ware noch in verkaufsfähigem Zustand ist. Dabei handelt es sich jedoch um einen freiwilligen Kundenservice. Die Geschäfte haben das Recht, jede beliebige – fehlerfreie – Ware vom Umtausch auszuschließen. Da sie reduzierte Ware im Allgemeinen am dringendsten loswerden möchten, nehmen sie diese nur ungern wieder zurück. Deshalb werden gerade reduzierte Waren meist als vom Umtausch ausgeschlossen deklariert.

Bei Interesse siehe hierzu:
§ 437 BGB (Bürgerliches Gesetzbuch), »Rechte des Käufers bei Mängeln«
§ 439 BGB, »Nacherfüllung«
§ 440 BGB, »Besondere Bestimmungen für Rücktritt und Schadensersatz«
§ 441 BGB, »Minderung«

Umtausch II: Originalverpackung erforderlich?

Irrtum:
Mangelhafte Ware kann ich nur reklamieren, wenn ich die Originalverpackung noch habe.

Richtig ist:
Auch ohne Originalverpackung hat man einen Anspruch auf Reparatur oder Ersatz mangelhafter Ware.

Verkäufer lassen sich mitunter ausgesprochen amüsante Begründungen dafür einfallen, weshalb sie angeblich nicht verpflichtet seien, eine mangelhafte Ware zurückzunehmen. Mal behaupten sie, der Käufer müsse ihnen einen Kassenbon vorweisen, mal heißt es, reduzierte Ware könne überhaupt niemals zurückgenommen werden. Im *Lexikon der Rechtsirrtümer* – dem Vorgängerband zu diesem Buch – wurden diese und andere beliebte Verkäuferausflüchte bereits richtiggestellt.

Nicht weniger weit verbreitet und nicht weniger falsch ist die Behauptung, der Käufer könne eine Ware – zum Beispiel einen defekten Computer – nur dann reklamieren, wenn er die Originalverpackung noch habe. Es ist ganz erstaunlich, wie viele Menschen tatsächlich hieran glauben und allen Ernstes die Originalkartons ihrer diversen Fernseher, Bügeleisen und Videorekorder aufbewahren – rein vorsorglich, für den Fall der Fälle. Ihnen allen kann eine beruhigende Mitteilung gemacht werden: Sie können Ihren Speicher und Ihr Bügelzimmer getrost von all den gehorteten alten Pappkartons entrümpeln. Denn die gesetzlichen Gewährleistungsansprüche bei mangelhaften Kaufsachen greifen – ganz egal, ob man die Originalverpackung noch hat oder nicht.

Ein Käufer hat stets das Recht, eine defekte Ware reparieren oder gegen ein intaktes Produkt eintauschen zu lassen. Diese Rechte hat der Käufer natürlich auch dann, wenn er die Originalverpackung längst weggeworfen hat. Wenn er einen defekten Computer stattdessen in Plastiktüten verpackt zurück ins Geschäft bringt, ist das sein gutes Recht. Der Verkäufer mag sich darüber ärgern, weil er nun selbst einen Karton besorgen und das Gerät zum Hersteller schicken muss. Aber das ist nicht das Problem des Käufers.

Zusammenfassend sollte man sich also merken: Mangelhafte Ware kann man reklamieren, egal, welche Ausflüchte sich der Verkäufer einfallen lässt. Ob die defekte Ware original verpackt ist oder nicht, spielt überhaupt keine Rolle.

Die Betonung liegt hier allerdings auf dem Wort *defekt*. Wenn der gekaufte Computer völlig in Ordnung ist und dem Käufer nach ein paar Tagen ganz einfach nicht mehr gefällt, dann hat er überhaupt kein Recht, ihn umzutauschen. Wenn der Verkäufer in solchen Fällen freiwillig einen Umtausch anbietet, dann kann er ihn selbstverständlich von so vielen Bedingungen abhängig machen, wie er will. Er kann also zum Beispiel auch verlangen, dass der Käufer die Originalverpackung vorlegt. Da spätestens zwei Wochen nach dem Kauf ohnehin kaum noch ein Verkäufer Geräte aus Kulanz umtauscht, kann man also spätestens dann die alten Pappkartons wegwerfen.

Bei Interesse siehe hierzu:
§ 437 BGB (Bürgerliches Gesetzbuch), »Rechte des Käufers bei Mängeln«
§ 439 BGB, »Nacherfüllung«
§ 440 BGB, »Besondere Bestimmungen für Rücktritt und Schadensersatz«
§ 441 BGB, »Minderung«

Umtausch III: Keine Reklamation von CDs, DVDs, Computerspielen und benutzten Waren?

Irrtum:
CDs, DVDs, Computerspiele und generell benutzte Waren können nicht reklamiert werden, wenn der Verkäufer ein entsprechendes Schild aufhängt.

Richtig ist:
Sämtliche defekte Waren können reklamiert werden.

Dieser Rechtsirrtum funktioniert nach dem gleichen Muster wie die Ausrede mit der angeblich notwendigen Originalverpackung. Es gibt Waren, die ein Verkäufer auch nach einem Umtausch noch mehr oder weniger problemlos an einen anderen Kunden weiterverkaufen kann. Dies gilt zum Beispiel für Kleidungsstücke wie Pullover oder Jeanshosen. Anders sieht es etwa bei CDs, DVDs, Computerspielen oder Unterwäsche aus. Einmal benutzt sind solche Waren nicht mehr verkäuflich. Kein Verkäufer nimmt sie daher gerne zurück. Aus diesem Grund finden sich in vielen Geschäften Schilder, die bestimmte Produktgruppen oder generell alle benutzten Waren vom Umtausch ausschließen.

Aber natürlich gelten auch diese Schilder nur für den freiwilligen Umtausch auf Kulanzbasis. Wer eine berechtigte Reklamation vortragen kann, hat selbstverständlich die Möglichkeit, auch CDs, DVDs oder Computerspiele ins Geschäft zurückzubringen und Nachbesserung oder Umtausch gegen fehlerfreie Neuware zu verlangen. Und auch, dass eine Ware bereits benutzt wurde, ist natürlich kein Grund, sie von der gesetzlichen Verkäuferhaftung für mangelhafte Kaufsachen auszuschließen. Ohne eine Ware zu benutzen, kann man in vielen Fällen schließlich überhaupt nicht feststellen, dass sie defekt ist.

Bei Interesse siehe hierzu:
§ 437 BGB (Bürgerliches Gesetzbuch), »Rechte des Käufers bei Mängeln«
§ 439 BGB, »Nacherfüllung«
§ 440 BGB, »Besondere Bestimmungen für Rücktritt und Schadensersatz«
§ 441 BGB, »Minderung«

Umtausch IV:
Wochenfrist bei Reklamationen?

Irrtum:
Waren können nur innerhalb einer Woche nach dem Kauf umgetauscht bzw. reklamiert werden.

Richtig ist:
Defekte Waren können auch noch zwei Jahre nach dem Kauf reklamiert werden.

Auch der Irrtum von der vermeintlichen Wochenfrist bei der Reklamation defekter Waren führt in Deutschland immer wieder zu Verwirrung. Viele Verbraucher glauben, sie hätten nach dem Kauf einer Ware nur eine Woche Zeit, diese ins Geschäft zurückzubringen und zu reklamieren, falls mit ihr irgendetwas nicht in Ordnung ist. Das Gesetz geht jedoch von erheblich längeren Gewährleistungsfristen aus. Verbrauchsgüter kann der Käufer noch bis zu zwei Jahre nach dem Tag reklamieren, an dem er die Kaufsache entgegengenommen hat. Innerhalb der ersten sechs Monate dieser Frist wird zugunsten des Verbrauchers sogar gesetzlich vermutet, dass der Mangel bereits von Anfang an bestand. Für den Verbraucher spricht also eine sogenannte Beweislastumkehr. Der Verkäufer muss ihm beweisen, dass die Kaufsache fehlerfrei war, als sie dem Käufer übergeben wurde.

Das Märchen von der Wochenfrist beruht auf dem gleichen Missverständnis wie die in den vorangegangenen Kapiteln behandelten Rechtsirrtümer. Aus Kulanz nehmen viele Verkäufer Waren auch dann zurück, wenn diese nicht fehlerhaft sind. Selbstverständlich haben sie dann das Recht, diesen freiwilligen Service nach Belieben zeitlich zu begrenzen. In der Praxis wählen viele Verkäufer eine Frist von einer oder zwei Wochen. Bringt der Käufer die Ware innerhalb dieses Zeitraums in einem noch verkäuflichen Zustand zurück und kann auch noch seinen Kassenbon vorlegen, dann wird er häufig mit einem Umtauschwunsch auch dann Glück haben, wenn die Ware völlig in Ordnung ist und der Verkäufer sie deshalb eigentlich nicht zurücknehmen müsste.

Bei Interesse siehe hierzu:
§ 438 Abs. 1 Nr. 3 BGB (Bürgerliches Gesetzbuch), »Verjährung der Mängelansprüche«
§ 476 BGB, »Beweislastumkehr«

Wohnen & Mieten

Fußbälle in Nachbars Garten

Irrtum:
Verschossene Fußbälle, die Kinder immer wieder in Nachbars Garten schießen, darf dieser konfiszieren.

Richtig ist:
Es gibt kein Recht zur Konfiszierung von Fußbällen.

Fußbälle, die in Nachbars Garten landen, sind seit jeher ein beliebtes Streitthema. Manch einer nimmt es locker, wenn sich mal ein Ball in seinen Garten verirrt. Schließlich waren wir ja alle mal jung, und dass leider nicht jeder Schuss dahin geht, wo er hingehen soll, wissen wir auch. Nicht alle sind jedoch so entspannt. Viele betrachten das ungenehmigte Eindringen fremder Lederkugeln in den eigenen Luftraum als eine unerhörte Provokation. Wofür hat man denn schließlich 28 Jahre lang abbezahlt, dass jetzt jeder Heini vom benachbarten Bolzplatz aus das Eigentumsrecht am sorgsam gehegten Reihenmittelhausgarten meint verletzen zu dürfen? Da muss man doch was tun! Aber was? Zunächst kann der Gartenbesitzer natürlich ein Zutrittsverbot für seinen Garten verhängen. Wenn die fußballspielenden Rotzlöffel den Garten dann trotzdem betreten, um sich ihren Ball zurückzuholen, kann der Hausbesitzer sie erfolgreich auf Unterlassung des nochmaligen Gartenbetretens verklagen. Falls sie schon strafmündig, das heißt mindestens 14 Jahre alt sind, begehen sie sogar einen Hausfriedensbruch, wenn sie wissentlich gegen den Willen des Eigentümers ein fremdes Grundstück betreten. Vielen Hausbesitzern reicht das jedoch noch nicht. Da sie das ungenehmigte Einfliegen von Fußbällen generell für unzulässig halten, konfiszieren sie das Spielgerät kurzerhand, um so künftige Rechtsverletzungen zu verhindern. Doch damit gehen sie zu weit! Das Fußballspielen auf dem Nachbargrundstück ist nicht generell verboten. Dass sich ab und zu ein Ball verirrt, muss man als »sozialadäquat« hinnehmen.[75] Daher darf man den Ball auch nicht einfach behalten. Er steht in fremdem Eigentum und muss herausgegeben werden[76] – und zwar unverzüglich! Es ist also auch unzulässig, dass der Nachbar den Ball nur kurzfristig einbehält und ihn erst nach einer Stunde freiwillig wieder herausgibt. Grundstücksbesitzer, die so etwas tun, können verklagt und dazu verurteilt werden, künftig auch kurzfristige Fußballkonfiszierungen zu unterlassen.

Fazit: Fußballspielen auf dem Nachbargrundstück kann man nicht verbieten, nur weil dabei auch mal Bälle auf dem eigenen Grundstück landen. Wohl aber kann man den Fußballspielern verbieten, das Grundstück zu betreten, um ihre Bälle zurückzuholen. Dann allerdings muss man sie selber schnellstmöglich zurückgeben und darf sie auf keinen Fall behalten.

Bei Interesse siehe hierzu:
§ 1004 BGB (Bürgerliches Gesetzbuch), »Beseitigungs- und Unterlassungsanspruch«
§ 123 StGB (Strafgesetzbuch), »Hausfriedensbruch«

Grillen auf dem Balkon

Irrtum:
Im Sommer darf man einmal pro Monat auf dem Balkon grillen, ohne dass die Nachbarn etwas dagegen unternehmen können.

Richtig ist:
Es gibt keine Regel, die das Grillen auf dem Balkon erlaubt, obwohl es die Nachbarn unzumutbar belästigt.

Grillen auf dem Balkon ist ähnlich wie →*Partylärm* einer der absoluten Klassiker unter den Nachbarrechtsstreitigkeiten. Und genau wie im Falle des Partylärms hält sich hartnäckig das Gerücht, dass Nachbarn jegliche Belästigungen im Zusammenhang mit solchen Grillabenden einmal im Monat (wahlweise auch ein- oder dreimal im Jahr – hier gibt es regionale Unterschiede in der Legendenbildung) zu dulden haben, egal, wie viel Rauch dabei in ihr Schlafzimmer zieht.

Sosehr es zu wünschen ist, dass man ab und zu auf dem Balkon ungestört grillen darf: Das Immissionsschutzrecht verbietet nach wie vor erhebliche Belästigungen durch konzentrierten Rauch, der vom Grill direkt in die Schlaf- oder Wohnräume des Nachbarn zieht. Für wen es unzumutbar würde, das Fenster zu öffnen,[77] der kann in der Tat verlangen, dass man auf ihn Rücksicht nimmt. Und zwar das ganze Jahr über und ohne Ausnahme.

Weniger extreme Belästigungen durch Grillrauch müssen Nachbarn dagegen mittlerweile hinnehmen. Das gilt vor allem in dichtbesiedelten Wohngebieten. Man kann es den Menschen, die dort leben, nicht mehr vollständig verbieten, im Freien zu grillen, selbst wenn die Nachbarn unvermeidlicherweise hiervon betroffen werden. Denn das Grillen auf Balkonen und in Gärten wird mehr und mehr sozialüblich. Ein generelles Grillverbot verstieße nach einigen Gerichtsentscheidungen sogar gegen das Grundrecht auf freie Entfaltung der Persönlichkeit.

Wer also mitten in der Stadt wohnt, muss sich in jeder Hinsicht ein etwas dickeres Fell zulegen. Er kann nicht erwarten, so ruhig und ungestört zu leben wie auf dem Land. Zwar müssen die Grillfreunde Rücksicht auf ihre Nachbarn nehmen (siehe oben). Doch Rücksichtnahme ist keine Einbahnstraße. Sie bedeutet auch, anderen Leuten ihre Freiheiten zu lassen – einschließlich der Freiheit, ab und zu einen schönen Grillabend mit Freunden auf dem Balkon der innerstädtischen Etagenwohnung zu genießen.

Bei Interesse siehe hierzu:
§ 906 BGB (Bürgerliches Gesetzbuch), »Zuführung unwägbarer Stoffe«
Verschiedene immissionsschutzrechtliche Bestimmungen der einzelnen Bundesländer (soweit diese existieren), z. B. § 7 Abs. 1 LImSchG NW (Landesimmissionsschutzgesetz NRW), »Verbrennen im Freien«

Kaution »abwohnen«

Irrtum:
Die Mietkaution darf man am Ende der Mietzeit »abwohnen«.

Richtig ist:
Die Miete muss bis zum Ende der Mietzeit vollständig bezahlt werden.

Das »Abwohnen« der Mietkaution am Ende der Mietzeit ist sehr beliebt. Oft stellen Mieter zwei oder drei Monate vor Vertragsende einfach die Mietzahlungen ein und »verrechnen« sie mit der Kaution. Der Vermieter, so glauben sie, könne nichts dagegen haben, denn schließlich ist die Kaution ja dazu da, die Mietzahlungen abzusichern.

Wer so denkt, übersieht, dass die Mietkaution einen weitergehenden Zweck hat: Sie sichert *sämtliche* Ansprüche ab, die der Vermieter gegen den Mieter hat. Dazu gehören nicht nur die monatlichen Mietzahlungen, sondern zum Beispiel auch der Anspruch auf Nachzahlung von Nebenkosten. Möglicherweise stellt sich nach dem Auszug des Mieters auch heraus, dass er in der Wohnung Schäden angerichtet hat, die er ersetzen muss.

Vielleicht hat er auch Schönheitsreparaturen unterlassen, die er nach dem Mietvertrag hätte vornehmen müssen. In all diesen Fällen hat der Vermieter das Recht, sich aus der Mietkaution zu bedienen.

Ob der Mieter Nebenkosten nachzahlen muss, die Wohnung beschädigt hat oder Schönheitsreparaturen unterlassen hat, zeigt sich in der Regel erst nach Ende des Mietverhältnisses. Der Vermieter hat also ein Interesse daran, dass er auch dann noch auf die Kaution zurückgreifen kann. Aus diesem Grund darf der Mieter die Kaution nicht »abwohnen«. Er muss die Miete bis zum letzten Tag des Mietverhältnisses zahlen. Erst dann wird abgerechnet und festgestellt, ob der Vermieter noch Ansprüche gegen den Mieter hat. Wer die Mietzahlungen schon vorher einstellt, riskiert, dass der Vermieter einen gerichtlichen Mahnbescheid beantragt, der für den Mieter mit zusätzlichen Kosten verbunden sein kann.

Bei Interesse siehe hierzu:
§ 551 BGB (Bürgerliches Gesetzbuch), »Begrenzung und Anlage von Mietsicherheiten«
§ 566a BGB, »Mietsicherheit«

Miet-Nebenkosten

Irrtum:
Nebenkostenabrechnungen für Mieter sind in der Regel korrekt berechnet.

Richtig ist:
Nebenkostenabrechnungen für Mieter sind viel öfter falsch, als die meisten glauben.

Man könnte ein eigenes Buch mit Rechtsirrtümern rund um das Thema Nebenkostenabrechnungen für Mietwohnungen füllen. Denn die wenigsten wissen genau, welche Betriebskosten auf den Mieter umgelegt werden können und welche nicht. Und das gilt für Mieter und Vermieter gleichermaßen. Nach einer Schätzung der Mietervereine ist daher jede zweite (!) Betriebskostenabrechnung falsch.

Es lohnt sich also, sich die Betriebskostenabrechnung einmal genauer anzusehen. In Zweifelsfragen helfen hierbei auch die Mieter- und Grundeigentümervereine. Zunächst einmal gilt, dass der Mieter nur die Betriebskosten zahlen muss, die ausdrücklich im Mietvertrag genannt sind. Aber längst nicht alles, was Vermieter in den Mietvertrag schreiben, darf auch tatsächlich auf den Mieter umgelegt werden.

Folgenden Grundsatz muss man sich merken, dann erklärt sich vieles Weitere von selbst:

Der Vermieter trägt alle Verwaltungskosten und alle Instandhaltungs- und Instandsetzungskosten.

Umlagefähig sind dagegen folgende Kosten:
– Grundsteuer (z. T. auch »öffentliche Lasten des Grundstücks« genannt)
– Wasserversorgung (z. B. Wassergeld, Kosten der Wasseruhr, Kosten einer Wasseraufbereitungsanlage)
– Abwassergebühren
– Fahrstuhl (Betriebsstrom, Beaufsichtigung, Bedienung, Überwachung, Reinigung – nicht aber Fahrstuhlreparaturkosten!)
– Straßenreinigung und Müllabfuhr (städtische Abgaben)
– Hausreinigung und Ungezieferbekämpfung
– Gartenpflege (Sach- und Personalkosten)
– Beleuchtung (Strom für Außenbeleuchtung, Treppenhaus, Waschküche)

- Schornsteinreinigung (Schornsteinfegergebühren, Kosten der Immissionsmessung)
- Versicherungen (Gebäudeversicherungen gegen Feuer-, Sturm- und Wasserschäden, Glasversicherungen, Haftpflichtversicherungen für Gebäude, Öltank und Aufzug – nicht aber: Rechtschutzversicherung, Reparaturkostenversicherung, Umweltschädenversicherung oder Mietausfallversicherung des Vermieters)
- Hausmeister (nur für Tätigkeiten wie Gartenpflege, Schneeräumen, Treppenhausreinigung – nicht aber für Reparatur- oder Hausverwaltungsarbeiten!)
- Gemeinschaftsantenne, Kabelfernsehen
- Wascheinrichtungen (Strom, Reinigung und Wartung – nicht aber: Reparatur!)
- Heizkosten

Man sieht, dass die Abgrenzung nicht immer leicht ist. Viele Vermieter »tricksen« und verstecken Kosten, die eigentlich nicht umlagefähig sind, in scheinbar umlagefähigen Positionen. Dass der Mieter bestimmte Versicherungen bezahlen muss, ist zum Beispiel vielen bekannt. Versicherungen, die der Verwaltung, der Instandhaltung oder aus anderen Gründen dem »Privatvergnügen« des Vermieters dienen, sind aber *nicht* umlagefähig. Also kommen manche Vermieter auf die glorreiche Idee, nicht das auffällige Wort »Reparaturkosten« in die Nebenkostenabrechnung zu schreiben – denn darüber würden viele Mieter stolpern –, stattdessen schließen sie ganz einfach eine Reparaturversicherung ab und verstecken so die nicht umlagefähigen Reparaturkosten in der unauffälligen Position »Versicherungen«. Es lohnt sich für den Mieter also, nachzufragen, um welche Versicherungen es sich genau handelt. Der Vermieter muss dies detailliert darlegen! Beliebt ist auch der Trick, den prinzipiell »umlagefähigen Hausmeister« nichtumlagefähige

Tätigkeiten machen zu lassen. Wenn der Hausmeister zum Beispiel auch Hausverwaltungs- oder Instandhaltungsarbeiten durchführt, kann der Mieter die Hausmeisterkosten anteilig kürzen. Denn das sind Arbeiten, die der Vermieter selbst bezahlen muss. Und auch bei der Fahrstuhlwartung muss man genau differenzieren: Die Wartungskosten muss der Mieter zahlen. Sobald der Aufzugtechniker aber mit Reparaturen beginnt, tickt die Uhr wieder zu Lasten des Vermieters. Übrigens müssen Mieter Nebenkostenabrechnungen nicht mehr akzeptieren, wenn diese zu spät kommen. Der Vermieter muss die Abrechnung spätestens ein Jahr nach Ende des Abrechnungszeitraums vorlegen. Ansonsten kann er keine Nachzahlung mehr verlangen.

Bei Interesse siehe hierzu:
§ 1 BetrKV (Betriebskostenverordnung), »Betriebskosten«
§ 2 BetrKV, »Aufstellung der Betriebskosten«
§ 556 Abs. 3 S. 2, 3 BGB (Bürgerliches Gesetzbuch), »Vereinbarungen über Betriebskosten«

Nachmieter

Irrtum:
Wenn man drei Nachmieter stellt, kommt man aus dem Mietvertrag heraus.

Richtig ist:
Die »Drei-Nachmieter-Regel« gibt es nicht.

Für Mietervereine und Rechtsanwälte ist es eine wahre Sisyphusarbeit. Immer wieder müssen sie ihren Mitgliedern und Mandanten erklären, dass diese *keinen* Anspruch darauf haben, aus dem Mietvertrag entlassen zu werden, wenn sie dem Vermieter wenigstens drei Nachmieter stellen. Es ist völlig unerfindlich, wer dieses Gerücht einmal in die Welt gesetzt hat und warum es sich so hartnäckig hält. Tatsache ist: Die »Drei-Nachmieter-Regel« gibt es nicht und es gab sie auch noch nie.

Wer einen unbefristeten Mietvertrag hat, kann ihn sowieso mit dreimonatiger Frist kündigen. Er muss überhaupt keinen Nachmieter stellen. Bei befristeten Mietverträgen sieht es anders aus. Wer sich von vornherein verpflichtet, eine bestimmte Zeit lang in der Wohnung zu bleiben, kann es sich nicht ohne weiteres wieder anders überlegen. Der Vermieter ist nicht in allen Fällen gezwungen, einen befristeten Mietvertrag nach Belieben des Mieters vorzeitig aufzuheben. Dabei ist es egal, ob ihm der Mieter einen, drei oder zwanzig solvente Nachmieter stellt. Denn grundsätzlich ist es das gute Recht des Vermieters, sich nach Vertragsbeendigung selbst einen neuen Mieter zu suchen und mit ihm neue Vertragsbedingungen auszuhandeln.[78] Wie jeder Grundsatz gilt auch dieser jedoch nicht immer. Denn Mieter und Vermieter können sich freiwillig auf eine Ersatzmieterklausel einigen. Wenn im Mietvertrag ausdrücklich festgehalten ist, dass der Mieter bei Stellung eines Nachmieters aus dem Vertrag entlassen wird, dann muss sich der Vermieter natürlich an diese Verabredung halten. Wo dies nicht der Fall ist, hat der Mieter nur eine Chance: Er muss ein sogenanntes berechtigtes Interesse an der vorzeitigen Beendigung des Mietvertrages darlegen können. Der Verbleib in der Wohnung muss für ihn eine gewisse Härte darstellen. Schwere Krankheit, berufliche Versetzung, Familienzuwachs oder unverschuldete Arbeitslosigkeit können solche schwerwiegenden Gründe sein.[79] Ein Umzug in die neu gekaufte Eigentumswohnung oder der Wunsch nach »mehr Grün für die Kinder« dürften dagegen nicht ausreichen.

Wenn ein Härtefall vorliegt, hat der Mieter nach dem Rechtsgrundsatz von »Treu und Glauben« tatsächlich das Recht, aus dem Mietvertrag entlassen zu werden, wenn er einen Nachmieter stellt, der geeignet und zumutbar ist und der den Mietvertrag uneingeschränkt übernimmt. Es reicht dann allerdings schon ein einziger akzeptabler Nachmieter. Drei müssen dabei nicht aufgeboten werden.

Bei Interesse siehe hierzu:
§ 573c BGB (Bürgerliches Gesetzbuch), »Fristen der ordentlichen Kündigung«
§ 242 BGB, »Leistung nach Treu und Glauben«

Nächtliches Baden und Duschen

Irrtum:
Nachts ist Lärm durch Duschen und Baden verboten.

Richtig ist:
Auch nachts darf geduscht und gebadet werden.

Immer wieder kommt es vor, dass Vermieter in Mietverträgen oder Hausordnungen nächtliches Duschen oder Baden verbieten oder Nachbarn sich über entsprechenden Badezimmerlärm aus der Wohnung nebenan beschweren. Denn es hält sich das Gerücht, dass die Nachtruhe, die in der Tat zwischen 22 Uhr und 6 Uhr gilt, auch nächtliches Baden und Duschen betrifft.

Die Gerichte sehen es allerdings anders. Sie erlauben die Nutzung von Dusche und Badewanne auch zur Nachtzeit. Mietvertrags- oder Hausordnungsklauseln, die dies verbieten, sind unwirksam.[80] Wie alles im Leben sollte man jedoch auch den nächtlichen Lärm in Badezimmer und Waschkeller nicht übertreiben. So wird zum Beispiel vertreten, dass nach 30 min

Schluss mit der Körperpflege sein müsse.[81] An diese Grenze sollte man sich also halten, wenn man sichergehen will, dass man keine wirksame Abmahnung des Vermieters kassiert oder gar ein Bußgeldverfahren wegen unzulässigen Lärms eingeleitet wird. Und natürlich sollte man nachts unter der Dusche nicht obendrein auch noch Opernarien schmettern, die die Wände zusätzlich erzittern lassen.

Bei Interesse siehe hierzu:
§ 117 OWiG (Gesetz über Ordnungswidrigkeiten), »Unzulässiger Lärm«
Immissionsschutzrechtliche Bestimmungen der einzelnen Bundesländer (soweit existent), z. B. § 9 Abs. 1 LImSchG NW (Landesimmissionsschutzgesetz NRW), »Schutz der Nachtruhe«

Partylärm

Irrtum:
Dreimal im Jahr darf man in der Wohnung hemmungslos feiern, wenn man die Party mit einem Zettel im Hausflur angekündigt hat.

Richtig ist:
Es gibt weder eine pauschale »Drei-Partys-pro-Jahr-Regel« noch eine Verpflichtung, Zettel im Hausflur auszuhängen.

Ein sehr beliebter Irrtum ist die Annahme, man dürfe pro Jahr eine bestimmte Anzahl von Partys veranstalten, ohne dass die Nachbarn gegen den dadurch entstehenden Lärm etwas tun können. Dieser Irrglaube existiert in verschiedenen Versionen: Von einer Party über drei Partys im Jahr bis hin zu einer Party im Monat, die angeblich erlaubt sein sollen.

Tatsache ist: Kein Gesetz schreibt vor, wie viele Partys man pro Jahr feiern darf. Solange die Nachbarn nicht gestört werden, ist niemand daran gehindert, sogar jeden Tag eine Party zu veranstalten. Wenn es aber vor allem zwischen 22.00 Uhr und 6.00 Uhr allzu laut wird, können die Nachbarn gegen die Lärmbelästigung vorgehen. Dem Veranstalter hilft dann auch der Einwand nichts, er habe doch schon seit mehr als einem Jahr nicht mehr gefeiert.

Auch die beliebten Zettel im Hausflur geben dem Gastgeber einer Party keinen Freibrief zu ungehemmt lautem Feiern:

»Liebe Nachbarn! Am 15. Juli feiern wir Geburtstag. Wenn es dabei etwas lauter wird, dann rufen Sie bitte nicht gleich die Polizei, sondern kommen doch einfach hoch und feiern mit!«

Solche Warnungen sind sicher nett gemeint und werden in einer funktionierenden Hausgemeinschaft ihren besänftigenden Zweck auch meist nicht verfehlen. Wenn die Bässe allerdings buchstäblich die Wände wackeln lassen, kommt ihnen keinerlei rechtliche Relevanz zu.

Zusammenfassend kann man sich also merken: Eine unzumutbare Lärmbelästigung ist und bleibt unzumutbar, egal, wie oft sie stattfindet und egal, ob sie vorher per Aushang angekündigt wurde oder nicht. Wenn es allzu laut wird, haben die Nachbarn daher ein Recht darauf, dass die Musik heruntergedreht wird und die fröhlichen Schlachtengesänge auf dem Balkon ein Ende haben.

Ob wegen jeder Lärmbelästigung allerdings gleich die Staatsmacht herbeigerufen werden muss, ist eine andere Frage. Polizisten haben im Allgemeinen Wichtigeres zu tun, als Partys zu sprengen. Wenn der gestörte Nachbar schon kein Interesse hat, der freundlichen Hausflurzettel-Einladung zum Mitfeiern zu folgen, und wenn er sich auch nicht vorsorglich Ohrstöpsel besorgt hat, dann wäre es sicher erst einmal angebracht, selbst bei dem Veranstalter der Party zu klingeln und um etwas mehr Ruhe zu bitten.

Bei Interesse siehe hierzu:
§ 117 OWiG (Gesetz über Ordnungswidrigkeiten), »Unzulässiger Lärm«
Immissionsschutzrechtliche Bestimmungen der einzelnen Bundesländer (soweit diese existieren), z. B. § 9 Abs. 1 LImSchG NW (Landesimmissionsschutzgesetz NRW), »Schutz der Nachtruhe«

Preise von Schlüsseldiensten

Irrtum:
Rechnungen von Schlüsseldiensten müssen in jedem Fall bezahlt werden.

Richtig ist:
Überhöhte Rechnungen von Schlüsseldiensten muss man nicht bezahlen, sondern man kann zu viel Bezahltes sogar zurückverlangen.

Firmen, die in den Gelben Seiten unter Unternehmensbezeichnungen wie A.A.A.A. Ltd. zu finden sind, halten sich für besonders schlau, haben in der Regel aber völlig zu Recht einen miesen Ruf. Oft handelt es sich um Rohrreinigungs-, Fernsehschnellreparatur- oder Schlüsseldienste, die beim Schreiben überhöhter Rechnungen genauso weit vorne liegen wie im Telefonbuch. Natürlich gibt es in all diesen Branchen neben vielen schwarzen auch eine Menge weißer und zumindest graumelierter Schafe. Darauf sei ausdrücklich hingewiesen, bevor die Handwerksinnungen dem Autor dieses Buches mit bösen

Briefen aufs Dach steigen. Was aber soll man tun, wenn man doch einmal an einen Abzocker gerät, der zum Beispiel für die simple Öffnung einer ins Schloss gefallenen Tür 850 Euro plus Mehrwertsteuer verlangt, weil angeblich der Zylinder mit Spezialwerkzeug aufgebohrt werden musste?

Jedenfalls sollte man nicht in Panik verfallen. Schlüsseldienste können nicht einfach abrechnen, was sie wollen. Wer glaubt, er müsse jede Rechnung bezahlen, die ihm von solch einem Unternehmen vorgelegt wird, der irrt! Wenn zuvor ein Festpreis vereinbart wurde – was zu empfehlen ist –, dann darf der Schlüsseldienst nachträglich ohnehin nicht mehr Geld abrechnen, etwa mit der Begründung, die Öffnung sei unerwartet schwer gewesen. Hat man keinen Festpreis und auch sonst nichts Konkretes vereinbart, gilt im Zweifel die ortsübliche Vergütung als geschuldet. Angemessen erscheinen nach einer nichtrepräsentativen Umfrage bei Verbraucherzentralen, IHKs und Schlüsseldiensten Stundensätze um die 50 Euro inklusive Mehrwertsteuer. Nachts und an Wochenenden sind Zuschläge bis zu 150 Prozent auf das Stundenhonorar möglich. Hinzu können noch entfernungsabhängige Anfahrtspauschalen kommen. Daher sollte man immer einen Schlüsseldienst aus der Nähe aussuchen. Mehr als 10–15 Euro kann dieser für die Anfahrt dann nicht veranschlagen. Wichtig ist es auch, vor oder nach getaner Arbeit nicht leichtfertig Papiere zu unterschreiben, die der Schlüsseldienst vorlegt. Es gibt keinen Grund, irgendein Dokument zu unterschreiben, schon gar nicht, wenn darin lauter Dinge stehen, die zum Nachteil des Kunden sind. Hat man doch einmal etwas unterschrieben, zum Beispiel, dass man die Höhe der überhöhten Gebührenforderung ausdrücklich anerkennt, muss das trotzdem nicht heißen, dass man die Rechnung auch tatsächlich komplett begleichen muss. Denn viele der Klauseln, die Schlüsseldienste in solchen Situationen verwenden, sind unwirksam.

Und wenn man bereits alles bezahlt hat? Ist dann alles zu spät? Nein, auch dann hat man noch die Chance, das zu viel bezahlte Geld zurückzuverlangen. Das Amtsgericht München hat 2004 zum Beispiel einen Schlüsseldienst zur Rückzahlung von immerhin 133 Euro verurteilt. Das Unternehmen hatte für das simple Öffnen einer ins Schloss gefallenen Tür sage und schreibe 180 Euro verlangt. Dabei war die Arbeit in drei Minuten getan. Maximal 47 Euro seien für einen solchen Einsatz angemessen, urteilten die Richter.[82]

Wenn ein Schlüsseldienst mehr als 100 Prozent über dem marktüblichen Preis abrechnet, kann dies übrigens sogar den Straftatbestand des Wuchers erfüllen, der mit Freiheitsstrafe bis zu drei Jahren bestraft werden kann. Auch dies kann man durchaus als Argument ins Feld führen, wenn sich ein Schlüsseldienst partout weigert, die Rechnung freiwillig zu senken.

Bei Interesse siehe hierzu:
§ 138 BGB (Bürgerliches Gesetzbuch), »Sittenwidriges Geschäft; Wucher«
§ 632 Abs. 2 BGB, »Vergütung«
§ 291 StGB (Strafgesetzbuch), »Wucher«

Untervermietung verboten?

Irrtum:
Der Vermieter kann verbieten, dass ein Teil der Wohnung untervermietet wird.

Richtig ist:
Der Vermieter kann eine teilweise Untervermietung in vielen Fällen nicht untersagen.

Viele Vermieter sind überhaupt nicht begeistert, wenn sie erfahren, dass ihr Mieter ein oder mehrere Zimmer der Wohnung untervermieten will. Wer in ihr Eigentum einzieht, möchten sie schon selbst bestimmen, denken sie sich und glauben, dass der Mieter sie auf jeden Fall um Erlaubnis fragen muss, wenn er entsprechende Pläne hat. Manch selbstgebastelter Mietvertrag enthält sogar eine ausdrückliche Klausel, wonach jede Form der Untervermietung nur mit Zustimmung des Vermieters gestattet ist.

Doch selbst wenn ein Vertrag eine solche Klausel enthält, kann der Vermieter in vielen Fällen nicht verhindern, dass der Mieter einen Teil des Wohnraumes untervermietet. Dies gilt immer dann, wenn der Mieter ein berechtigtes Interesse an der Untervermietung hat und sie dem Vermieter zugemutet werden kann.

Wann aber liegt ein berechtigtes Interesse an einer Untervermietung vor?

Diese Hürde ist sehr niedrig. Es reicht bereits jeder »vernünftige Grund« für die Aufnahme eines Untermieters. Dies kann zum Beispiel der Tod oder Auszug eines Mitbewohners sein, dessen ausbleibender Mietanteil ersetzt werden muss. Auch die Aufnahme der Eltern oder des Lebensgefährten stellt ebenso ein berechtigtes Interesse dar wie beispielsweise ein gesunkenes Einkommen des Mieters.

Wenn der Mieter ein berechtigtes Interesse an der Untervermietung hat, ist nur noch zu prüfen, ob sie dem Vermieter auch zugemutet werden kann. Und das kann sie in aller Regel. Es muss schon einiges passieren, damit ein Untermieter als unzumutbar gilt. Nicht einmal seine Zahlungsunfähigkeit reicht als Ablehnungsgrund aus. Denn schließlich haftet ja der Mieter gegenüber dem Vermieter auch für den Mietanteil des klammen Untermieters. Wohl aber kann ein Untermieter abgelehnt werden, wenn die Wohnung überbelegt ist. Kein Vermieter muss dulden, dass eine zehnköpfige Großfamilie auch noch Onkel und Tante in die 50-Quadratmeter-Zweizimmerwohnung aufnimmt.

Wer dieses Beispiel übrigens hypothetisch findet, sollte sich nicht täuschen. Derlei Fälle kommen auch in Deutschland tatsächlich vor.

Bei Interesse siehe hierzu:
§ 553 Abs. 1 BGB (Bürgerliches Gesetzbuch), »Gestattung der Gebrauchsüberlassung an Dritte«

Vorsicht! Bissiger Hund!

Irrtum:
Wer ein Schild »Vorsicht! Bissiger Hund!« aufhängt, kann nicht belangt werden, wenn der Hund zubeißt.

Richtig ist:
Warnschilder befreien nicht von der Haftung.

Wer ein Haustier hält, muss zahlen, wenn das Tier einen Menschen verletzt oder eine Sache beschädigt. Hundehalter hängen daher häufig Schilder an ihre Gartenzäune, auf denen es heißt: »Vorsicht! Bissiger Hund!« oder »Warnung vor dem Hunde!«. Auf diese Weise hoffen sie, der Haftung zu entgehen, falls doch einmal etwas passiert.

Doch so einfach lässt sich die Tierhalterhaftung nicht ausschließen. Kleine Kinder, die von freilaufenden Hunden besonders gefährdet sind, können Warnschilder möglicherweise gar nicht lesen. Ihnen gegenüber haben solche Schilder verständlicherweise keinerlei Bedeutung. Doch selbst gegenüber Erwachsenen reichen sie nicht in jedem Fall aus. Der Bundesgerichtshof (BGH) hatte über einen Fall zu entscheiden, in dem zwei Rottweiler und ein Staffordshire-Terrier in einem Wohnhaus gehalten wurden, das wiederum in einem eingezäunten Gelände lag. Vor den Tieren wurde deutlich mit zwei Schildern gewarnt. Dennoch betrat ein erwachsener Besucher das Grundstück und auch das unabgeschlossene Wohnhaus – und wurde dort von den Hunden schwer verletzt. Der BGH entschied, dass die Halter Schadensersatz leisten mussten. Gerade derart gefährliche Tiere hätten nach Ansicht des Gerichts im Haus nicht frei herumlaufen dürfen, wenn damit zu rechnen war, dass Besuch kommen könnte.[83]

Hundehalter sollten sich also darüber im Klaren sein, dass es nicht unbedingt genügt, mit Schildern vor den Hunden zu warnen und sie in einem eingezäunten Gelände zu halten. Auf Nummer sicher – für alle Beteiligten – gehen Hundebesitzer nur, wenn sie die Tiere zusätzlich sichern, indem sie sie anleinen oder im Zwinger halten.

Trotzdem sollte natürlich kein Hundehalter auf die Warnschilder verzichten, denn er ist verpflichtet, alle zumutbaren Maßnahmen zu ergreifen, um die Öffentlichkeit vor den Tieren zu schützen. Außerdem ist es immer möglich, dass dem Geschädigten zumindest ein Mitverschulden angelastet wird, wenn er sich bewusst in Gefahr begibt – und die Warnschilder können helfen, dieses Bewusstsein zu schaffen.

Bei Interesse siehe hierzu:
§ 254 BGB (Bürgerliches Gesetzbuch), »Mitverschulden«
§ 833 BGB, »Haftung des Tierhalters«

Zweitschlüssel für den Vermieter

Irrtum:
Vermieter haben einen Anspruch auf einen Zweitschlüssel zur Wohnung.

Richtig ist:
Vermieter haben weder Anspruch auf einen Zweitschlüssel noch auf ungenehmigten Zutritt zur Wohnung.

Viele Vermieter gehen wie selbstverständlich davon aus, dass es ihr gutes Recht ist, einen Zweitschlüssel zur vermieteten Wohnung zu behalten. Wer weiß, wozu man den noch mal braucht, denken sie sich wahrscheinlich. Die Mieter wissen hiervon entweder gar nichts oder aber sie glauben, der Vermieter habe tatsächlich Anspruch auf einen Zweitschlüssel.

Ein solcher Anspruch besteht jedoch nicht. Der Vermieter darf nur dann einen Zweitschlüssel behalten, wenn der Mieter dies genehmigt. Der Grund hierfür ist simpel: Der Vermieter kann ohne Zustimmung des Mieters mit dem Schlüssel nichts anfangen. Denn auch dem Vermieter gegenüber kann sich der Mieter auf sein Grundrecht auf Unverletzlichkeit der Wohnung berufen. Der Vermieter ist daher nicht berechtigt, die Mieträume unerlaubt zu betreten. Tut er es doch, kann dem Mieter sogar ein fristloses Kündigungsrecht zustehen. Er hätte auch die Möglichkeit, auf Kosten des Vermieters ein neues Schloss einbauen zu lassen.

Der Mieter sollte dennoch, wenn er zum Beispiel in Urlaub fährt, einer Person seines Vertrauens einen Zweitschlüssel zur Wohnung überlassen und dies dem Vermieter auch mitteilen. Denn in (wirklichen!) Notfällen darf der Vermieter die Wohnung natürlich schon betreten. Wenn er sie dann erst langwierig aufbrechen lassen muss und dadurch weiterer Schaden entsteht, kann der Mieter hierfür unter Umständen haftbar gemacht werden. Als Notfälle gelten zum Beispiel Wasserrohrbrüche oder ein Gasaustritt. Offen stehende Fenster, nicht abgedrehte Heizungen oder die Notwendigkeit kleinerer Reparaturen sind dagegen sicherlich keine Notfälle.

Wenn kein Notfall vorliegt, steht dem Vermieter nur in Ausnahmefällen ein Besichtigungsrecht zu. Ca. alle zwei Jahre darf er die Wohnung betreten, um ihren Zustand zu überprüfen. Auch wenn er sie verkaufen oder neu vermieten will, darf der Vermieter die Wohnung mit Interessenten besichtigen. Das Gleiche gilt, wenn die Wohnung saniert oder modernisiert werden soll. In all diesen Fällen darf der Vermieter sein Besichtigungsrecht jedoch nicht eigenmächtig mit Hilfe eines Zweitschlüssels durchsetzen, und zwar selbst dann nicht, wenn der Mieter sich unberechtigterweise weigert, eine Besichtigung zu dulden. In einem solchen Fall müsste der Vermieter stattdessen gerichtliche Hilfe in Anspruch nehmen.

Wichtig ist, dass der Vermieter seinen Besuch bzw. den Besuch der Handwerker oder Interessenten rechtzeitig ankündigt. Bei der Wahl des Besuchstermins muss er außerdem auf die Berufstätigkeit des Mieters Rücksicht nehmen und den Termin nur zu den üblichen Zeiten ansetzen, das heißt beispielsweise wochentags am frühen Abend, wenn der Mieter von der Arbeit zurück ist. Auch darf er den Mieter nicht mit zu häufigen Besuchen belasten. Nachdem ein Mieter innerhalb von anderthalb Jahren über 50 Besichtigungen seiner Wohnung über sich ergehen lassen musste, urteilte das Amtsgericht Hamburg, dass der Vermieter Interessenten nur noch einmal monatlich von 18:00 bis 20:00 Uhr in die Wohnung führen durfte[84].

Bei Interesse siehe hierzu:
§ 554 Abs. 1, 2 BGB (Bürgerliches Gesetzbuch), »Duldung von Erhaltungs- und Modernisierungsmaßnahmen«

Anmerkungen

1 Ausführlich: Gregor Thüsing: »Das Verbot der Diskriminierung wegen Teilzeit oder Befristung nach § 4 TzBfG«, ZfA (Zeitschrift für Arbeitsrecht) 2002, S. 249–273
2 OLG (Oberlandesgericht) Hamm, Az.: 7 U 132/93; OLG Rostock, Az.: 3 U 83/98
3 Vgl. BAG (Bundesarbeitsgericht), Urteil v. 19.02.1997, Az.: 5 AZR 982/94
4 Ulrich Preis: ErfK (Erfurter Kommentar zum Arbeitsrecht). 4. Aufl. München 2004, § 1 KSchG, Rn. 233
5 LAG (Landesarbeitsgericht) Berlin, Az.: 9 Sa 67/97
6 ArbG (Arbeitsgericht) Frankfurt a.M., Az.: 9 Ca 45/01
7 Ulrich Preis: Der Arbeitsvertrag. Köln 2002, II N 10, Rn. 3 ff.
8 Preis, Der Arbeitsvertrag, m. Nachw. aus Literatur und Rechtsprechung
9 BGH (Bundesgerichtshof), Az.: XII ZR 7/05
10 OLG Hamm, Az.: II-13 UF 3/11
11 OLG Koblenz, Urteil v. 09.04.2002, Az.: 11 WF 70/02
12 Otto Palandt, Wolfgang Edenhofer: BGB (Bürgerliches Gesetzbuch). 63. Aufl. München 2004, § 2247, Rn. 6 m. w. Nachw.
13 LG (Landgericht) Kiel, NJW 1989, 2539
14 AG (Amtsgericht) Flensburg, Az.: 63 C 84/81
15 Absolventen sämtlicher Fachrichtungen können in England und Wales zum Richteramt zugelassen werden, wenn sie bestimmte theoretische und praktische juristische Erfahrungen vorweisen können.
16 Vgl. § 2 Abs. 2 Nr. 6 Rundfunkstaatsvertrag.

17 OLG Stuttgart, Az.: 1 U 154/06
18 VG (Verwaltungsgericht) München, BayVBl. (Bayerische Verwaltungsblätter) 1989, 25
19 BGHZ (Entscheidungen des Bundesgerichtshofs in Zivilsachen) 38, 380ff.; BVerwGE (Entscheidungen des Bundesverwaltungsgerichts) 5, S. 291 ff.
20 Anmerkung zu VG München, BayVBl. 1989, 25, in: BayVBl. 1989, 282
21 Palandt, Weidenkaff, BGB, § 534, Rn. 2f.
22 OLG Köln, NJW (Neue Juristische Wochenschrift), 1982, S. 390
23 Palandt/Weidenkaff, BGB, § 529, Rn. 2
24 BGH (Bundesgerichtshof), NJW 1994, 55; BGH, NJW 1997, 3380
25 Walter Krämer, Götz Trenkler: Das Beste aus dem Lexikon der populären Irrtümer. München 2004, S. 359
26 LG Ravensburg, NJW 1987, 3142
27 BGH, VM (Verkehrsrechtliche Mitteilungen) 1970, 15
28 OLG Schleswig, VM 1966, 56, 64
29 Peter Hentschel: Straßenverkehrsrecht. 37. Aufl. München 2003, § 14 StVO, Rn. 14
30 Rudolf His: Das Strafrecht des deutschen Mittelalters, 2.Teil: Die einzelnen Verbrechen. Aalen 1964, S. 121f.
31 BVerfGE (Amtliche Sammlung der Entscheidungen des Bundesverfassungsgerichts) 90, 145
32 Nachw. bei Harald H. Körner: BtMG (Betäubungsmittelgesetz). 5. Aufl. München 2001, § 29, Rn. 1657
33 LAG Hamm, Az.: 14 Sa 1145/98
34 BVerfGE 90, 1, 45
35 Herbert Tröndle, Thomas Fischer: StGB (Strafgesetzbuch und Nebengesetze). 51. Aufl. München 2003, § 142, Rn. 31
36 OLG Hamburg, NJW 1967, 213

37 BGHSt. (monatliche Sammlung der Entscheidungen des Bundesgerichtshofs in Strafsachen) 6, 46
38 Eduard Dreher, Herbert Tröndle: StGB. 48. Aufl. München 1998, § 180, Rn. 13. Die amüsante Kommentierung Tröndles wurde von seinem Nachfolgeautor Fischer ab der 49. Auflage 1999 dann den Sittlichkeitsvorstellungen der Gegenwart angepasst.
39 Eduard Kohlrausch, Richard Lange: StGB. 43. Aufl. Berlin 1961, § 370
40 RG (Reichsgericht), JW (Juristische Wochenschrift) 1911, 855
41 Kohlrausch/Lange, StGB, § 370
42 Ausführlich: Ulrike Hinrichs: »Die verfassungsrechtlichen Grenzen der Auslegung des Tatbestandsmerkmals ›Erschleichen‹ in § 265 a I Alt. 3 StGB (›Schwarzfahren‹)«, NJW 2001, 932
43 BVerfG (Bundesverfassungsgericht), NJW 1998, 1135
44 Hinrichs, NJW 2001, 932, 935
45 Tröndle/Fischer, StGB, § 186, Rn. 9 m. Nachw. aus der Rspr.
46 BayObLG (Bayerisches Oberlandesgericht), VRS 12, 115
47 Zit. n. AG (Amtsgericht) Frankfurt, NJW 1989, 1745, 1746
48 AG Frankfurt, NJW 1989, 1745, 1746
49 BGH, VRS 26, 327; BGH, NJW 2000, 3069; KG, DAR 1978, 107
50 OLG Hamburg, VRS 87, 249
51 Vgl. OLG Stuttgart, VRS 61, 223 ff.
52 OLG Hamm, Beschl. v. 25.11.2002, Az.: 2 Ss OWi 1005/02, NZV 2003, 98
53 OLG Jena, NJW 2006, 3734
54 OLG Hamm, Beschluss v. 6.07.2005, Az.: 2 Ss OWi 177/05, DAR 2005, 639
55 OLG Köln, VRS 109, 2005, 287
56 OLG Hamm, Beschluss v. 13.09.2007, Az.: 2 Ss OWi 606/07

57 OVG Hamburg, NJW 2005, 2247
58 BVerwG (Bundesverwaltungsgericht), NZV (Neue Zeitschrift für Verkehrsrecht) 2002, 285
59 VG Gießen, NZV 2004, 54; VG Berlin, NZV 2004, 55
60 OLG Sachsen-Anhalt, DAR 1998, 28 – 29
61 Hentschel, Straßenverkehrsrecht, § 5 StVO, Rn. 64 m.w. Nachw. für eine Alleinhaftung bei Kollision mit einem aus der linken Kolonne ausscherenden Fahrzeug
62 BGH, GRUR (Gewerblicher Rechtsschutz und Urheberrecht) 2003, 163, 164 – Computerwerbung
63 OLG Düsseldorf, Az. 6 U 45/00
64 OLG Brandenburg, Urteil vom 25. 06. 2003, Az.: 7 U 36/03
65 Peter Ulmer, Hans E. Brandner, Horst Diether Hensen: AGB-Gesetz. 9. Aufl. Köln 2001, Anh. §§ 9 – 11, Rn. 385
66 Ebd.
67 Ebd.
68 Ulmer/Brandner/Hensen, AGB-Gesetz, § 2, Rn. 44
69 AG Northeim, Az. 3 C 460/88
70 LG München I, Az. 7 O 2109/95
71 OLG Hamburg, Az. 10 U 11/00
72 AG Northeim, Az. 3 C 460/88
73 OLG Hamburg, Az. 9 U 63/03; ebenso: LG München I, Az. 6 O 22041/02
74 BGH, NJW 1996, 2574; BGH, NJW 1994, 188
75 Bayrischer Verwaltungsgerichtshof, Az.: 22 ZB 2931/04
76 LG München, Az.: 5 O 5454/03
77 Hans-Theodor Soergel, Jürgen F. Baur: BGB. 13. Aufl. Stuttgart 1999, § 906, Rn. 99
78 OLG Hamburg, NJW-RR 1987, 657
79 Vgl. BGH, NJW 2003, 1246; Palandt/Weidenkaff, BGB, § 537, Rn. 9 m.w. Nachw.
80 LG Köln, WM 97, 323

81 OLG Düsseldorf, Az.: 5 Ss OWI 411/90-OWI 181/90
82 AG München, Az.: 141 C 27160/03
83 BGH, VI ZR 238/04
84 AG Hamburg, Az. 43 bC 1717/91

Dr. jur. Ralf Höcker

Neues Lexikon der Rechtsirrtümer

»Wer auffährt, hat schuld« und andere juristische Halbwahrheiten
Originalausgabe

ISBN 978-3-548-36772-9
www.ullstein-buchverlage.de

Ralf Höckers zweites *Lexikon der Rechtsirrtümer* zeigt: Es gibt noch viel mehr weitverbreitete juristische Fehlannahmen, als der Fachmann sich träumen lässt. Sei es, dass manche sich von Schildern wie »Umtausch nur von original verpackter Ware« einschüchtern lassen oder dass man glaubt, man könne sich mit seinem Handtuch eine Liege am Hotelpool reservieren. In bewährter Manier rückt Höcker diese und viele andere rechtliche Missverständnisse zurecht.

»Wieder einmal bringt Ralf Höcker Licht in die entscheidenden Lagen des Lebens.« *Süddeutsche Zeitung*

Ralf Höcker · Carsten Brennecke

Lexikon der kuriosen Rechtsfälle

Sextraining, Waldverbot und andere Absurditäten
aus deutschen Gerichtssälen
Originalausgabe

ISBN 978-3-548-36929-7
www.ullstein-buchverlage.de

Es ist kaum zu glauben, mit welchen Begehren sich deutsche Richter auseinandersetzen müssen. Zum Beispiel mit Klagen auf Durchsetzung einer Forderung von 66 Cent oder gegen schnarchende Sitznachbarn im Flugzeug. Bemerkenswert auch, zu welch kuriosen Urteilen sich Gerichte hinreißen lassen. So gilt es als Arbeitsunfall, wenn man schlafend vom Bürostuhl kippt. Und wer im Wald zu laut ist, bekommt ein »Waldverbot« verordnet. Bestsellerautor Ralf Höcker und Carsten Brennecke beschreiben die spektakulärsten Auswüchse des deutschen Klagewahnsinns und die abstrusesten Urteile, die daraus resultieren.